KB210044

돌봄의 역설

돌봄의 역설

김준혁 지음

모두가
원하지만

아무도
하고 싶지 않은

은행나무

왜 돌봄에 관해 이야기하는가

이 책은 돌봄에 관한 이야기입니다. 이미 돌봄 위기라고 일컫는 현실의 문제로 인하여 돌봄을 다루는 여러 책이 나왔습니다. 하지만 제가 돌봄을 바라보는 방식은 약간 다릅니다. 따라서 먼저 현재 돌봄이 왜 문제이고, 지금까지 어떤 논의가 나왔으며, 여기에서 어떤 이야기를 하려는지 살펴보려 합니다.

저는 양육, 교육, 의료, 요양 크게 네 가지 돌봄 영역을 제안합니다. 이 모두에서 우리는 실패하고 있으며, 이는 결국 돌봄의 실패라고 생각합니다. 나아가 이 책에서는 깊이 다루지 못했지만, 동물을 포함한 비인간의 문제나 기후 문제도 돌봄의 영역에 속한다면(비인간과 환경을 돌보는 문제이므로), 우리가 마주하고 있는 위기는 돌봄의 위기라고 해야 합니다. 경제나 기술 담론으로 해결책을 내놓을 수 없는 문제들인 데다가(양육을 경제적 접근법으로 해결할 수 있었다면, 이미 한국의 저출생은 문제가 아니었을 것입니다) 지금까지의 방식을 유지해선 결코 해결할 수 없습니다.

이런 돌봄은 우리 곁을 떠난 적이 없음에도, 이제야 사람들의 시야에 들어오고 있는 것 같습니다. 돌봄은 너무 당연한 삶의 배경 같은 것이었기에 삶에 돌봄이라는 측면이 있는지 인식하지 못했던 것이죠. 여성이 모든 돌봄을 수행하는 것이 당연했던 시대, 심지어 돌봄이 사적인 것으로 여겨져 공적인 담론으로 다루어질 수조차 없었던 시대가 불과 얼마 전이었으니까요. 그러나 이제 돌봄이 특정한 성별이나 위치만의 일이 아니며, 우리 세상을 꾸려나감에 있어서 너무도 중요한 일이라는 것은 다들 인식하고 있습니다. 그럼에도 아무도 답하지 못하는 질문이 남아 있습니다. 누가 어떤 보상을 받고 어떻게 돌볼 것인가. 지금까지 이런 논의를 면밀하게 다룬 적이 없는데다가, 다른 경제적 영역처럼 다루자니 삶 곳곳에 산재해 있는 돌봄의 경제성과 효용을 따질 수 있는지조차 막연합니다. 그러다 보니 사람들은 돌봄을 보고 싶지 않은 짐덩이처럼 인식합니다. 이렇게 돌봄은 미루어두고 잊어버린 부채처럼 거대하게 불어나 우리에게 거대한 질문을 던지고 있습니다. 누구나 돌봄이 필요하지만 아무도 돌보려 하지 않는 지금, 누가 어떻게 돌보아야 하냐고.

그러므로 돌봄에 관한 논의들은 주로 돌봄의 지위를 복원시키는 데 초점을 맞추었습니다. 국내에 소개된 여러 돌봄 이론가, 캐럴 길리건부터 버지니아 헬드, 데이비드 잉스터, 에바 키테이,

조안 트론토 등은 (그 외에도 다양한 범위를 포함하고 있으나) 주로 돌봄 정치를 다루었습니다. 우리 삶을 구성하고 지탱하는 필수 요소인 돌봄은 너무도 오랫동안 여성의 일로 치부되어 무가치한 것으로 여겨졌으며, 따라서 일부 돌봄이 시장에서 수행되는 현재에도 그 노동은 저임금 저숙련 노동으로 여겨집니다. 이것은 인간이 살아가는 데 있어 돌봄이 지닌 중요성과 정면으로 배치되는 인식임에도 그 자리를 공고히 유지하며 현재의 돌봄 위기에 결정적인 역할을 수행합니다. 따라서 돌봄 이론가들은 돌봄의 필수성과 중요성을 인식하고, 그에 맞는 경제적·사회적·정치적 지위를 돌봄 노동과 돌봄 제공자에게 부여할 것을 요구해왔습니다.

이 주장에 전적으로 동의하지만, 이 책은 돌봄을 다시 살피는 출발점을 다른 곳으로 놓고자 합니다. 저는 누구나 돌봄을 원하지만 돌봄 수행은 피하려 하는 이 역설적인 상황에서, 좋은 돌봄을 그려보려 합니다. 물론 앞서 말한 이론가들이 이미 좋은 돌봄에 관해 다양한 논의를 내놓았습니다. 저는 그들의 잘못을 지적하려는 것은 아닙니다. 다만 지금 돌봄의 문제를 말하는 이들조차도 돌봄이 있기만 하면 모든 문제가 해결될 것이라는 낙관적인, 실은 전도된 생각을 하는 경우가 있기 때문에 좋은 돌봄을 다시 생각해보려 합니다. 돌봄은 무조건 좋은 것일까요.

이를테면 양육의 어려움을 해결하기 위한 방책으로 제안되는 것 중 하나는 외국인 여성 노동자의 유입입니다. 맞벌이 가정은 자녀를 가지고 싶어도 양육할 손길이 없지요. 임금 수준이 오른 한국인을 고용하는 것은 경제적으로 부담스러운 선택입니다 (이후 교육과 노후 준비를 위해 재정을 관리해야 하는 가정에서 쉽게 택하기는 어려운 방향입니다). 이때 아이를 양육하기 위한 더 저렴한 노동력이 사회적 해결책처럼 여겨지곤 합니다. 그러나 이런 접근은 돌봄을 그저 다른 국가의 여성, 그것도 낮은 임금이 강제되는 인력으로 돌려막기를 하는 것일 뿐 근본적인 해결책이 될 수 없습니다.

뒤에서 자세히 다루겠지만, 저는 의료 영역을 대표적인 돌봄 분야 중 하나로 꼽습니다. 의료인으로서 저는 오랫동안 환자를 돌보아왔다고 굳게 믿어왔습니다. 그러나 의료인도, 환자도, 사회도 의료인이 환자를 돌보는 사람이라고 생각하지 않습니다. 그것은 돌봄의 무가치함을 드러내는 방증일 수도 있으나, 지금까지 우리가 좋은 돌봄을 살피고 요구하지 않았기 때문이 아닐지 생각해봅니다. 고령화와 만성질환 앞에서 질환과 함께 사는 삶에 익숙해져야 하는 현재, 우리는 의료에서 어떤 돌봄을 생각해야 할까요.

요양, 노인 돌봄 영역에서는 돌봄의 가치를 높여 제공할 수만 있으면 문제가 해결된다고 믿는 것 같습니다. 고소득 전문 돌봄 노동자가 늘어나 노인들을 돌보는 미래 자체는 흠결이 없지요. 그러나 돌봄에 그만큼의 재정을 소모할 여력이 있는 사회는 거의 없으니 다수에게 돌봄을 제공하려는 방법으로 인공지능이나 로봇 기술 등 기술적 해결책에 호소하고 있습니다. 하지만 그것으로 충분할까요. 인공지능과 로봇으로 둘러싸인 완전 관리 사회를 우리는 바라는 것일까요.

지금 당장 문제는 돌봄의 양일 수도 있습니다. 하지만 돌봄 위기를 진정으로 해결하려면 우리는 돌봄의 양 대신 질을 논의해야 합니다. 모든 돌봄 영역에 '좋은 돌봄'이 제시되어야만 돌봄 위기는 해소될 수 있습니다. 따라서 이 책은 단계별로 좋은 돌봄의 조건을 제시하고 좋은 돌봄을 정의합니다.

> 좋은 돌봄이란 돌보는 이와 보살핌받는 이 사이에서 교환되는 의지적·정서적 행동으로, 여기에서 돌보는 이는 보살핌받는 이의 소망을 충족하여 그가 피어날 수 있도록 돕는다. 단 돌봄은 사회 구조 속에서 순환해야 하며 돌보는 이와 보살핌받는 이의 상시적 위치 전환은 함께-돌봄을 요구한다.

저는 돌보는 사람이기도 하지만 보살핌받는 사람이기도 합니다. 이처럼 누구나 돌보며 보살핌받음을 의미하는 돌봄의 상호 보충성은 '함께 돌봄'의 책임을 형성합니다. 저는 이 '함께 돌봄'의 책임이 돌봄의 역설을 넘어서서 돌봄 위기에 대처할 방안이라고 생각합니다. 모든 이는 자신을 돌볼 책임이 있으며(심지어 갓난아기도 배고픔, 아픔, 졸림을 호소하기 위해 스스로 울어야 하지요) 자기를 잘 돌보는 것은 다른 모든 이와 절연된 나 자신만을 돌보는 것을 넘어 나와 연결된 이들을 돌보는 것을 의미하기에, 돌봄은 모두의 일이 됩니다.

이 책은 여러 작품과 현실의 문제를 통해 좋은 돌봄의 구성요소 여섯 가지를 제시합니다. 나아가 돌보는 사람이자 보살핌 받는 사람으로서, 환자를 돌보았던 의사이자 학생을 돌보는 교수로서, 딸의 양육과 교육을 함께 책임지는 아빠이자 조금씩 늘어나는 양가 부모님들의 의존을 짊어진 이로서 제 경험을 좋은 돌봄과 포개어보며 이렇게 말합니다. 우리는 함께, 잘 돌보아야 한다고.

책은 크게 세 가지에 빚지고 있습니다. 하나는 제 돌봄 경험과 이해이고, 다른 두 가지에 감사를 전하려 합니다. 먼저 이 책을 쓰던 중에 참여했던 연구 기획팀입니다. 아쉽게도 제안한 과제는 선정되지 못했지만, 함께해주신 여러 교수님의 경험, 안목, 노력은 집필 과정에서 전체 내용을 다시 바라보고, 방향을 확정하는 데 큰 도움이 되었습니다. 이 자리를 빌려 저를 초대해주시고 함께해주신 테크노-돌봄 사회 연구팀에 진심으로 감사의 인사를 올립니다. 다음은 2024년 2학기, 제가 개설한 대학원 '의료윤리학 2' 수업에 참여해준 학생들입니다. 책을 정리하며 나름 제가 확보한 돌봄에 관한 논의를 짧은 시간 안에 소개하느라 그야말로 정신없이 떠들기만 하는 수업이었기에, 따라오기 벅찼으리라고 생각합니다. 좋은 돌봄에 관한 제 논변을 정리하여 공적으로 제안할 수 있는 형태를 갖추게 된 것은 마지막까지 수업에 함께해주신 선생님들의 덕입니다. 다시 한 번, 함께해주어서 고맙다는 말씀을 전합니다.

결과물을 떠나보내는 것은 언제나 두려운 일입니다. 그러나 이 책이 우리의 돌봄을 생각하는 데 조금이나마 일조할 수 있다면, 저는 제 역할을 충분히 다했다고 믿습니다.

2024년 겨울
김준혁

차례

3장 돌봄은 보살핌받는 이의 관점에서 이루어진다

4장 돌봄은 피어나게 한다

모두가 모두를 돌보기 위하여

장면 1: "집에 가서 죽는 일"

「호스피스·완화의료 및 임종과정에 있는 환자의 연명의료결정에 관한 법률」(이하 연명의료결정법)이 2018년부터 시행되면서, 사람들은 병원에서 '차가운' 죽음을 기다리는 대신 치료를 중단하고 '집에 가서 죽는' 것을 점차 바람직한 일로 여기고 있다. 근대까지 집에서 죽는 게 당연했는데, 어느새 병원이 그 질서를 탈취해 사람들에게 불쾌한 죽음을 강요하고 있다며 익숙하고 편안한 집에서 죽음을 맞는 것이 좋은 일이라는 것이다. 그런 '바람직한 죽음'을 두고 온기와 온정을 박탈당한 채 병원에서 속절없이 죽는 것은 슬픈 일이며, 피할 수 있는데도 그러는 것은 잘못이라는 당위적인 판단이 전제되어 있다. 심지어 모 국회의원은 존엄사·

안락사에 관한 법안을 제정해야 한다고 주장하며 '조력존엄사법'을 제안한다.

그러나 '집에 가서 죽는' 것이 모두에게 평안한가. 두 가지 상황을 검토해보아야 한다. 첫째, 질환으로 상당한 고통을 겪고 있는 환자가 완화의료도 중단하고 집으로 가겠다고 선택했다고 해보자. 마약류 규제 등으로 그 환자는 집에서 어떤 의료적 도움도 받지 못하고 고통을 감내해야 한다. 그게 병원에서 맞는 죽음보다 더 '존엄'하고 '좋은' 죽음일까. 둘째, 혼자 쪽방에 사는 노인이 병원의 도움을 거부하고 집으로 가서 죽음을 맞겠다고 선택하는 경우를 생각해보자. 병원보다 열악한 환경에서 고독하게 죽어갈 그의 죽음이, '집에서 죽는'다는 이유만으로 '좋은' 것으로 여겨야 할 이유가 있는가.[1]

위 두 상황에 속하는 사람은 극소수가 아니다. 오히려 말기 돌봄의 상황에 놓인 이들 중에는 위의 경우들에 속한 사람이 더 많다. 그렇다면 문제는 이들에게 선택권이 허용되는지가 아니라, 이들에게 제대로 된 돌봄이 주어지고 있는지다. 집에서도 고통을 완화할 수 있는 돌봄 체계가 있어야만, 고독하고 가난하게 죽는 것이 아니라 자신이 누리던 관계망과 돌봄 속에서 마지막을 맞을 수 있어야만 '집에 가서 죽는' 것이 유의미하지 않은가.

이런 상황이 벌어진 이유는 죽음의 상황을 통제할 것을 요구하고 주장한 이들이 일부 특권층이기 때문일 수 있다. 그들에게는 집에서의 죽음이 병원의 강요에서 벗어나 내 마음대로 통제하고 조절할 수 있는 죽음이라는 전제가 있기 때문이다. 그러나 그런 풍요로운 이들이 얼마나 되는가.

더 근본적인 문제를 짚자면 우리에겐 애초에 노년의 돌봄을 구성할 기회조차 주어지지 않았다. 죽음은 피해야 하는 것이며, 돌봄은 귀찮고 번거로운 일이다. 하물며 둘의 결합? 당연히 주어질 이유도, 고민할 필요도 없다. 그런 돌봄은 한 책이 말하는 것처럼 '더티 워크dirty work'다.[2] 여기서 더티 워크란 손을 더럽히기 싫은 사회의 절대다수가 누군가에게 미룬 일들로, 비윤리적인 행위를 포함하는 직군(예로 간수, 도축장 인부 등이 제시된다)을 가리키기에 돌봄 노동을 '더티 워크'라고 칭하는 것은 엄밀하진 않다.

그러나 지금 행해지고 있는 많은 돌봄 노동은 더티 워크처럼 여겨지지 않는가. 우리는 돌보고 싶지 않아 하며, 일부에게 그 짐을 지우고는 모두 없어진 양, 이미 해결된 일인 양 군다. 그렇기에 저숙련 저임금 외국인 여성 노동자가 수행하는 돌봄 노동은 돌봄 수령자(이 책에서는 '보살핌받는 이'라고 표현한다. 돌봄 서비스를 넘어 더 넓은 범위에서 생각하기 위함이다)가 원치 않는 방식으로 주어질 가능성이 크다. 돌봄은 그렇게 비윤리적인 일, 더티 워크가 된다. 사회 대다수는 출퇴근 시간 외의 집 안에, 요양시설에, 병원에 돌봄 노동을 몰아넣고는 모두 깨끗이 해결되었다고 믿고 싶어 한다. 아니, 그렇게 되었다고 약속한다. 그러니 돌봄을 제대로 고민할 수 없다. 그것은 내 일도 아니고, 나에게 벌어지는 일도 아니다. 저 멀리, 나와는 무관한 곳에서 이루어지는 어쩔 수 없는 일이다. 마음속에서 스멀스

멀 올라오는 불편함을 지워버리기 위해, 우리는 돌봄을 잊는다.

돌봄이 어떤 환경에서 주어지고 있는지 모두가 외면하려 한다. 그저 먼 미래, 자신에게 언젠가 주어질 죽음을 막연하게 상상하다가 '더러운' 돌봄을 받느니 빨리 생을 마치는 것이 낫겠다고 지레짐작하는 것이다. '이상적인' 존엄사는 아름다운 일이 된다. 더 더러운 꼴을 보기 전에, 내가 사랑하는 사람들 앞에서 깨끗하게 생을 마치는 것이다. 이러니 제대로 된 존엄사, 즉 참을 수 없는 고통을 겪는 환자에게 현대 의료가 아무것도 해줄 수 없을 때 차라리 그 고통을 줄일 수 있는 마지막 방안에 대한 진지한 검토도 이루어지기 어렵다.

돌봄은 원체 불편하고 더럽게 느껴질 만한 어떤 것이다. 먹고 자고 배출하는 것을 다루고 아픈 부분을 어루만지는 것이 돌봄이니 충분히 그럴 수 있다. 그러나 바로 그 '더러움' 때문에 돌봄은 신성하다. 그 누가, 그 어떤 노력이 우리의 더러움을 다룰 수 있는가. 자녀의 뒷정리를 하는 부모의 배려가, 부모를 챙기는 자식의 염려가, 병원에서 환자를 지키는 의료진의 심려가 우리 몸의 더러움을 상대한다. 더러운 것을 깨끗하게 만드는 것이 신성함이라면, 돌봄은 원래 그 자체로 신성한 행위였다. 우리가 그것을 천하게 만든 것이다. 그 가치를 폄하하고, 취약한 집단에게 전가하고, 결핍된 환경으로 몰아넣음으로써.

그렇다면 돌봄이 주어지는 환경을 살피는 것은 무엇보다 중요하다. 돌봄이 어디에서 이루어지는지를 검토하지 않는 한, 돌봄은 개선될 수 없으며 모두가 좋은 죽음을 맞이한다는 말은 허울에 지나지 않을 것이다. 집에 가서 죽음을 맞이하는 것을 말하기 전에, 죽음 언저리의 돌봄과 그 환경을 돌아보아야 하는 이유다.

장면 2: 저출생의 이면

2023년부터 연일 반복되는 보도로 이제는 별로 충격적으로 받아들여지지 않는 숫자, 출생률 0.7을 설명하려는 여러 노력이 있었지만 적어도 정책만 볼 땐 사회가 이를 해결할 의지가 있는지 의심스럽다. 2024년 6월 21일 대통령이 "인구 국가비상사태"를 운운하며 내놓은 정책이 대표적이다. 정책안은 다음 세 가지로 요약된다. 육아휴직 확대, 11세까지 공공돌봄 확충, 주택 신생아 특별 공급 확대. 정부는 아이를 낳지 못하는 이유가 육아휴직을 못하고, 낳아도 돌보아줄 사람이 없으며, 내 집이 없기 때문이라고 생각하는 것이다.

언뜻 일리 있어 보이는 이 분석은 초점이 어긋나 있는데, 현재 젊은 세대의 결혼과 가족에 대한 관점을 전혀 반영하고 있지 않기 때문이다. 아니, 이렇게 말해도 좋겠다. 결국 문제는 직장이다. 기업 단위에서 적극적인 출산 장려책을 운용한 몇몇 사례를 굳이 언급하지 않더라도, 세태의 변화는 결국 '커리어' 때문이다.

한국에서 청년 다수는 대학교에 진학한다. 2023년 취학률 현황[3]을 보면 고등교육기관 진학률은 76.2%이다. 2007년 고등교육 기관 진학률이 70.3%에 도달한 후 15년 이상 70% 언저리에 머물렀으며 최근 다시 증가하는 추세다. 시민 10명 중 7명 이상이 대학교에 가는 나라란 뜻이다. 대학교 졸업자의 비율인 고등교육 이수율 또한 2019년 50%를 넘은 후 계속 50% 이상을 유지하고 있다. OECD 국가에서 고등교육 이수율이 50%를 넘는 나라는 튀르키예와 스페인뿐이며, 영국(42.4%), 독일(34.5%), 네덜란드(39.3%) 등 뛰어난 교육 수준을 지닌 국가에서도 40% 전후다. 왜 대학 진학이 문제가 되는가? 노벨경제학상을 받은 클라우디아 골딘의 직업과 자녀 양육에 대한 논의를[4] 보면 명확해진다.

골딘은 직업과 출산 여부를 기준으로 미국 여성들을 다섯 세대로 구분한다. 세대 1, 가정 또는 커리어 양자택일(~1897년생), 세대 2, 일자리 다음 가정(~1923년생), 세대 3, 가정 다음 일자리(~1943년생), 세대 4, 커리어 다음 가정(~1957년생), 세대 5, 커리어와 가정 양립(1958년생 이후). 그는 최근 세대가 커리어와 가정을 모두 추구하면서 선택할 수 있는 직종과 직위가 제약되는 상황을 세심히 검토한다. 만약 한국의 현세대가 골딘의 '세대 4'에 속한다면 이들이 현재 직업 환경에서 결혼을 포기하고 아이를 낳지 않는 것은 당연하다. 이들은 커리어를 우선하는데, 한국의 커리어는 다른 여유를 허용치 않기 때문이다. 한국의 현세대가 이미 '세대 5'로 넘어가고 있다면 결혼과 출산은 상당 기간 지연되고 있는 것으로, 한국 사회가 그 지연의 중간에 위치한 것일 수 있다.

이를 한국의 상황에 비추어 논하려면 마찬가지로 여성의 직업과 가정 선택에 관한 통계를 검토해야 할 것이다. 2023년 「여성 고용과 출산」 보고서[5]는 한국 사회가 고용과 출산 사이에서 양자택일을 강요하고 있으며, 2000년대엔 여성들이 고용 대신 출산을 선택했으나 2010년대부터 결혼과 출산 대신 고용을 선택하는 비율이 증가하고 있음을 보인다. 한국이 미국과 동일한 양상을 보이진 않을지라도, 현재 여성들이 골딘의 '세대 3'에서 '세대 4'로 이행하고 있다고 추측해볼 수 있다. 더 장기적인 추적이 필요하겠으나 내 주변에서 들리는 이야기도 거의 동일했다. 직장을 유지하면서 아이를 낳을 수는 없다는 것이다.

여기에 한국을 포함한 동아시아권 특유의 교육열이 가세한다. 자녀 교육에는 많은 품과 비용, 시간이 든다. 안 그래도 복잡하고 힘든 일인데, 이를 남에게 맡겨 '대충' 수행할 수는 없다. 결과적으로 자녀를 갖는다는 것은 당장은 아니라 해도 결국 여성에게 고용의 포기를 강요하는 상황을 초래한다. 영아기의 양육 돌봄이 해결되더라도, 소아청소년기의 교육 돌봄이 해결되지 않기 때문이다. 주변에서 흔히 들리는 말이 이를 보여준다. 제대로 키울 수 없다면, 안 낳는 게 맞는 것 같다고. 여전히 우리는 부모가 직접 돌보고 교육하는 것은 남이 돌보고 교육하는 것과 비교할 수 없는 질적 차이가 있다고 생각한다(이 생각은 틀리지 않았을 것이다). 그렇다면 왜 누군가는 애초부터 질이 떨어지는 돌봄을 받아야 하는가.

이런 상황에서 육아휴직 확대와 공공돌봄 확충이 출생률 증가로 이어지리라 생각한다면 현실 인식이 잘못되어도 한참 잘못된 것이다(주택 공급도 길게 논할 수 있겠지만 이는 돌봄 외에 가정 자본 확대 등 투자의 문제도 끌고 오므로 여기에선 다루지 말도록 하자). 육아휴직의 사용률과 기간이 증가하더라도, 현재 자녀를 가질 수 없다고 생각하는 이들이 단지 잠깐의 짐이 덜어졌다는 이유만으로 자녀를 낳을까. 공공돌봄은 이미 아이를 낳은 이들의 부담을 덜어주겠지만, 출산과 육아의 진입장벽을 낮추지는 못할 것이다(자녀 돌봄의 모든 영역을 직접 할 수는 없다는 것은 겪어보기 전에는 잘 알기 어렵기 때문이다).

정말 저출생이 '국가 위기'라면 해결책은 명료하다. 자녀를 양육하고 교육하는 것이 커리어와 양립될 때에만, 출생률은 돌아설 것이다. 출산과 육아에 대한 잠깐의 지원이나 경제적 부조만으로는 해결되지 않는다. 주어져야 하는 것은 절대적인 시간, 부모가 함께 아이를 돌볼 수 있는 충분한 여유다. 양육과 교육에 참여할 수 있도록 부모가 노동 시간을 탄력적으로 조정할 수 있어야 하며, 그것이 누군가에게만 특혜처럼 주어지는 것이 아니라 부모로서 돌봄 책임을 이행할 수 있는 수단으로 주어져야 한다.

대안으로서 "모두 돌봄"

이러한 돌봄의 위기를 넘어서려면 우리는 모두에게 주어져 있는 돌봄 책임을 제대로 이행할 수 있는 사회로 나아가야 한다.

나는 모두에게 돌봄 책임이 있다고 생각한다. 다만 그 책임의 근거를 내가 돌봄을 받았으며 앞으로도 받을 것이므로 그에 응답해야 한다는 주장이나, 언젠가 돌봄 서비스를 요청할 때 그것을 받기 위한 확정적인 방법으로 돌봄에 참여해야 한다는 주장과는 다른 관점에서 찾는다. 인간으로서 나는 취약하다. 질병과 굶주림, 가난과 재난으로 인해 언제든 쓰러질 수 있다. 취약함 때문에 돌봄을 받아야 하는 상태에 처할 수 있다. 취약함은 상황적인 이유로 주어지는 것이면서(즉, 그것은 내 '잘못'이 아니다), 나의 존재에서 덜어내거나 지울 수 없는 짐이다. 취약함은 곧 인간 본연의 조건으로, 우리를 돌보는 존재로 이끈다. 우리는 취약하기에, 본연의 취약함은 돌봄으로만 해결할 수 있기에 서로 돌보아야 할 책임을 지닌다.

그러나 모두 각자의 노동으로, 여러 책임과 역할로 가득 찬 시간표를 꾸려 살아가고 있는데, 여기에 돌봄을 넣을 자리가 있을까. 따라서 그저 "돌보라"라는 명령은 현실성이 부족하다. 모두가 돌보려면, 이를 위한 돌봄 구조와 돌봄 사회가 필요하다. 돌봄은 사회 전체를 통해 순환되어야 하고, 내가 준 돌봄은 타인의 돌봄으로 인해 보충되고 지원되어야 한다. 그때에만 우리는 각자의 돌봄 책임을, 한편으로 사회 전체의 돌봄 확대를 말할 수 있다.

모두가 모두를 돌보기 위한 여섯 가지 키워드

돌봄의 양을 늘리는 것만으로는 돌봄 문제가 해결되지 않는다. 앞에서 제기한 두 사례는 돌봄의 질 역시 절실한 문제임을 보여준다. 그저 누군가 노인을, 아이를 돌보기만 하면 되는 것이 아니다. 문제는 '돌봄을 어떻게, 잘 주고받을 것이냐'다. 이 '잘'을 규명하는 방식, 즉 돌봄윤리가 중요하다. 여기서는 좋은 돌봄을 위한 돌봄윤리의 핵심을 여섯 가지로 제시하려 한다.

첫째, 돌봄은 서로 교환한다. 보통 돌봄은 한쪽이 일방적으로 주는 것으로 여겨지며, 부모의 돌봄이 대표적이다. 하지만 돌보는 부모는 아이에게 많은 것을 받는다. 함께한 시간이 만드는 추억과 애정, 기쁨과 사랑은 돌봄이 만들어낸 것이자 부모가 받는 것이다. 비록 돌봄 행위는 한쪽에서 수행한다 해도, 돌보는 이 또한 보살핌받는 이로부터 무언가를 얻는다. 하지만 돌봄에서의 교환은 동등한 것을 서로 바꾸는 시장의 교환과는 다르다. 좋은 돌봄을 이루어지려면 돌봄을 통한 관계 맺음과 전달이 이루어져야 한다. 돌봄은 관계적이다.

둘째, 돌봄은 의지를 갖고 실천하는 것이다. 돌보는 이에게 돌보려는 의지와 돌봄 수행은 모두 중요하다. 의지 없는 무성의한 수행도, 의지만 있는 어설픈 수행도 좋은 돌봄이라고 말하기 어렵다. 돌보고자 하는 마음과 그것을 적절히 제공할 수 있는 돌봄의 기술 모두가 필요하다. 좋은 돌봄은 공감과 책임감에서 나온다.

셋째, 돌봄은 보살핌받는 이의 관점에서 주어진다. 우리는 돌보는 이의 관점에서 돌봄의 수행과 결과를 판단하는 데 익숙하다. 아이에게 가장 좋은 것을 알고 있는 것은 아이를 돌보는 부모라는 식이다. 완벽한 오답은 아니지만, 정답도 아니다. 보살핌받는 이가 거부하는 돌봄은 결국 어떤 이득으로 이어진다고 해도 좋은 돌봄이라 말하기는 어렵다. 그렇다고 아이가 원하는 것만 해주는 것을 좋은 돌봄이라고 할 수도 없을 것이다. 돌봄은 상대방이 요구하는 것만을 수동적으로 제공하는 것을 넘어, 상대방에게 지금 필요한 것과 상대방이 삶에서 무엇을 원할지를 파악하는 세심함과 민감함을 요구한다. 세심함과 민감함은 상대방에 대한 집중에서 나오기에, 좋은 돌봄은 돌보는 이가 보살핌받는 이에게 집중할 때 가능하다.

넷째, 돌봄은 피어남을 목표로 한다. 피어남이란 개인의 재능이나 소질이 발휘되거나 목표나 꿈 등을 성취하는 것이다. 물론 돌봄은 당장의 불편과 괴로움을 해결하는 실천이다. 하지만 무엇을 위해 그리해야 하는가. 상대방의 쾌快만을 목적으로 하는 돌봄이 진정으로 상대방을 위한 것인가. 돌봄이 반드시 상대방에게 즉각적인 만족을 제공해야 하는 것은 아니다. 때로 돌봄은 상대방을 막아서거나, 상대방이 원하는 것 대신 다른 것을 주는 일이기도 하다. 좋은 돌봄은 지금 당장에만 집중하는 것이 아니라 장기적인 관점에서 상대방의 필요와 요청을 바라볼 것을 요구한다.

다섯째, 돌봄은 구조 속에서 순환해야 한다. 돌봄은 결코 개인의 고립된 실천이어선 안 된다. 돌봄 책임을 말하려면, 그 책임을 이행하는 이를 다른 이들이 돌볼 것이라는 믿음이 필요하다. 돌봄을 수행하는 사람의 삶이 다른 사람의 돌봄으로 채워져야 하고, 서로 돌보는 사람들이 모여 돌봄 사회를 이루었음을 인식하고 그 안에서 돌봄을 실천할 수 있어야 한다. 이런 돌봄은 돌봄의 순환 구조가 만들어진 사회에서만 온전히 주어질 수 있다.

　여섯째, 돌봄은 돌보는 이와 보살핌받는 이를 명확하게 구분할 수 없음을 전제한다. 우리는 돌보는 이와 보살핌받는 이가 명확히 구분되어 있다고 생각한다. 부모와 자녀, 의료인과 환자는 서로의 위치를 뒤바꿀 수 없으니까. 물론 두 사람의 관계에선 그럴지 모른다. 하지만 돌보는 이는 또한 보살핌받는 이이기도 하다. 의사는 질병과의 고투 속에서 자신을 지켜내기 위해 질병이 자신을 침범할 수 없다는 믿음 속에서 살아간다. 그러나 병에 걸린 '의사-환자' 또는 '간호사-환자'는 그 믿음이 헛된 것이었음을, 자신 또한 언제든 환자가 될 수 있음을 깨닫는다. 부모는 자녀를 돌보는 이였지만, 나이가 들면 그 위치가 역전되어 자녀가 부모를 돌본다. 이런 위치의 변화와 중첩은 시간의 흐름에 따라 나타나기도 하지만, 동시에 벌어지는 일이기도 하다. 노인 돌봄이 이루어지는 여러 환경에서 노인들은 보살핌받는 이이면서도 주변의 노인들을 돌보는 이이기도 하다. 이런 위치의 동시성을 구획하는 것은 공간이다. 그렇다면 우리는 시공간적 변화로 인하여 얼마든지 돌보는 이와 보살핌받는 이의 위치가 바뀔 수 있음을 전제해야 한다. 이는 다시 취약함에 관한 논의로 우리를 이끈다. 돌보는 이 또한 취약하기에, 그는 보살핌받는 이이기도 하다.

이 책은 이 여섯 가지 요소로 돌봄윤리를 구성하고 '좋은 돌봄'을 제시한다. 좋은 돌봄은 관계적이고, 공감과 책임을 요구하며, 주의 집중을 통해 서로의 피어남을 바라고, 구조 속에서 순환하며, 돌보는 이와 보살핌받는 이를 구분하지 않는다. 누군가에게 '독박' 쒸우거나 '저임금·저숙련' 노동자에게 전가되는 돌봄은 좋은 돌봄이 아니다. 돌봄은 모두에게 책임으로 주어지는 실천이다. 단지 각자에게 시기마다 주어지는 돌봄의 과업과 전문성에 차이가 있을 뿐이다. 그래서 이 책은 말한다. 돌봄은 모두의 것이며, 지금 우리에게 필요한 것은 '함께 돌봄'이라고.

돌봄을 말하기 위한 '이야기'들

나는 인간 고유의 이해 방식이 이야기에 기초한다고 생각한다.[6] 이야기란 개별적인 감각 자극을 이어 붙여 시공간의 변화를 통해 하나의 덩어리로 만든 것인데, 우리는 이야기 없이 세계를 꿰맞추지 못한다. 우리는 주어진 이야기 조각들을 도안 삼아서 새롭게 주어지는 것들을 결합한다.* 이야기는 우리가 세상을 이해하는 범형範型으로 기능한다.

문제는 우리에겐 돌봄 이야기가 별로 없다는 것이다. 돌봄을 말하는 일도, 돌봄에 관해 듣는 일도 드물다. 당연한 노동이라고 여겨 드러내 이야기하지 않는다(마치 '더티 워크'처럼 돌봄을 말하지 않고 회피하는 것일지도 모른다). 돌봄 이야기가 부담스럽거나, 돌봄은 (사적인 것이기에) 공적으로 이야기할 필요가 없다고 생각해서일 수도 있다. 돌봄을 이야기하고 싶어도 어떻게 말해야 할지 모를 수도 있다. 그렇기에 돌봄에 관한 이야기를 접해도 우리는 선뜻 이해하지 못한다. 돌봄을 이해하기 위한 자원이 주어져 있지 않기 때문이다. 돌봄이 무엇이고, 누구에게 어떤 부담을 지우고, 무엇이 필요한지 쉽게 떠올리지 못한다.

따라서 좋은 돌봄을 구체적으로 그려내려면 돌봄에 관한 이야기들이 필요하다. 이 책에서는 나의 이야기로 출발해 문학과 영화, 그리고 사회적 현상과 돌봄 현장 이야기를 다룬다. 이는 돌봄에 관해 생각해 볼 수 있는 이야기의 지반, 돌봄을 받아들이고 검토할 수 있는 이야기의 범주, 돌봄과 나의 관계, 그리고 돌봄의 위

---

* 인지나 기억 등에 손상이 생긴 이들이 세상을 꿰맞추어 이해하는 것이 이를 방증한다. '구속 없는' 노인 돌봄 시설을 운영해 온 무라세 다카오는 기억이나 정체성을 일부 잃은 나이 든 이들이 현 상황을 납득하기 위해 '지어내는' 이야기가 흥미롭다고 고백한다. 그들은 구토 경험을 독살 시도로, 시설에 가끔 찾아올 수밖에 없는 가족의 사정을 이혼 소송으로, 피부가 하얗고 머리가 염색한 직원을 네덜란드인의 방문으로 이해한다. 그것은 부재한 기억을 빠르게 대체하는 "새롭게 창작된 '이야기'"다(262쪽). 왜 이들은 이야기를 날조하는가. 그것이 세상을 구조화하는 뇌의 작동 방식이기 때문일 것이다. 결핍된 부분도 어떻게든 이해하고 마는 뇌의 작동 말이다. 무라세 다카오, 《돌봄, 동기화, 자유》, 김영현 옮김, 다다서재, 2024 참조.

치를 살펴보기 위한 전형典形들이다. 내가 살핀 돌봄에 관한 책은 주로 이론서이거나 돌봄 업무를 하는 이들의 경험담이었고, 돌봄 이야기에서, 또는 현실과 허구의 이야기에서 드러나는 돌봄의 측면을 밝힌 작업은 별로 없다. 이론서는 먼저 돌봄이 나에게 다가온 다음에 읽어야 의미가 있다. 돌봄 업무를 하는 이들의 회고록은 갑자기 다가가기엔 너무 복잡하고 거대해서 쉽게 나의 삶과 이어지지 않는다.

따라서 앞에서 말한 좋은 돌봄의 여섯 가지 조건을 보여줄 수 있는 여러 이야기를 찾았다. 이를 통해 먼저 돌봄이 무엇인지 살필 수 있기를 바란다. 그다음 돌봄윤리에 어떤 조건들이 필요한지, 좋은 돌봄과 함께 돌봄을 위해 어떤 논의와 합의들을 거쳐야 하는지 제시하려 한다.

1장 돌봄은 서로 교환한다

아이를 돌보는 일

돌봄, 돌봄, 돌봄

아내는 분명 아기가 태어나자마자 사랑에 빠졌다. 아내의 눈에서, 손길에서, 아기를 향한 말에서 분명히 느낄 수 있었다. 하지만 나는 어땠을까.

부끄럽게도 딸이 태어날 때까지 나는 아이를 기르는 것에 대해 진지하게 생각해보지 않았다. 결혼하여 가정을 꾸리고 자녀와 함께 행복한 삶을 누리는 것은 아무런 고민이나 준비 없이도 당연히 주어지는 것이라 여겼다. 게다가 치과의사는 안정성이 상당히 높은 일이었다. 의학에 관한 인문학적 탐구를 병행하고 있긴 했지만, 그것은 의업醫業에 대한 시차에서 비롯된 취미 생활에 가까운 것이었다.

그래서 아내도 내가 대학원에 가는 것을 말리지 않았다. 그때까진 미래가 분명했다. 개인 의원을 차리고, 원장이 되고, 집을 구하고, 아이를 낳고 키우는 것. 당연한 수순이어서 고민도 없었다 (고 생각했다). 의료윤리학자로서 대학원에서 학생을 가르치는 지금은 그때와는 너무 다른 위치에 있다. 삶도, 삶에 대한 시선도 달라졌다. 그래서 아이에 대한 생각도 달라진 걸까.

의미 있는 공부와 연구를 하고 있다고 생각했다. 그때나 지금이나 의료윤리를 말하는 사람은 별로 없다. 당연히 나는 내 이야기가 가치 있다고 믿는다. 하지만 삼중의 업무가 앞에 놓였다. 경제 활동을 해야 하는 한편, 공부와 연구도 해야 한다. 또, 아기도 돌보아야 한다. 문제는 내가 한 명이라는 것이다.

전담해서 아기를 돌보았던 것은 아니다. 하지만 치과의사로 일하면서 학교에서 강사를 하고 있던 나의 일보다는 이미 대학 교직에서 자신의 업무를 충실히, 또 과도하게 수행하고 있던 아내의 일이 더 중요했다. 이미 연세가 꽤 있으셨던 장인어른과 장모님에게 양육 부담이 상당히 전가될 수밖에 없었고, 미안한 마음에 어떻게든 돌보는 분을 모시려고 노력했다. 그럼에도 늘 챙겨주지 못하는 일이 생겼다. 어른 다섯 명이 아기를 돌보는데도, 과연 잘 돌보고 있는지 알 수 없었다.

나는 처음에 아이를 어떻게 대해야 할지 몰랐다. 지금 내가 아이를 생각할 때 느끼는 두근거림과 가슴 아림을, 소중함을, 늘 더 해주지 못해 느끼는 미안함을 그때는 가지고 있지 않았던 것 같다.

아기는 분명 부담이었다. 어떻게 대해야 할지 모르는 유리 같은 존재이자 한편으론 삶에 부과된 커다란 짐이었다. 소중하지만 처음에는 내가 추구하는 목적을 가로막고 선 장애물 같은 것이라고 느꼈을지도 모른다. 그래서인지 아기를 대하는 내 손길은 소아치과에 내원한 환자들을 대하는 손길과 그리 다르지 않았다. 소중하게 대했지만 그렇다고 특별하진 않았다. 내 눈은 애정보다는 지식에 기반하고 있었다. 부모보다는 의사의 눈에 가까웠다.

이 경험이 이 책의 출발점이다. 나는 원래 소아치과 전문의였는데, 환자로 맡겨진 아이를 보살펴왔다고 믿었다. 이후 내 아이와 함께 커가면서 알게 된 돌봄은 사뭇 다른 일이었다. 진료도 당연히 돌봄이라고 생각하고 믿었던 나로선 이 간극을 이해하기 어려웠다. 이것을 설명하려면 진료가 돌봄이 아니거나 애초엔 돌봄이었지만 어느 순간부터 둘은 나누어졌어야 했다.

전자를 긍정하고 싶진 않다. 의료의 원형에서 진료는 당연히 돌봄일 수밖에 없었다. 가족이든 무당이든 신관이든 과거에 병자에게 제공할 수 있었던 것은 돌봄밖에 없었으니까. 적어도 현대의학이 과학화를 통해 돌봄과 의학을 구분하기 시작했다면, 그리하여 의사의 진단과 치료가 간병인이나 가족의 돌봄과 달라져버렸다면, 나는 그 간극을 메워야 한다고 생각한다. 돌봄이 무엇이고 무엇이어야 하는지를 다시 살펴보아야 한다.

하지만 의사는 돌보는 사람이 아니므로, 현장에서 돌봄을 수행하는 사람들을 지원해야 한다는 주장도 여기저기서 들린다. 의

업은 돌봄에서 제외하고, 간병, 양육, 요양 등으로 돌봄을 다시 구성하는 편이 낫다는 것이다. 하지만 애초에 돌봄의 문제였던 것을 더 협소한 의료의 문제로 규정하여 안 그래도 부족한 의료 자원으로 현재의 필요가 다 채워지지 않음을 한탄하는 현장들을 만난다. 노인 요양 돌봄이 대표적인 예일 것이다. 노쇠하여 분명 의료적 지원이 필요한 노인을 돌보는 일은 의료로 규정하고 병원의 업무로 둔다. 하지만 병원에서 점차 증가하고 있는 노인의 요양 필요를 충족하는 것은 현재 자원으로는 어렵다. 결국 서비스의 질은 떨어지고 노인의 삶의 질이 이렇게 악화하였음에 분노하는 목소리를 듣는다. 의료, 간병, 보살핌 노동이 만나야 해결책이 만들어질 텐데, 복지는 의료를 함께하기 어려운 별개의 것으로 여긴다. 이들을 돌봄이라는 큰 틀로 다시 묶어내 함께할 수 있도록 변화를 만들어야 한다.

이 작업을 위해 먼저 돌봄의 속성 하나를 살펴보자. 돌봄은 돌보는 이와 보살핌받는 이 사이에서 벌어지는 교환이다.

돌보는 이로 빚어짐

돌봄이 교환이라고? 돌봄은 한 방향으로 주어지는 것이 아닌가. 예컨대 부모는 아이를 돌보고 의료인은 환자를 돌본다. 앞의 주체가 뒤의 수용자에게 제공하는 것이 돌봄이라고 우리는 생각한다. 업무의 측면에서 보자면 이것은 당연하다. 하지만 보살핌받는 이 또한 돌봄의 상황에서 돌보는 이에게 무언가를 준다.

나는 지금 딸을 돌보는 아빠다. 그런데 아이가 태어난 순간부터 아빠였을까. 지금의 기준에서 보자면 아니다. 나는 아이와 돌봄의 관계를 형성한다는 것이 무엇인지 몰랐다. 그것을 알게 해준 것은, 그리하여 나를 변화시킨 것은 다른 누구도 아닌 내 딸이다. 물론 다른 모든 부모와 같이 나는 내가 할 수 있는 방식으로 딸의 필요와 요구에 반응해왔다. 하지만 딸의 고유한 존재 없이, 나는 딸을 돌보는 '아빠'가 되지 못했을 것이다. 우리에게 온 것이 다른 아이였다면, 예컨대 다른 시점에 아이를 만났다면 사뭇 다른 이해에 도달했으리라. 그러므로 나는 나의 어떤 특성이나 능력으로 아빠가 된 것이 아니라 딸이 나를 지금의 아빠로 빚어낸 것이다. 당연히 어느 하나의 사건으로 아빠가 된 것도 아니다. 딸과 함께한 오랜 경험이 나에게 고유한 것들을 부여했다. 밥을 만들어주고, 선물을 고르고, 서로 장난을 치고 시간을 보내면서 나는 조금씩 딸로 인해 아빠로 빚어졌다. 나는 이 아이가 아니었다면 다른 사람이 되었을 것이다.

그 전에 나는 의사가 되었다. 의사가 될 자격을 얻는 과정은 명확하다. 국가에서 규정한 학교를 졸업하고, 면허 시험에 합격하면 된다. 하지만 의사가 되는 과정은 명확하지 않다. 나는 대학을 막 졸업하고 갓 면허를 딴 사람을 의사라고 생각하지 않는다. 그는 진료를 하면서 의사가 된다. 지식이나 기술의 부족 때문이 아니다. 아직 환자와 충분한 관계를 맺지 못했기 때문이다. 아직 진 정으로 누군가를 돌보는 일을 충분히 경험하지 않았고, 돌봄으로 인하여 주어지는 것들을 얻지 못했기 때문이다.

나는 언제 의사가 되었나. 수련의 과정을 마치고 전문의 시험 을 준비하던 즈음, 내가 하는 진료가 정말 좋은 일인지 고민하기 시작했던 때였을 것이다. 진료는 어느 정도 익숙해지고 내게 맡겨 진 업무는 잘 소화할 수 있었지만, 지금 하는 일이 '좋은' 일이 되 려면 어떻게 해야 하는지 자문하던 그때. 특이한 의료 제도를 가 진 한국에서 직접 환자와 대화하는 다른 과와 달리 대부분 환자의 부모와 함께 대화해야 하는 소아치과에서 특별한 관계들을 계속 마주하면서 내 안에 계속 쌓여간 질문들이 나를 의사로 빚어냈다.

돌보는 이가 보살핌받는 이에게 필요한 무언가를 채워주듯, 보살핌받는 이도 돌보는 이의 무언가를 채운다. 그것을 역할 부여 나 호명이라 해도 좋겠다. 그러나 돌보는 이가 보살핌받는 이를 통 해 자신을 빚는 일은 어떤 정해진 모형이나 형상에 자신을 끼워 맞 추는 일과 다르다. 돌보는 이가 돌봄에 충분히 관여하고, 돌봄 관계 에 자신을 열어야만 일어날 수 있는 일이다. 피상적인 업무만으로 돌봄을 수행할 때 돌보는 이가 변화하지 않는 것은 당연하다. 돌봄 의 요청에 자신을 열지 않고서는, 자신이 얼마나 그 요청에 응할 수 있는지 고민하여 그에 따라 움직이지 않고 그저 습관대로 돌본 다면 변할 리가 없기 때문이다. 수많은 돌봄 노동들이 그렇다고 하 여 돌봄의 상호성이 부정될 필요는 없다. 돌봄의 관계에서 돌보는 이와 보살핌받는 이는 서로를 길어내며 성숙을 향해 나아간다.

　　이러한 관점에서 이 장에서는 돌봄 관계가 지닌 두 가지 특징을 살펴보려 한다. 첫째, 돌봄은 서로 주고받는 것이며, 둘째, 우리의 정체성이 타인과의 관계 속에서 만들어진다는 사실을 돌봄이 명확히 보여준다는 것이다. 이런 돌봄의 상호성과 관계적 정체성이야말로 돌봄의 관점으로 세상을 보아야 얻을 수 있는 인식이다. 사회는 개인을 독립적인 존재이자 타인과 절연된 존재라고 말하기 때문이다. 하지만 돌봄의 안경으로 보면 그런 생각은 틀렸다. 돌봄의 눈으로 본 개인은 개인個人이 아니다. 그는 타인을 향해 열린 개인開人이자 여러 관계 사이에 '끼어 있는' 개인介人이다. 우리는 그렇게 태어나 지금까지 그렇게 지내왔다.

돌봄의 기쁨과 슬픔[7]

애초에 수행이었던 것을 이론으로 이해하면 문제가 복잡해지는 분야들이 있다. 예술의 여러 분야가 좋은 사례다. 악기 연주나 그림 그리기를 취미로 삼는 사람은 많지만, 음악 이론이나 미학은 전문가의 영역으로 여겨진다. 몸으로 행해서 배우는 것들을 어떤 논리나 정보로 번역하는 일이 매우 어려운 일이라서 그런 게아닐까.

의학도 수행이었던 것을 이론화한 분야다. 먼저 환자 치료법이 만들어졌고 이것을 이론으로 설명하려는 노력이 뒤따랐다. 물론 이론화한 다음엔 이론이 수행을 지배하며, 이론에 맞지 않는것들을 쳐낸다. 수행과 이론이 잘 맞지 않는 경우도 있다. 바로 내전공 분야인 의료윤리가 그렇다. 예컨대 존엄사를 원하는 사람이나타나고 이를 이론이 설명하려 한다. 하지만 현상과 이론은 딱

들어맞지 않고 명쾌한 답이 나오는 경우는 잘 없다. 우리는 공식화된 세상을 선호하지만, 세상은 사실 그렇지 않다.

이론화된 의학의 대표적인 분야로는 신체를 이해하는 해부학과 생리학, 질병을 이해하는 병리학과 역학疫學, 치료를 위한 진단학과 치료학 등을 들 수 있다. 이렇게 놓고 보니 하나가 빠져 있다는 생각이 든다. '돌봄학' 정도로 이름 붙일 수 있을 돌봄에 관한 학문 말이다.

간호학은 있는데 왜 돌봄학은 없을까? 지금의 간호가 "과학이고 예술이며 전문 직업"이라고 선언한 나이팅게일이 활약한, 환자 위생의 개선으로 사망률이 크게 감소한 크림전쟁 시기부터 출발한다면 간호학은 치료학을 구성하는 일부이지 돌봄에 관한 학문이라고 하긴 어렵다. 물론 간호에는 실천으로서의 돌봄이 포함되어 있지만, 돌봄의 이론을 아직까지 정교하게 다루지는 않았기 때문이다.

돌봄과 돌보는 삶

돌봄이란 무엇인가. 양육으로 예를 들자면 아이의 곁에 머무르며 그의 신체적·정신적 필요를 채우는 일, 아이가 바라는 대상을 제공하는 일이 아이 돌봄의 핵심이다. 환자를 돌볼 때도 마찬가지다. 아파서 환자 스스로 충족할 수 없는 그의 필요와 요청을 채워줘야 한다.

지금 의학에 이런 돌봄의 자리는 존재하지 않는다. 그 부재를 사람들이 안타까워하는 것 같지도 않다. 많은 이가 의료 서비스에 대한 정보 제공과 선택이 확장되는 것을 '의료의 인간화'라고 생각한다. '현대 의학의 서슬 퍼런 압제로부터의 자유'가 의학을 비판하는 이들의 구호다. 이것은 좋은 목표지만 돌봄과는 잘 맞지 않는 생각이다. 부모가 아이를 돌볼 때처럼, 또 가족이 환자를 돌볼 때처럼 돌봄에는 분명 보살핌받는 이의 자유를 제한하는 부분이 포함되어 있기 때문이다. 보살핌받는 이는 돌보는 이에게 의존하며, 의존은 때로 구속을 포함한다.

우리는 돌봄에 의존하지 않고 살아갈 수 없다. 태어나고, 아프고, 생을 마치는 순간에 모든 인간은 돌봄을 받아야 한다. 치료의 과정이나 죽음을 맞이하는 방식을 비판하는 최근의 논의들, 이를테면 업무에 몰두하는 의료인을 환자 곁을 충실하게 지키는 책무를 방기하는 자로 공격하거나 병원의 차가움을 이야기하며 과학기술로 둘러싸여 환자와 의료인 사이의 온기가 사라졌음을 논하는 주장,[8] 또는 노인 요양시설 및 장애인 복지시설의 결핍과 한계를 말하는 여러 글과 어린이집이나 학교의 부주의함, 태만, 소아청소년 관리의 부재를 탓하는 것은 사실 좋은 돌봄의 부재에 대한 성토다. 왜 좋은 돌봄이 여기에 없는가? 좋은 돌봄을 제공할 수 있는 사람이 거의 없기 때문이다. 그것은 돌보는 삶이 어떤 것인지를 우리가 살피지 않아서 나타난 현상은 아닐까.

돌보는 사람의 삶을 이해하는 것은 지금 질병과 죽음에 대한 의학의 태도를 바꾸거나 현대 의학을 '따뜻하게' 만들기 위해서 무척 중요한 일이다. 좋은 돌봄이 있어야만 이런 이야기들이 가능하기 때문이다. 앞서 우리 모두가 돌보고 의존하는 사람이라 말했는데, 굳이 타인의 삶을 들여다보아야만 돌봄을 알 수 있을까? 나는 그렇다고 생각한다. 자신의 경험을 거리를 두고 살피며 정리하는 일은 쉽지 않기 때문이다. 그 과정에는 투영할 수 있는 다른 사람들의 삶을 필요하다. 《돌보는 사람들》을 쓴 샘 밀스가 그랬던 것처럼.

《돌보는 사람들》은 가족을 돌보는 삶이 무엇인지 절절히 보여주는 에세이다. 책은 환자와 함께하는 삶을 다시 생각해보게 한다. 주로 조현병인 아버지를 돌보는 삶을 다루지만, 그 사이에 여러 삽화가 끼어든다. 신장암으로 먼저 세상을 떠난 어머니를 돌본 이야기, 자신이 아버지를 돌보기 전까지 간병인 역할을 해온 어머니의 삶, 그리고 자신의 삶을 비추어 보게 만드는 레너드 울프와 스콧 피츠제럴드의 이야기가 그것이다.

《위대한 개츠비》의 작가 스콧 피츠제럴드와 아내 젤다 피츠제럴드의 이야기는 널리 알려져 있다. 하지만 레너드 울프는 누구인가? 20세기 초의 천재 작가 버지니아 울프의 남편이자, 당시 영국의 지식인 집단 '블룸즈버리 그룹'의 일원이었던 사람이다. 인터넷에도 레너드에 관한 서술은 버지니아의 남편, 정도로 끝이다. 그는 결혼 후 버지니아를 평생 돌보았으며 간병인으로서 그의 삶은 살펴볼 가치가 있음에도 별다른 주목을 받지 못한다.

오늘은 그런 돌보는 삶에 대한 무관심을 거스르자. 밀스를 통해 본 레너드의 삶, 돌보는 이가 바라본 돌보는 이의 모습을 살펴본다.

레너드 울프의 돌보는 삶

버지니아는 자신의 소설 《댈러웨이 부인》에 등장하는 셉티머스 워렌 스미스처럼 조현병을 앓았다. 어릴 때부터 겪었던 정신적·성적 학대의 영향도 있겠지만, 누구보다 예민하고 치열했던 그녀의 정신이 지닌 특성인지도 모른다. 그녀는 환청을 듣고 주변 사람들을 의심했으며 극단적인 반응을 보였다. '신경쇠약'을 앓는 버지니아는 1895년에 한 번, 1910년에 다시 자살 시도를 하지만 차츰 회복한다. 조현병이 아니라 신경쇠약이라는 진단이 내려졌던 이유는 아직 정신의학이 충분히 발달하지 못했던 시기이기 때문이기도 하고, 신경쇠약이 아닌 다른 병명이 붙으면 시설에 강제 수용될 것이라는 두려움 때문이기도 했다.

레너드가 버지니아를 만나 청혼을 생각했던 시점인 1912년 버지니아는 이미 질환에서 회복되어 신문에 논평과 에세이를 기고하면서 자기 자리를 찾아가고 있었다. 누구보다 뛰어난 천재인 버지니아와 함께하고 싶었던 레너드는 청혼하지만, 버지니아는 거절한다. 결혼한 삶을 상상하지 못했던 걸까. 어쩌면 자신의 질병으로 인한 질곡을 예상했던 것일지도 모른다. 하지만 레너드는 특유의 열정으로 그녀와 함께하겠다는 확신을 불어넣는다. 결국 버지니아는 승낙하고 두 사람은 결혼한다.

두 사람의 결혼은 처음부터 버지니아의 질환으로 어려움을 겪는다. 레너드는 처음부터 자신을 남편이자 간병인으로 여겼던 것 같다. 언뜻 비슷해 보이는 가족과 간병인의 역할은 분명히 다르다. 친밀감을 바탕으로 서로에게 안정과 위안을 주는 것이 가족이라면, 유대와 존중에 기초하여 필요를 충족하는 동시에 상대를 보호하는 것이 간병인이기 때문이다.

레너드는 1913년 버지니아와 자녀를 가져도 되는지를 놓고 여러 의사와 상담한다. 아이를 낳고 기르는 것이 버지니아의 정신 건강에 부정적인 영향을 줄 것인지 묻는다. 결국, 레너드와 버지니아는 아이를 가지지 않기로 결정한다.

같은 시기 버지니아는 첫 장편소설 《출항》을 완성한다. 하지만 작품에서 손을 떼는 일이 버지니아를 극단으로 몰고 간 것인지 그녀의 상태가 나빠진다. 결국 버지니아는 다시 요양 시설로 들어간다. 아직 별다른 치료법이 없던 시대, 그저 요양하면서 상태가 좋아지길 기다릴 수밖에 없다. 한 달 뒤, 퇴원한 버지니아를 데리고 레너드는 잠시 여행을 갔다가 집으로 돌아온다. 레너드로선 버지니아의 결정을 존중하고 싶으며, 당시의 강요에 토대를 둔 병원 체계가 도움이 되지 않는다고 생각한다. 그는 그녀를 통제하고 싶지 않다.

하지만 잠깐 바깥에 나가 있는 사이 버지니아는 진정제를 과량 복용하고 깨어나지 않는다. 같은 건물에 사는 의사에게 도움을 청해 급하게 버지니아를 병원으로 옮기고, 위 세척을 하며 버지니아를 살리기 위해 노력한다. 다행히 며칠 지나 버지니아는 회복한다. 이제 레너드는 결정의 순간에 놓인다. 버지니아를 정신병원에 입원시켜야 하는가? 아니면 자신이 간병인이 되어야 하는가?

레너드는 후자를 선택한다. 비록 이후 버지니아의 사회적·사교적 삶은 축소되지만, 안정적인 삶 속에서 역사에 각인된 놀라운 작품들을 남긴다. 1941년, 버지니아의 세 번째 시도가 성공하여 다시 레너드의 곁으로 돌아올 수 없게 될 때까지 약 30년의 세월을 두 사람은 그렇게 보낸다.

돌봄은 삶의 얽힘이다

버지니아 울프를 연구하고 그의 삶을 탐구한 여러 사람이 레너드의 과도한 통제가 버지니아를 억압했다고 주장한다. 하지만 조현병을 가진 아버지를 돌보고 있는 밀스는 레너드가 제공한 규칙과 안정이 버지니아에게 위로와 평안을 제공했으리라 생각한다. 버지니아를 얽맸다고 레너드를 비난하는 것은 부당하다는 것이다.

레너드는 버지니아의 일정을 조절하고, 생활에 규칙을 부여했다. 음식을 먹는 것부터 잠에 드는 것까지 버지니아는 레너드의 관리가 필요했다. 버지니아의 병을 가볍게 생각한다면 이런 레너드의 돌봄은 강압으로 느껴질지 모른다. 그러나 여러 번 발작을 일으키고 몇 차례 자살을 시도했던 버지니아에게 레너드의 돌봄은 통제인 동시에 세심한 관리였다. 천재, 버지니아가 글을 쓸 수 있도록 다른 모든 조건을 돌보는 것.

보살핌받는 이가 바라는 일들을 추구할 수 있도록 돌보되 문제나 해악이 발생할 수 있는 선을 긋고 그 안에 머물 수 있는 삶을 제공하려면 돌보는 이가 많은 부담을 져야 한다. 게다가 이러한 돌봄은 자칫 통제로 여겨져 독립과 자기결정에 최고의 가치를 부여하며 타인에게 휘둘리는 것을 경멸하는 현대 사회에서 쉽사리 비난의 대상이 될 수 있다. 이는 돌보는 이에게 이중의 고통을 안긴다.

이러한 통제에 대한 강한 거부는 돌봄이 없는 현실로 이어진다. 의과학에는 당연히 돌봄의 자리가 없다 해도, 그를 비판하는 의료윤리나 의료사회학 또한 딱히 돌봄을 요청하지는 않는다. 이러한 의학의 현실은 잔혹함을 초래한다. 돌봄받지 못하는 삶은 그 자체로 괴롭다. 환자는 질병의 질곡을 혼자 헤쳐 나가야 한다.

많은 질병이 순간적으로 왔다가 순간적으로 사라지지 않는다. 질환疾患, 즉 아픔으로 인한 근심은 상당 기간, 때로는 평생 지속된다. 질환의 구체성과 영향은 처음부터 명명백백하게 드러나

지 않고 시간이 지나야 알 수 있다. 그 과정에서 삶을 조율해야 하는데, 혼자서는 할 수 없다. 보살핌받는 이와 돌보는 이가 함께 조율해나가야 한다. 그 돌봄에 통제로 여겨지는 부분이 있더라도 우리는 받아들일 수 있어야 한다. 당연히 과도한 통제와 강압은 항상 경계해야 한다. 그러나 돌봄이 없을 때 우리 삶은 곤경에 처한다. 무언가에 의존하는 삶은 통제 불가능하고 나약한 것으로 인식된다. 그렇기에 사람들은 여전히 자신이 의존 상황에 빠질 것을 두려워하고, 자신의 의존을 드러내는 돌봄을 경계한다. 그러나 우리는 삶의 많은 시간을 돌보는 이에게 의존하며 보낸다. 의존을 부정할 수 없다면, 돌봄을 되살려야 한다.

레너드는 버지니아를 돌보는 삶에 관한 기록을 남겼다. 그를 통해 자신을 반추하며, 밀스는 아버지를 돌보는 삶에 관한 기록을 남긴다. 그 기록은 우리가 돌보고 보살핌받으면서 어떻게 서로의 삶을 조율해가는지 알려준다. 우리 또한, 그 기록을 이어받아 다른 사람을 돌보는 삶을 생각해볼 수 있을 것이다.

여기에서 우리는 현대 의학에서, 우리의 삶에서 돌봄의 자리를 어떻게 마련할 수 있는지 배운다. 돌보는 이와 보살핌받는 이로서 마주 앉은 사람들은 서로의 삶을 조율해갈 수 있는 공간을 만들어야 한다. 이런 돌봄은 어느 한쪽의 요구가 아니라, 서로의 얽힌 삶이다.

누가 돌보아야 하는가[9]

내겐 초등학교에 다니는 딸이 있다. 다른 사람보다 주변의 도움을 많이 받았고 지금도 그렇지만, 아이를 돌보는 일은 늘 어렵다. 어릴 땐 먹이고 씻기고 입히는 일 자체가 고된 일이었는데, 이젠 학습과 학교생활, 교우 관계 등에 신경을 쓰게 되었다.

또 같은 집에서 살진 않지만, 집안엔 편찮으신 어르신들이 있고 계속 마음을 써야 한다. 시간을 내는 일도 부담이지만, 그보다는 별로 돌보아드리지 못한다는 사실이 마음의 짐이 된다. 이런 상황들의 무게는 끊임없이 나를 괴롭힌다.

다행히 나는 어릴 때부터 집안일을 해왔기에 가사에는 능숙하다. 그런데 문제는 점점 일도, 돌봄도 그 양이 불어난다는 것이다. 직장 업무에 더해 이제는 공적 역할도 맡아야 한다. 한편 아이는 이전에 생각하지 못했던 것들을 필요로 한다. 부모님들도 점점 챙겨드려야 할 부분들이 늘어나고 있다. 혼자서 다 감당하는 것은 불가능하다.

포기하거나 타협하는 것이 일차적인 선택지리라. 다른 누구에게 부탁하거나 위임하는 것도 고려해봄 직하다. 하지만 둘 다 문제가 있는 선택지다. 전자를 선택하면 어느 쪽의 질이 하락할 것이다. 일을 대충 하거나, 아이와 부모님을 적당히 돌보거나. 후자가 그나마 낫고 이미 선택한 일이기도 하다. 학교를 마친 아이는 하원 도우미님이나 할머니와 함께 있으니까. 하지만 할머니께도 죄송스럽고, 내가 돌봐야 한다고 생각하면서도 못 하고 있다는 죄책감이 남는다.

이것은 나만의 특별한 상황이 아니다. 사람들은 어릴 때를 제외하면, 일생 다른 사람들을 돌보며 산다. 문제는 돌봄이 있을 자리가 없다는 데 있다. 그토록 중요한 돌봄이건만, 돌봄은 개인의 경제적·사회적 활동에 비해 부차적인 일로 치부된다.

과거 돌봄은 여성의 무임금 가사노동에 의존했다. 여성이 사회로 진출한 현재, 돌봄 노동의 자리는 그대로 비어버렸다. 간병인, 가사도우미 등 돌봄 노동자가 그 자리를 일부 채우긴 했으나, 돌봄의 지위는 여전하다. 돌봄은 그 가치를 인정받지 못하는 대표적인 노동이다.

하지만 모두 돌봄을 필요로 한다. 아이를, 노인을, 환자를 돌볼 사람이 있어야 한다. 인정받지 못하지만 누구에게나 필요한 돌봄이기에 우리는 고민한다. 우리의 돌봄은 어디에서부터 잘못되

어 있는가. 왜 우리는 필요한 돌봄을 누리지 못하는 한편, 돌보지
못해 고민하는가.

위기에 처한 '돌봄의 질'

이 고민을 영국의 저널리스트 매들린 번팅은 《사랑의 노동》
에서 상세히 풀어낸다. 번팅은 여러 돌봄의 현장을 취재한다. 자
신의 육아 경험에서부터 장애아동 돌봄, 대학 병원, 일반 의원, 방
문 간병, 임종의 장소까지. 우리가 처한 돌봄의 위치들을 돌아본
그는 말한다. 현재 돌봄이 위기에 처해 있다고.

번팅은 돌봄의 위기를 두 차원으로 이야기한다. 첫째, 사람들
은 원하는 돌봄에 접근할 수 없다. 사람들은 삶의 여러 단계에서
돌봄의 필요를 느낀다. 당장 먹고 마시고 입는 일에서부터 질병이
나 손상 등으로 필요해진 여러 조력까지. 하지만 무가치화·분절
화된 돌봄 노동은 이런 필요들을 채울 만큼 충분히 제공되지 않는
다. 당장 우리 사회만 보아도 어린아이를 보낼 어린이집이, 학교
를 마친 아이를 돌볼 사람과 장소가 없다. 코로나19 이후 간병인
을 구하기는 더 어려워졌다. 특수교육이나 장애인 지원을 위한 활
동보조사를 찾지만, 이 또한 여의치 않다. 돌봄 필요는 산적해 있
으나 이를 제공할 사람도, 공간도 부족하다.

둘째, 보살핌받는 사람도 제대로 보살핌받지 못한다. 운 좋게

돌봄을 제공받더라도, 돌봄의 질이 충분하지 못하다. 이런 상황을 제일 잘 보여주는 것은 시설이다. 요양시설에서 이루어지는 노인 돌봄을 다루었던 몇 차례의 르포 기사나[10] 시설에 방치되어 학대당하는 노인들에 대한 여러 보고들은[11] 시설에서 주어지는 돌봄의 질이 어디까지 하락되었는지 각인시켰다. 또한 급성기 진료에만 초점이 맞추어진 의료 환경에서 만성질환자와 장애인은 필요한 의료적 돌봄을 얻기 어렵고, 만성질환과 장애의 돌봄은 그저 집 안에 갇혀 '간병살인'이라 불리는 일까지 초래한다.[12]

이런 상황이 발생한 이유는 돌봄에까지 자본의 논리가 편만해졌고 돌봄을 맡을 사람이 없기 때문이다. 과거 여성과 지역 공동체가 무보수로 맡았던 돌봄은 여성이 일터로 떠나고 지역 공동체가 해체되면서 맡을 사람이 사라졌다. 이 자리를 채우는 것은 저임금 노동자로, 번팅이 살핀 영국의 경우 상당 비율을 외국인이 차지하고 있다. 노인의 증가와 사회의 발전으로 돌봄의 필요성은 계속 증가하고 있지만, 이를 채우는 것은 '값싼' 노동력이다.

왜 돌봄은 이토록 푸대접받는가? 사회가 돌봄을 한 번도 진지하게 고려하지 않았기 때문이다. 경제학은 노동을 정의하면서 무의식중에 돌봄을 배제했다. 돌봄을 여성의 일로 치부하며 돌봄의 특성을 들여다보지도 않았다. 지금 우리 삶의 형태를 만들어낸 18~19세기 '남성' 경제학자들이 돌봄을 이해하고 있었을 리 없다. 돌봄은 '어머니'로 표상되는 가정의 여성들, "집안의 천사"들이 자연스럽고 당연하게 채워주는 것이었다. 당시 문명을 등지고 '월든' 호숫가에서 살았던 헨리 데이비드 소로 또한 마을에 내려와 식사하고 빨래를 어머니에게 맡겼다는데, 다른 이들이야 말해 무엇할까.

돌봄은 공기와 물 같은 것이라 그것이 있음을 인식하는 것은 불가능했지 싶다. 돌봐 주는 사람 없이 우리는 살 수 없다. 하지만 너무도 당연히 주어질 땐 그것이 있는지 깨닫지도 못하다가 없어지고 난 다음에야 심각한 문제가 발생했음을 안다. 공기의 소중함을 깨닫는 것은 질식하는 순간인 것처럼. 지금 돌봄이 이토록 중요하게 다뤄지는 것은 그만큼 우리에게 돌봄의 결핍이 심각하다는 방증이다.

물론 우리 사회는 돌봄 체계를 만들기 위해 열심히 노력해왔다. 의료와 복지 제도는 돌봄의 사회화를 위한 노력의 결실이며, 가정의 책임이었던 돌봄은 많은 부분 국가의 역할로 바뀌었다. 하지만 국가는 끊임없이 재정 축소의 압력에 시달리며 돌봄은 그에 매우 취약한 영역이다. 게다가 돌봄은 많은 경우 관료적 서류 작업으로 대체된다. 돌봄은 각 사람의 필요를 채우는 매우 다양한 행동을 아우르지만, 관료적인 방식으로는 그 필요를 세세하게 살필 수 없어 단순화된 돌봄이 제공된다. 그런 사회의 '돌봄'은 쉽고 간단하고 누구나 할 수 있는, 중요하지 않은 일로 폄하되고, 축소되어야 할 '허드렛일'로 취급받는다. 이에 대해 번팅은 이렇게 적는다.

가정과 노동시장 모두에서 돌봄의 문화적 중요성, 그리고 여기에 필요한 시간, 관심, 접촉, 곁에 있어주는 행동 등은 점점 더 벗겨져 나갔다. (…) 하지만 지난 한 세기 동안 서구 민주주의 국가들은 높은 수준의 돌봄을 보장하려는 노력에서 막대한 진전을 이루기도 했다. 의료 시스템과 복지국가 시스템이 그러한 사례다. 이제 우리는 이 시스템을 당연하게 여기며 마땅히 제공되어야 하는 것이라고 여긴다. 하지만 이것이 세대를 이어 지속되려면 사회적 인정, 자금 지원, 합당한 존중과 가치 부여가 필요하다는 사실은 충분히 인지하지 못하고 있다.[13]

의료의 핵심은 돌보는 일이었다

의료인은 돌보는 사람인가? 그렇기도 하고, 그렇지 않기도 하다. 현재 의학적 행위라고 부르는 것에는 돌봄이 포함되어 있지 않다. 의료에는 진단과 치료만 있고 돌봄의 공간은 비어 있다.

하지만 의료인문학과 의료윤리를 공부하면서 나는 의료인으로서 내 역할을 돌봄이라는 표현으로 다시 정리하게 되었다. 돌봄 없이 환자와 의료인의 관계는 성립할 수 없다. 둘의 만남은 지식을 요구하는 학생과 이를 전달하는 교사와는 다르다. 비록 의료인이 전문적 의학 지식을 지니고 있지만, 애초에 환자는 지식이 아닌 돌봄을 바라며 의료인에게 온다. 의료인은 삶의 고난에 부딪힌 환자에게 돌봄을 제공하는 사람이다.

여기에서 나는 늘 몸이 둘로 쪼개지는 감각을 느낀다. 나는 돌보는 사람이라고 생각하지만, 돌보는 사람이 아니라 한다. 의료인으로서 내 역할에선 돌봄이 있을 자리가 잘 보이지 않는다. 돌봄이 제대로 인정받지 못하기 때문이다. 돌봄은 '의사'와 같은 전문직의 영역에서 굳이 찾아서 맡지 않아도 되는 사소한 일이기 때문이다.

하지만 의료 지식과 기술을 인공지능이나 로봇이 대체하는 날이 온다면, 그때도 나는 의료인으로 남을 수 있을까? 나는 그렇다고 생각하는데, 내가 의료인으로서 줄 수 있는 돌봄을 인공지능이나 로봇이 대체할 수 없다고 확신하기 때문이다. 당장 병원을 찾아온 문제 외에 환자의 다른 필요를 살피고, 환자와 가족이 치료의 과정에서 경험한 상실감과 슬픔을 물으며, 질환을 인지한 순간부터 낫는 그때까지, 또는 질환을 안고 관리하며 평생 살아가는 시간 안에서 동행하기 위한 노력들을 인공지능이나 로봇이 환자에게 줄 수 없을 것이다. 돌봄은 두 사람의 관계에서 늘 새로이 만들어지는 현상이고, 말이나 논리로 명확히 표현되지 않는 수많은 것들을 끌어안는 작업이며, 나의 가장 깊은 마음속에서 나오는 반응이기에 내가 줄 수 있는 돌봄을 다른 사람이 줄 수는 없다. 이런 것을 로봇으로 일반화할 수 있을 리 없다.

분명 우리는 '돌봄' 로봇을 만들 수 있다. 환자에게 식사를 전달하고 침상에 있는 이를 돌아 눕히며, 말 상대를 해주는 로봇, 내가 환자에게 그러듯 충치를 치료하고 앓던 이를 뽑고 잇몸을 수술하는 로봇이 나타날 것이다. 하지만 그 모든 일을 해내더라도 로봇은 환자든 내 가족이든 그 누가 되었든 내가, 사람이 하는 것처럼 돌보지 못할 것이다.

그렇다면 의료인이라는 정체성에서 가장 중요한 부분은 돌봄이 아닌가. 그렇게 중요하다면 의료에서든 사회에서든 돌봄은 복권되어야 한다. 비록 돌보는 손이 '어머니'에서 다른 모든 사람, 돌봄 노동자나 의료인으로 바뀔지라도 그 손의 고귀함이 사라지지는 않을 테니까.

돌봄의 대가와
진정한 돌봄

돌봄은 양가적 이미지를 지니고 있다. 먼저 돌봄은 한쪽의 헌신, 모든 것을 다 내어주는 일로 표상된다. 부모의 돌봄이나 종교인의 자기희생이 그렇듯, 돌보는 이가 보살핌받는 이에게 아무것도 기대하거나 바라지 않고 그저 마음을 다하는 일이 돌봄이라는 것이다. 한편으로 돌봄은 철저히 시장적인 것, '돌봄 노동'으로 그려진다. 그것은 다른 노동과 동일하며 아무런 차이도 없다. 급여를 받은 만큼 일하는 것, 돌봄 노동이라고 그에서 벗어날 필요는 없고 그것이 당연하다는 것이다.

이 둘의 위치와 필요를 인정하지만, 우리 삶의 돌봄은 많은 경우 이 중간 어디에 놓인다. 부모의 돌봄과 종교인의 자기희생이 정말 현실에서 그런가. 부모는 자녀에게 진정 아무것도 바라지 않는가. 그것을 하나의 당위이자 이상으로 놓을 수 있을지언정, 우리는 현실이 그렇지 않음을 잘 알고 있다. 부모는 자녀에게 바라는 것이 있다. 이것 또한 하나의 시장 교환이라는 듯이 나중에 꼭 돌봄의 대가를 되돌려받을 것을 바라지는 않더라도(그런 바람은 부당하고 또 끔찍하다), 돌보는 부모는 보살핌받는 자녀에게 사랑과 애정을, 기쁨과 추억을 되돌려받길 바란다. 누구도 그런 바람이 과도하다고 말하지는 않을 것이다.* 여러 '다른' 상태에 놓인 자녀를 돌보면서 부모가 가지는 애끓는 마음은, 한편으로 자신의 마음을 되돌려받을 수 없음을 아는 이의 안타까움이자 슬픔일 테니까.

　나라고 다르지는 않다. 딸에게 아무것도 바라지 않는다는 말은 거짓말이다. 딸을 돌보면서 나는 딸이 나를 사랑해주길 바란다. 딸이 내 말에 반응하고 응답하며, 함께 시간을 보낼 수 있기를 소망한다. 그 바람은 때로 보답받고 때로 좌절되지만, 그래도 딸의 눈을 떠올리며 뭉클할 수 있는 것은 보답받은 기억들 때문일 것이다. 함께 처음으로 영화를 보러 갔을 때, 바닷가에 둘이 앉아 바다를 바라보았을 때, 정말 좋아하는 음식을 찾았을 때 딸이 나에게 보였던 눈. 그것은 내 돌봄의 대가, 내가 딸에게 받은 것이다.

---

*　전혀 이해할 수 없는 자녀를 바라보는 어머니의 마음을 그린 작품으로 영화 〈케빈에 대하여〉(2012)를 들 수 있다. 작품은 극단적인 통약불가능성incommensurability을 지닌 아들 케빈(그는 사이코패스로, 주인공의 남편과 동생을 살해하고 학교에서 학살극을 벌인다)을 바라보는 어머니의 관점을 보여준다. 그것이 하나의 극단화된 돌봄 관계의 재현이라 할 때, 우리의 돌봄은 일반적으로 작품에 그려진 것과 다른 곳에 놓이더라도 이 작품을 돌봄이 교환이어야 한다는 하나의 반례로 생각해 볼 수 있을 것이다.

그 정도야 가족 관계에서 서로 주고받을 수 있는 애정이니 당연하다고 생각할 수 있다. 하지만 그 선이 그렇게 명확할까? 우리는 서로에게 많은 것을 바라고, 종종 그 바람은 선을 넘는다. 문제는 이것이다. 돌봄은 어디까지 바랄 수 있는가.

이에 관해 고민해볼 수 있는 돌봄 이야기를 담은 영화가 있다. 바로 미식축구 선수 마이클 오어의 실화에 바탕을 두어 화제가 되었던 〈블라인드 사이드〉(2009)다. 영화가 그해 드래프트에서 오어가 지명을 받는 실제 장면으로 끝나는 걸 보면, 그에게 주어진 관심을 미루어 짐작해볼 수 있다(볼티모어 레이븐스 소속으로 오어는 2013년 팀을 수퍼볼 우승으로 이끌었다).

불우한 가정환경에서 제대로 된 교육도 받지 못했던, 아마 특별한 계기가 없었다면 슬럼가에서 불행하게 사망했을지도 모를 그가 미국에서 가장 인기 있는 운동의 한복판에 있게 된 경로가 특이하다. 오어를 취재한 〈뉴욕타임스〉 기사(영화의 원작인 책 《블라인드 사이드》의 저자, 마이클 루이스가 쓴 글이다)에 따르면 어머니는 마약 중독자였고 아버지는 감옥에 있었으며 오어 본인은 초등학교 1, 2학년을 반복하면서 9년 동안 11개의 학교를 전전하였다.[14] 위탁 가정을 떠돌던 오어는 자녀를 브라이어크레스트 크리스천스쿨에 입학시키려던 토니 헨더슨에게 이끌려 학교에 체육 특기생과 비슷한 형태로 입학하게 되었다. 교과 성적이 올라야 학교가 그를 받아줄 수 있다는 약속과 함께.

이미 운동 실력은 비범했던 청년이었던 것 같지만, 문제는 돌봄이었다. 그가 고등학교에 계속 다니려면 학교 수업을 따라가야 하는데, 머물 집조차 없던 오어가 학교 공부를 따라갈 수 있을 리 만무했다. 그를 도왔던 것은 자녀를 브라이어크레스트에 보냈던 리 앤과 션 투오이 부부였다. 머물 곳을 제공하는 것에서 출발한 그들의 호의는 오어를 입양하고 그에게 개인 교사를 붙여 공부를 돕는 것으로 이어진다. 결국 오어가 대학에 진학할 수 있었던 것은 투오이 부부의 돌봄 덕분이었다.

누군가의 선의가 어떤 위대한 결과로 이어질 수 있는가에 관한 놀라운 사례일 것이나, 이 이야기에서 나는 돌봄의 성격을 포착해보려 한다. 이제 영화의 한 장면으로 들어가 보자.

돌봄을 의심할 때

영화의 시작에서 주인공 오어는 누군가에게 추궁당한다. 그는 대학 체육 협회 부조사관이다. 그는 수많은 대학교의 초청을 받은 오어가 다른 곳을 물리치고 왜 미시시피대학교를 선택했는지 묻는다.

투오이 부부가 모교에 거금을 기부하는 거 알아? 심지어 수 선생도 기부해. 투오이 부부는 학교 앞에 콘도도 갖고 있어. 대학 경기를 최대한 많이 보려고 그런 거지. 사실, 그 부부는 모교의 큰 후원자야.

마이클, 내가 여기 왜 왔는지 알고 있니? (⋯) 안 이상해? 네 상황 말이야. (⋯) 협회에서 우려하고 있어. 네가 스카우트된 걸 계기로 남부에 있는 학교들의 후원자들이 가난한 젊은 선수들의 법적 보호자가 되어 자기들의 모교로 보내려고 손을 쓸지도 모르니까.[15]

부조사관은 암시한다. '오어, 투오이 부부가 너를 입양한 목적은 그저 너를 사랑하고 돕고 싶어서가 아니었을지도 몰라. 그들은 뛰어난 미식축구 선수를 발굴하여 모교에 입학시켜, 모교 미식축구팀을 우승으로 이끌려는 목적을 가지고 있었을지도 몰라.'

이야기를 들은 오어는 뛰쳐나가 리 앤에게 향한다. 그리고 리 앤에게 묻는다.

오어: 왜 그랬어요?

리 앤: 뭐?

오어: 저를 미시시피 대학에 보내고 싶어 하셨잖아요.

리 앤: 그건 그렇지, 좋은 학교니까.

오어: 왜 잘해줬죠?

리 앤: 뭘?

오어: 전부 다요! 누구를 위해서요? 원하는 대학에 나를 보내기 위해서? 시키는 대로 하게 만들려고?

부조사관의 유도신문에 오어가 넘어간 것이라고 생각할 수 있다. 그런데 애초에 머물 집조차 없는 오어를 거둔 투오이 부부에게 학교 추천할 권리도 없는 걸까? 거꾸로 생각해볼 만한 질문이다. 애초에 돌봄이 어떤 목적을 가지고 주어졌다면, 다분히 돌봄 제공자의 이득을 위해 돌봄을 제공했다면 그 돌봄은 잘못된 것인가.

이 질문을 세심하게 살펴볼 필요가 있다. 결과적으로만 본다면 오어에게 해가 되는 것은 없다. 심지어 오어가 입양 부모의 뜻에 따라 특정 대학교에 진학하더라도 그것이 나쁜 선택이 아니라면 오어에게 왜 문제인가? 이 과정을 누군가 악용할 수 있다고 쳐도, 오어에겐 어떤 나쁜 일도 벌어지지 않았다. 그가 집에서 열악한 대우를 받으며 '입양된 운동 기계'로 길러진 것이 아닌 다음에야(영화든 현실이든 오어가 받은 돌봄과는 완전히 거리가 먼 묘사다). 결국 이 상황이 문제가 되는 것은 다른 사람(예컨대 앞으로 이런 절차가 악용될 수 있음을 걱정해야 하는 대학 체육 협회 관계자)이지 적어도 투오이 부부와 오어에겐 아니다. 하지만 이 질문은 우리의 마음을 붙잡는다. 왜 그런가.

베풂과 수용

문제를 표면적으로 정리하면 이렇다. 투오이 부부는 자신에게 어떤 이득이 돌아올 것이라 생각하지 않고 순수한 마음으로 오어를 돌봐야 했다. 하지만 부부는 다분히 계산적으로 오어에게 접근했다. 따라서 투오이 부부의 돌봄에는 잘못된 부분이 있다.

그런데 정말 타인을 돌보면서 우리는 아무것도 바라지 않는가? 혹은 그래야만 하는가? 예컨대 부모가 자녀가 잘될 것을 바라며, 그가 어떤 대학교에 입학하거나 어떤 직업을 얻는 것을 소망하며 양육하는 것은 잘못인가. 돌봄 노동자가 월급을 기다리며 돌봄 노동을 하는 것은 애초에 잘못된 접근인가. 칭찬을 바라며 할아버지를 돌보는 어린 손녀의 손길은 애초에 내밀어지지 말아야 하는가.

돌보는 이가 보답을 기대하지 말아야 한다는 것은 어딘가 이상하다. 물론 제공한 돌봄과 똑같은 가치의 대가를, 또는 더 많이 돌려받으려고 계획한다면 문제가 될 수 있다. 돌봄의 크기를 어떻게 잴 것인지도 문제다. 내가 제공한 돌봄과 그 돌봄을 받은 사람이 돌봄의 무게를 다르게 잴 수도 있으니까. 하지만 돌봄에 보답을 기대하는 마음 자체가 그렇게 문제일까.

따라서 중요한 것은 투오이 부부에게 오어가 누구이고 그리고 오어에게 투오이 부부는 누구인가이다. 그들은 자신의 이익을 위해 철저히 서로를 이용했는가, 아니면 돌보는 이와 보살핌받는 이의 관계 속에서 서로를 받아들였는가다. 만약 전자라면 우리는 이들의 이야기를 미담으로 받아들이지 않을 것이다. 심지어 학대의 한 형태로 투오이 부부를 고발하는 것도 온당해 보인다. 그러나 이 갈등을 통해 서로가 서로에게 누구인지를 이들이 깨닫게 되었음을 영화는 보여준다.

영화를 보면 투오이 부부와 수 선생(부부가 오어에게 붙여주었던 가정교사다)이 미시시피대학교 입학을 유도하고 오어의 입학으로 모교의 성적이 좋아지길 기대한 것도 사실로 보인다. 조사관을 통해 이 사실을 깨닫게 되었을 때, 오어는 그동안 의심 없이 받아들였던 투오이 부부의 애정과 돌봄을 되돌아본다. 오어가 투오이 부부에게 왜 그랬냐고 묻는 것은 부부가 자신을 이용할 수도 있다고 깨달아서가 아니다. 혹시 자신을 돌본 손길이 온전히 자신을 수단으로 이용하기 위한 전략이 아니었을까, 그동안 오롯이 받아들였던 마음이 사실은 자신을 향한 것이 아니었을까 하는 두려움에서 나온 물음이다.

한편 이 질문을 받은 부부 또한 생각한다. 애초에 왜 이 아이에게 손을 내밀었을까. 이 아이의 인생을 떠맡겠다고, 그가 받지 못했던 사랑과 관심을 주겠다고 선택한 이유는 무엇일까. 혹시 오어가 말하는 것처럼 자기도 모르는 새 모교를 우승으로 이끌고 그것을 진두지휘한 사람이라는 명예를 얻고자 이 아이를 이용하려 했던 것은 아닌가. 다른 대학교 대신 왜 이 대학교를 권했던 걸까.

이 과정을 통해 리 앤과 오어는 깨닫는다. 리 앤은 오어에게 선택권을 주었어야 함을, 오어는 리 앤, 그리고 투오이 가족의 호의를 스스로 수용해야 함을. 그리고 둘은 실제로 그렇게 한다. 〈블라인드 사이드〉가 미시시피대학교에 진학한 오어의 모습을 그리는 것은 물론 그것이 실제로 일어난 일이기 때문이기도 하지만, 리 앤과 오어가 서로의 돌봄을 어떻게 받아들이게 되었는지를 보여주기 위해서다. 리 앤은 돌봄을 주는 것이 무엇인지 깨닫는다. 그것은 보살핌받는 이를 통제하는 것이 아니라, 돌봄을 통해 그가 더 많은 가능성을 펼 수 있도록 지지와 지원을 제공하는 것이다. 오어는 돌봄을 수용하는 것이 무엇인지 고민하게 되었다. 그것은 그저 받기만 하는 것이 아니라, 자신에게 온 돌봄을 능동적으로 취해 자기 삶과 관계를 조직하고 꾸려나가는 것이다. 이제야 리 앤과 오어는 돌봄이 상호적이라는 것을 알게 된다.

돌봄이 상호적이라는 것은 상호에 대한 경제적 평형이 이루어진다는 의미가 아니다. 그것은 관계적 상호성을, 돌보는 이가 주는 지원과 지지가 보살핌받는 이의 능동적인 수용을 통해 받아들여져야 함을 의미한다. 한편 돌보는 이는 돌봄의 상황을 완전히 장악할 수 없다. 그것은 돌보는 이와 보살핌받는 이가 함께 만들어가는 것이다. 어떤 상황에서 강압적으로 이루어지거나, 순수하게 경제적인 (또는 다른) 목적에서 이루어지는 돌봄이나 간병을 우리가 진정한 돌봄이라고 생각하지 않는 이유는 여기에 있다.

다른 모든 경기가 그렇듯이, 미식축구도 혼자 하는 경기가 아니다. 오어가 진학했음에도 미시시피대학교는 우승 근처에 가지도 못했다. 그가 대학교 경기에서도 엄청난 주목을 받은 것은 사실이지만. 그렇다고 투오이 부부의, 리 앤의 돌봄이 가치가 없어진 것도 아니다. 돌봄을 주고받는 행위가 보여줄 수 있는 따스함을, 이들의 이야기는 이미 충분히 전하고도 남았으니까. 어떻게 돌봄이 만들어지는지를, 그들이 잘 보여주었으니까.

서로의 생을 지탱하는
돌봄의 가능성

여러 이야기를 통해 짚은 것처럼 돌봄은 서로를 빚어내는데, 나는 이것을 '돌봄의 교환'이라고 부른다. 경제적으로나 사회적으로 무언가를 주고받기 때문이 아니라 돌봄을 통해 서로에게 주어지는 것이 있기 때문이다. 그것을 일반화하기 어렵다. 각자의 특성과 상황에 따라 다르기 때문이다. 하지만 그렇기에 돌봄은 우리를 기존에 있던 곳에서 벗어나 다른 곳으로 옮겨 가게 만든다. 각자에게 성장을 가져온다고 쉽게 말할 수는 없다. 돌봄이 꼭 성장을 약속하는 것은 아니니까.

그 교환과 이동의 미묘함을 잘 보여준 영화가 바로 〈드라이브 마이 카〉다.[16] 이미 제목부터 "드라이브", 어딘가로 이동하고 있음을 말하고 있는 이 작품은 '운전'을 통해 어떤 돌봄이 가능한지, 그리고 그 돌봄 속에서 서로가 무엇을 얻고 있는지를 잘 보여준다.

두 상실의 만남

다른 언어를 사용하는 연기자를 모아 각자의 모어로 연기하는 무대를 꾸미는 연출가가 있다. 연기자들은 무대에서 상대방의 말을 이해하지 못하므로, 그 전에 대사를 몇십 몇백 번 같이 읽어 감각으로 상대방의 대사가 지닌 의미를 파악한 채로 공연에 임한다. 이 자체로 흥미로운 설정이지만, 이 연출가에겐 슬픈 과거가 있다. 자신을 이해해줄 수 있다고 믿었던 아내의 불륜 장면을 우연히 목격한 것이다. 그는 그 사실을 아내에게 말하는 것을 두려워하며 바깥에서 한참 시간을 보내다가 들어오는데, 마침 그날 아내는 뇌출혈로 쓰러져 사망하고 만다. 한편 연출가 본인은 녹내장으로 점점 시야가 좁아지고 있다.

어릴 때부터 어머니를 데려다주기 위해 차를 몰았기에, 직접 운전하는 것을 더 편안하게 여기는 운전사가 있다. 연출가가 연극제에 연극을 올리며 개인 운전사를 배정받게 되면서 두 사람은 만난다. 운전사는 5년 전, 눈사태로 어머니를 떠나보냈다. 결코 좋은 어머니라고 말할 수 없었지만, 그는 어머니의 내면에 있는 어떤 아름다움을 어렴풋이 느꼈다.

두 사람은 비슷한 결핍을 지니고 있다. 연출가도, 운전사도 모두 가족의 죽음에 자신의 책임을 느낀다. 연출가는 자신이 번민하지 않고 일찍 집으로 들어갔더라면, 아내를 제때 응급실로 옮겨 살릴 수 있었으리라고 생각한다. 운전사는 눈사태로 무너진 집에서 어머니를 구할 수 있었을 것이라고 생각한다.

그러나 둘은 그러지 않았다. 그 대상을 온전히 받아들이지 못했기 때문이라고 그들은 생각한다. 연출가는 아내가 자신을 사랑한다고 말하면서도 부정을 저지르는 것을 이해하지 못했다. 운전사는 어머니가 자신을 아낀다고 말하면서도 학대하고, 때로 자신 안으로 숨어 들어가 다른 인격을 내세우는 것을 이해하지 못했다.

〈드라이브 마이 카〉에서 그렇게 만난 두 사람은 비록 완전하진 못할지라도, 서로에게 버팀목이 되어줄 수 있음을 깨닫는다. 두 사람의 관계가 어떤 형태인지 영화는 명확하게 정의하지 않고 마무리한다. 나는 여기에서 벌어지는 돌봄의 교환에 관심이 있다. 영화의 한 장면을 자세히 살펴보고, 다시 돌봄에 관한 생각으로 돌아오자.

받아들임이란 무엇인가

영화 전반의 갈등을 만들어내는 인물은 다분히 연출가의 다른 자아처럼 읽히는, 아내의 전 내연남이다. 불륜을 들켰다는 사실을 알지 못하는 그는 연출가의 새 작품에서 주인공 자리를 차지하지만, 그의 연기도, 처신도 연출가는 받아들이지 못한다. 우여곡절 끝에 작품에 안착하게 되는 순간, 연기자는 연출가가 같이 있던 자리에서 폭력 사건을 벌여 상해치사로 구속된다. 작품을 맡긴 기관은 연출가에게 요청한다. 당신이 대신 주인공을 맡아달라고. 그 역할은 아내가 죽기 전, 원래 연출가의 자리이기도 했다.

마음의 갈피를 잡지 못한 연출가는 운전사에게 부탁한다. 당신이 자란 장소를 보여달라고. 둘은 운전사의 고향으로, 아니 눈사태가 벌어졌던 곳으로 돌아간다. 둘의 자동차 여행을 길게 따라가는 카메라.

이동 중에 연출가는 고백한다. 아내가 죽던 날 아침, 아내는 무언가를 고백하려는 것처럼 보였다고. 무서워서 계속 차를 몰고 돌아다니다가 늦게 들어간 것이 아내를 죽음으로 몰고 간 이유일지도 모른다고. 운전사는 고백한다. 자신이 어머니를 죽였다고. 눈사태가 왔을 때 집 안에 있었던 자신은 기어 나왔고, 그다음 2차로 토사가 집을 쓸어갔으며 어머니는 그 속에서 발견되었다고. 자신은 어머니가 집 안에 있음을 알고 있었는데 왜 구조를 요청하지 않았는지, 구하러 가지 않았는지 모르겠다고. 연출가는 자신이 운전사의 아버지라면, 네 잘못이 아니라고 말해주고 싶지만 그럴 수 없다고 말한다. 자신은 아내를, 운전사는 어머니를 죽였으니까.

다시 긴 운전 끝에, 두 사람은 옛날 운전사의 집이 있던 곳에 도착한다. 눈에 덮인 지붕 골조만이 남아 있다. 눈앞에서 돌아가신 어머니를 추모하며 두 사람은 서로에 대한, 그리고 자신에 대한 이해에 도달한다. 아내는, 어머니는 자신을 투명하게 드러내는 사람이었다. 아내는 연출가를 사랑하며 계속 다른 육체를 찾았다. 어머니는 자신을 학대하면서도 제2 인격인 '사치'로 돌아가 자신과 놀아주었다. 연출가는 상처를 직면했어야 한다며, 살아남은 우리는 죽은 자를 기억하며 계속 살아가야 한다고 말한다. 살아가야 한다. 우리는 괜찮을 것이다.

여러 가지로 읽히는 장면이지만, 일단 두 사람에게만 집중해 본다. 두 사람은 생이 가져온 거대한 트라우마를 헤쳐나가야 하지만, 그 우물에서 혼자서 빠져나갈 수는 없다. 둘은 과거를 직면하고 자신을 이해해야 하지만, 과거의 죄악에 연루되어 그 앞에 마주 서는 것이 불가능한 탓이다.

하지만 서로가 있을 때 둘은 과거를, 자신을 받아들이게 된다. 비슷하지만 다른 고통을 겪고 있는 두 사람이기에 서로에게 필요한 말을 건넬 수 있다. 서로의 위치가 같은 것도 아니고, 서로의 상실이 같은 것도 아니다. 하지만 둘은 가족의 죽음으로 인해 상처받았고, 여전히 그 죽음에 매여 있다.

다음 단계로 나아가기 위해 자신이 들었어야 했던 말을 상대방이 건네준다. 그로 인하여 두 사람은 이제 살아갈 수 있다. 대사처럼 그들은 괜찮을 것이다. 죽음이 지워지는 것은 아니다. 고통이 사라지는 것도 아니다. 하지만 둘은 견디어낼 수 있을 것이다. 이 모습을 나는 돌봄의 필수 요소로 받아들인다.

서로를 통해 다음으로 나아간다는 것

앞서 말했듯 돌봄은 비대칭적인 것, 한쪽이 다른 한쪽에게 주는 것으로 인식되어왔다. 부모가 자녀를 돌본다. 돌봄 제공자가 의존인을 돌본다. 지역사회가, 공동체가 구성원을 돌본다. 한쪽이 돌봄을 주고, 다른 한쪽이 돌봄을 받는다. 돌봄 행위의 측면에서 보자면 달리 말하는 것은 불가능하다. 아이가 부모에게, 의존인이 돌봄 제공자에게 자신이 받은 것을 (적어도 그 시점에서) 그대로 돌려줄 수 없으니 말이다.

하지만 관계로 보면 다르게 읽을 수 있다. 돌봄은 분명 두 사람 사이에 형성되는 관계다. 나는 부모님과, 자녀와 돌봄 관계를 맺는다. 서로 이 관계를 수용하지 않는다면, 돌봄 관계는 성립하지 않는다. 나는 의료인으로서의 오랜 경험으로 돌봄 관계를 받아들였다. 환자와 의료인 사이의 돌봄 관계는 양쪽의 승인으로 이루어진다. 환자가 의료인의 돌봄을 거부하거나(그럼에도 환경이나 제도적인 이유로 의료인의 돌봄을 받아야 할 때), 의료인이 도저히 환자를 돌볼 수 없는 상황일 때(그럼에도 억지로 돌봄 노동을 수행해야 할 때) 의료인은 돌봄 노동을 수행하지만 둘 사이에서 돌봄이 이루어졌다고 보기는 어렵다.

돌봄의 상호성은 둘 사이를 이어 붙이는 것을 넘어, 서로가 아니라면 다다를 수 없는 곳으로 두 사람을 이끈다. 그것은 이해일 수도, 어떤 정서적 만족감일 수도 있다. 안정이나 편안함이기도 할 것이다. 〈드라이브 마이 카〉의 두 사람처럼 하나의 넘어섬이 될 수도 있다. 영화에서 두 사람의 관계가 과연 돌봄인가라는 의문도 들 것이다. 그러나 작품에서(그리고 무라카미 하루키의 원작 소설에서) 자동차는 단순한 운송 수단이 아니다. 하루키의 작품에서 자동차는 개인의 성격과 특징을 드러내는 기능을 하며, 휘말린 모험에서 주인공을 보호하는 외피의 역할을 하기도 한다. 영화에서 자동차는 연출가의 또 하나의 자아이자 생이라는 비극을 여행하는 주인공을 더 분명하게 드러내는 장치다. 영화 중간에 운전사와 연출가가 선루프를 열고 함께 담배를 들어 자신의 생을 위로하는 장면이 관객에게도 위로를 건네는 것은, 자동차가 생의 신산함을 걸어가는 이의 은유라는 것이 전해지기 때문이다. 그런 자동차를 운전하는 역할을 맡기에, 운전사는 연출가에게 돌봄을 제공하는 위치에 있다고 말할 수 있는 것이다. 그렇게 운전사는 어느덧 연출가와 돌봄 관계 속으로 들어간다.

물론 노동은 한쪽으로만 주어진다. 운전사는 결코 운전대를 넘겨주지 않는다. 하지만 둘의 돌봄 관계는 노동을 넘어, 두 사람이 서로를 통해 지지받을 수 있는 환경을 구축하는 것으로 이어진다. 영화 마지막, 배경은 부산으로 넘어오고 운전사는 마트에서 쇼핑을 마치고 개와 함께 이전처럼 차(다시 강조하자면 자동차는 생의 은유이다)를 타고 어딘가로 향한다. 아마 연출가의 시력은 더 악화하여 맹인견이 필요해졌을 것이다. 그의 삶을 여전히 돌보고 있는 것은 아마 운전사일 것이다. 둘은 다분히 유사 부녀 관계를 형성했으리라(앞서 연출가는 "내가 만약 당신 아버지였다면"이라고 말한 바 있다). 그리고 둘은 여전히 살아간다. 서로가 서로를 지지하면서.

서로를 위한 돌봄

삶에서 서로를 지지하는 돌봄 관계를 만나는 것은 쉬운 일은 아니다. 모든 돌봄 관계가 그렇게 되는 것도 아니다. 우리는 경험과 사건을 통해 알고 있다. 돌봄은 너무도 쉽게 한쪽에 대한 착취, 또는 다른 한쪽에 대한 학대로 넘어간다. 따라서 돌봄이 무조건 신성하다거나, 돌봄 자체는 언제나 귀한 일이라고 말해서는 안 된다. 그러나 돌봄은 가능성을 품고 있다. 서로가 서로를 붙들 수 있는 관계를 형성할 가능성을.

나는 돌봄의 가능성을 의료적 관계를 유의미하게 만들어주는 요소로 받아들인다. 환자와 의료인이 만난다. 우리는 전통적인 둘 사이의 관계를, 예컨대 생명을 구해준 의사에게 환자가 무한한 감사와 존경을 표하는 예전의 모습을 여전히 마음속에 품고 있으면서도, 더는 의료인이 그런 존경의 대상이 아니라고 생각하는 세상에서 살아가고 있다. 서로에 대한 기대는 어긋나고, 자주 실망한다. 하지만 환자와 의료인이 돌봄 관계를 통해 서로의 생을 지탱할 때가 있다. 꼭 질병이라는 거대한 풍랑 앞에서 흔들리는 생이 아닐지라도, 심지어 내가 자주 경험했던 아주 일상적인 치과에서의 만남에서도 우리는 서로를 지탱하는 모습으로 마주치곤 했다. 삶의 사소한 편린들을 나누는 것에서부터, 굳이 표현하진 않지만 서로에게 감사를 느끼는 순간까지.

그것은 요양에서 우리가 놓치고 있는 가능성이기도 하다. 요양시설에서든 가정에서든, 노인과 장애인을 대상으로 한 돌봄은 주로 경제적인 교환으로 설명되곤 한다. 돌봄 노동이 제공되고 그에 따른 급여를 지급한다. 하지만 그것만으로 둘 사이의 관계를 온전히 설명할 수 있을까. 장애인과 활동보조인의 관계를 경제적인 언어로만 설명하면, 활동보조인을 통해 장애인이 이룰 수 있는 여러 가지 일들을, 예컨대 사회적 활동의 수행을 기술하기 어려워진다. 활동보조인이 장애인을 통해 알게 장애의 특징이나 특수성, 환경과 같은 것들은 그저 부차적인 것이 된다. 그러나 돌봄을 귀하게 만드는 것은 그런 요소들이 아닌가.

그렇기에 나는 돌봄 관계에 주목한다. 그것은 한쪽의 필요를 보살핀다는 노동의 측면을 넘어 서로를 특별한 위치에 놓는다. 서로가 있기에 우리가 살아갈 수 있음을 깨닫게 한다.

돌봄이 없다면 미래도 없다: 인간의 기본적 조건으로서의 돌봄

언제부터 생겨난 경향성인지 말하기 어렵지만, 우리는 세상의 출발점을 나로 잡곤 한다. 세상이 있든 없든 상관 없다. 먼저 내가 존재해야 세상이 존재한다고 말할 수 있다는 관점이다. 내가 여기에 있어야, 그 안에서 다른 사람들과의 관계가 형성되고 사회가 구축된다. 세계의 출발점은 나다. 동·서양을 막론하고 일관되게 나타나는 이 진술은, 나 없는 세상을 상상하는 것이 어렵다는 점에서 일반성을 획득한다. 그러나 그것이 현실적이지 않다는 사실은 간과된다.

한 생명이 존재하려면, 가령 아이가 태어나려면 먼저 아이를 낳을 사람이 있어야 한다. 태어난 아이가 살아남으려면 그를 돌볼 사람이 있어야 한다. 돌보는 이 없이는 어떤 아이도 생존할 수 없다. 게다가 적절한 돌봄을 제공할 수 있는 환경이 갖춰지지 않아도 아이는 살아남을 수 없다. 기후위기에 대한 염려도 우리에게 가혹한 환경이 주어지지 않기를, 지금까지 우리를 돌보았던 환경이 그대로 남아 있기를 바라는 마음에서 나온다. 그러니 엄밀히 말해 세상의 출발점은 내가 아니라, 나를 존재할 수 있도록 만드는 돌봄이다.

꼭 취약함과 의존의 상황만을 근거로 삼을 필요는 없다. 그렇다면 이런 접근은 영유아기나 노인기, 또는 질병을 앓는 때 등 내가 나약해졌을 때에만 적용될 것이다. 물론 우리는 다 그런 상황을 겪기에(누구나 아기였고, 아플 것이며, 노인이 되므로) 경험의 보편성에 호소할 수 있다. 하지만 취약함과 의존의 상황을 반드시 겪기에 돌봄이 필수적이라고 말한다면, 그것은 돌봄을 도구적으로 이해한 것처럼 보인다. 돌봄을 더 근원적인 것, 인간 조건의 기초라고 말할 수 있을까.

이런 논의가 흔하지 않은 것은 너무 당연한 말이고 지당한 이야기라서 그런가 싶다. 돌봄에 관한 이야기를 한 사람들은 꽤 있지만 세상의 기초가 돌봄이라는 생각은 찾아보기 어렵다. 그나마 에마뉘엘 레비나스와 여러 돌봄윤리학자 정도를 꼽을 수 있다. 이들은 인간의 근원적 조건으로서 타인의 존재와 그로부터 오는 손길을 강조했고, 오랫동안 당연하게 여겨진 자존하는 개인의 자율과 독립에 의문을 제기했다. 돌봄의 여러 모습을 살펴보는 여정을 떠나기 전에 이들의 생각을 정리해보려 한다.

에마뉘엘 레비나스: 나의 있음 전에 타자가 있다

프랑스의 철학자 레비나스는 철학에서 가장 중요한 것이 윤리라고(제1철학으로서 윤리) 주장한 사람이다. 유럽의 격동기에 태어난 그는 유대인으로서 어떤 집단에 속했다는 이유만으로 그들을 절멸시키려 한 인간의 만행을 직접 겪었다. 그럼에도 그는 자신의 혈육과 민족을 박해한 나치 독일을 저주하고 공격하는 논리를 만드는 대신, 다른 사람을 위해 우리의 모든 것을 내어주어야 한다고 주장했다. 그렇기에 그의 주장은 한낱 인간으로서는 그렇게 살 수 없겠다고 생각하게 만드는 부분도 있다. 하지만 그가 말한 타자의 우선성은 그저 종교적 헌신이나 개인의 신념이기만 한 것은 아니다.

그는 제2차 세계대전 이후 후설과 하이데거를 비판적으로 소개하는 이로 프랑스에 알려졌다. 특히 그가 문제 삼았던 것은 하이데거가 너무나 당연하게 여겼던 '존재의 은총'이다.

하이데거는 그동안 서구 철학이 여기 있는 것들, 즉 존재자를 설명하는 데만 초점을 맞추고 그 지반을 이루는 존재, 즉 '있음'을 설명하는 데 실패했다고 지적했다. 내가 여기 있음을 이해하려면 먼저 '있다는 것'이 무엇인지 설명되어야 함에도, 계속 나와 여기에만 집중했다는 것이다. 그리고 하이데거는 지금 여기에 있다는 사실을 질문할 수 있는 존재자인 인간에게 '현존재'라는 이름을 붙이고, 인간만이 자신을 자꾸 숨기려고 하는 '존재'의 특성을 드러낼 수 있다고 역설했다. 존재는 우리를 있게 만드는 기초이며, 그 은총으로 존재는 자신을 슬쩍 드러내어 우리의 불안과 염려를 씻어낸다. 하이데거에게 존재는 고향과 같은 편안한 곳, 존재자에게 무한한 호의를 가진 어떤 것이다.

레비나스는 존재에 대한 하이데거의 이해에 동의하지 않았다. 그는 질문한다. 여기 아무것도 없이 그저 무언가 있다는 상황, 텅 빔의 사태가 과연 그렇게 평안하며 자애롭게 다가올 성질의 것인가. 그것은 오히려 공포다. 무한한 광막함, 저 끝까지 빛도 소리도 그 어떤 것도 없다는 것은 우리를 두렵게 만든다. 그 안에서 누군가 홀로 서 있음은 절망과 오만의 고독을 의미할 뿐이다.[17] 그것을 깨는 것은 나와는 완전히 다른, 예상도 예측도 할 수 없는 사건이다. 이를테면 죽음과 같은 것. 계획할 수 없음, 알 수 없음, 나를 벗어나는 나와 절대적인 다름('타자')으로만 나는 고독에서 벗어난다.[18] 다름은 나의 고독이 중단되고 미래가 열리는 곳의 이름이다. 그 다름은 타인을 통해 만날 수 있다. 타인의 얼굴을 마주하면서, 우리는 자신이 다 포섭하고 지배할 수 없는 무엇인가가 그 안에 흔적으로 남아 있음을 깨닫게 된다.

이런 레비나스의 주장은 하이데거가 존재의 이름으로 내세운 전체성을 겨냥한 것이다. 나라는 존재자를 품고 있는 존재가 세계의 전부라는 생각은 그 세부 요소를 하나로 합쳐 하나의 덩어리로 만들어내는 장치로 고정되었다. 예컨대 전쟁, 시장, 역사(전쟁은 국가 전체가 전쟁 기계로 바뀌는 총력전으로, 시장은 모든 가치를 화폐로 환원해버리는 전적 양화로, 역사는 단일 관점으로 모든 시간의 흐름을 꿰뚫는 통일된 설명으로 작동한다)가 그런 사례들이었으며 그 귀결은 세계대전이었다(양차 세계대전이 민족국가의 단일 민족에 대한 환상과 제국주의의 통일을 향한 지배욕 때문에 총력전으로 이어졌음을 떠올려보라). 그에서 벗어나려면 우리에겐 다른 접근법이 필요하며 우리와 전혀 다른 것의 가능성을 통해 자신을 넘어서는 윤리로 나아가야 한다고 레비나스는 말한다. 그러한 윤리는 내 앞 무력한 타인의 얼굴이 계시하는 타자의 초월을 경험하는 데에서 출발하며, 그렇기에 나는 무력한 이들을 돌볼 책임을 진다. 그들 없이 나는 무한히 '나'를 반복할 수밖에 없기 때문이다.

우리는 이 논의에서 돌봄의 근원적 필수성을 발견한다. 돌봄은 무력한 나의 생존 조건이어서만 필수적인 것이 아니다. 돌봄은 나로부터 출발하여 나로 돌아오는 회귀의 여행, 동일자의 무한 반복이 만들어내는 공포를 깨뜨리기 위해 요청되는 필수적 조건이다. 오직 돌봄으로만 우리는 나와는 다른 것, 내가 알 수 없는 것, 예컨대 미래로 나아갈 수 있다.

이것이 그저 선언적 외침이 아니다. 자녀를 돌보는 일은, 다음 세대를 보살피는 일은 그 자체로 우리의 미래를 만드는 일이다. 최저·최악의 출생률이 왜 문제가 되는가. 왜 대통령은 2024년 6월 "인구 국가비상사태"라는 표현을 꺼냈는가. 한편으로 인구 감소는 정도의 차이가 있을 뿐 출생률 2 이하를 기록한 OECD 거의 모든 국가에서 나타나는 현상이다. 이미 여러 보고서를 비롯해

《일할 사람이 사라진다》가 잘 정리하고 있는 것처럼,[19] 문제는 인구 축소 자체가 아닐 수도 있다. 우리보다 국토 면적 대비 더 적은 인구수를 가졌으면서도 잘 사는 국가는 많기 때문이다. 오히려 한동안 나타날 극단적인 역삼각형 인구 구조의 문제를 해결하는 데만 집중한다면, 인구 축소는 '멸절'의 위기는 아닐 수 있다.

그럼에도 우리는 생각한다. 출생률 0.7을 보이는 우리 사회는 어딘가 잘못되었다고. 그것은 노동력 부족을 넘어, 우리 사회에 미래가 없음을 보여주는 신호다. 아이를 낳지 않는 것은 여기에서 미래를 꿈꾸고 바랄 수 없다고 판단하여 내리는 선택이다. 우리는 이 문제를 거꾸로 바라보아야 한다. 출생률 0.7은 노동 인구 감소의 문제가 아니라, 그렇게밖에 될 수 없는 우리 사회의 구조와 상황이 문제이며, 지금 우리 사회를 살아가는 사람들이 미래를 바라보지 못하는 것이 위기다.

생물학적인 의미를 배제한다고 해도 돌봄과 미래는 직접적으로 연결되어 있다. 예컨대 학문도 그렇다. 나의 사고는 완벽하지 않으며, 내가 할 수 있는 것은 내 선학들이 도달한 곳(뉴턴이 말한 "거인들의 어깨")에서 출발하여 한 걸음이라도 더 내딛는 것뿐이다. 그다음 걸음을 다음 사람이, 다음 세대가 내디뎌주길 바라면서 우리는 다음 세대를 돌본다. 그가 나의 실수를 반복하지 않고, 더 나은 전망에서 더 많은 것들을 바라보길 바라면서. 내 다음 사람이 나와 똑같은 것을 반복한다면, 그 학문에 미래는 없다. 그가 나와 다른 이야기를 할 때에만 학문은 더 나아간다. 그렇기에 우리는 다음 세대를 교육한다. 나는 제자들을 가르치고 돌본다.

돌아갈 것 없이 직설적으로 말하자. 돌봄 없이는 (현실적인 의미에서든 추상적인 의미에서든) 미래가 없다. 그렇기에 돌봄은 필수적이다.

조안 트론토: 돌봄은 민주주의다

레비나스의 논의는 너무도 추상적이라 현실과는 무관해 보일 수 있다. 그보다 현실적으로 다가오는 것은 돌봄윤리학자들의 말이다.

인간의 도덕성 발달을 연구한 로런스 콜버그는 아동의 도덕 인식과 행태를 분석하여 인간의 도덕성 발달 단계를 여섯 단계로 정리했다. 그의 이론은 도덕성 함양을 위한 교육의 전제로 수용되었다. 그러나 그에게 도전장을 내던진 학자가 있었다.

캐럴 길리건은 《침묵에서 말하기로》에서 콜버그의 연구를 비판한다.[20] 그의 연구가 남자아이만을 대상으로 진행되어 여성의 도덕성 발달을 제대로 설명하지 못하며, 콜버그의 이론에 따르면 여성이 흔히 내리는 선택은 남성보다 뒤쳐진 성장 단계를 나타낸다는 것이다. 길리건은 콜버그의 이론을 남성적 '정의'의 도덕으로 이름하고, 이와 달리 여성은 '돌봄'의 도덕성 발달을 보인다고 주장했다. 외부의 법칙을 내재화한 다음 자신의 법칙 수립으로 나아가는 남성은 관계를 고려하지 않고 행위의 옳고 그름만을 따지는 반면, 여성은 타인에 대한 돌봄에서 점차 자신을 포함한 돌봄으로 나아가는 도덕성 발달의 단계를 보이며 여기에서 중요한 것은 상황과 관계라고 분석한다.

이런 길리건의 주장을 확장하여 기존의 행위 또는 행위자 중심 윤리학 대신 관계 중심 윤리학을 내세운 것을 돌봄윤리라고 부른다. 여전히 비판점들이 있으나 돌봄윤리는 그동안의 윤리학이 개별자의 독립된 판단에만 초점을 맞추다 보니 답을 내놓지 못했던 문제들을 다른 방식으로 조명한다는 점에서 윤리학의 새로운 방향을 제시하고 있다. 여기서는 여러 학자 중 조안 트론토의 정치철학에 주목하려 한다.

트론토는 정치가 우리의 필요에 제대로 반응하지 못하는 이유가 정치가 경제의 일부로 여겨지기 때문이라고 지적한다.[21] 모든 것이, 심지어 가정까지도 경제로 환원되는 신자유주의적 질서 속에서 사람들은 집에 투자하도록 내몰린다. 집이 더는 안정과 쉼의 장소가 되지 못하기에 사람들은 서로의 필요와 요청에 반응할 여력을 지니지 못한다. 자신도 어딘가에 안주하지 못하고 부유하는 상황에서, 어떻게 다른 사람에게 눈을 돌린단 말인가.

이런 상황은 당연한 것이 아니다. 정치가 제대로 작동한다면, 시민의 평등을 전제하는 민주주의가 우리의 삶을 규정한다면 이런 상황은 바뀌어야 한다. 사회를 구성하는 목적이 협력하여 더 큰 선을 이루기 위함이라면, 개인들이 각자의 필요에만 몰두할 수밖에 없도록 만드는 사회는 그 자체로 그 존재 목적을 위반하고 있기 때문이다. 그렇다면 어떻게 할 것인가. 트론토는 돌봄이 민주주의의 핵심 가치가 되어야 서로의 필요를 돌아볼 수 있다고 말한다. 돌봄의 필요와 충족의 방식이 모두를 위한 자유, 평등, 정의와 일치하는 "함께 돌봄caring with"의 단계로 나아갈 때 정치는 그 본래 목적을 수행할 수 있다.[22]

이미 우리 사회에서 여러 방식으로 작동하고 있는 돌봄을 새로운 답으로 주장하는 것이 이상하지 않은가. 그에 대해 트론토는 돌봄이 한쪽에게 편중되는 것을 당연하게 만드는 현재의 제도가 문제라고 지적한다. 많은 이들이 돌봄에 대한 "무임승차권"을[23] 부여받은 것처럼 살아가고 있다. '공적인' 일 또는 경제 활동처럼 보호나 생산을 위한 일이 주로 돌봄 무임승차권 발급의 근거로 여겨져 왔으며, 전통적으로 이런 일을 수행해온 남성이 돌봄 책임을 면제받아 왔다는 것이다.

그러나 돌봄이 민주주의의 근간이라면, 돌봄 책임이 면제되어야 할 사람은 없다. 돌봄 책임은 모두에게 있으며 이를 통해 우리는 서로 돌보며 사회를 돌보는(정당한 사회를 만들기 위한 정치적·사회적 책임에 참여하는) 개인을 기대할 수 있다.

돌봄윤리학자들의 말을 간단히 정리하면, 돌봄을 통해 다른 사회를 꿈꿀 수 있다는 것이다. 그 새로운 사회는 원래 우리가 사회에게 기대했던 것, 각자의 필요가 사회를 통해 충족되는 사회다. 사회는 철학자 존 롤스가 정리했던 것처럼, 협력하여 더 큰 일을 이루기 위한 장치만은 아니다. 사회는 개인을 넘어 서로를 보듬고 함께 살아가기 위한 장치다. 사회에서 누군가 배제되거나 착취당해서는 안 되는 이유는, 그때 그 사회는 자신의 존재 증명에 실패하기 때문이다. 따라서 롤스가 말한 협력으로서의 사회 대신 나는 한나 아렌트의 탄생성natality,[24] 각자의 탄생을 근거로 새로운 세계를 시작할 능력을 경유하여 미래를 산출할 수 있는 사회를 말한다. 미래를 만들어내지 못하는 사회는 사회라고 할 수 없다. 그리고 미래를 산출하기 위한 가장 중요한 기작이 돌봄이기에, 돌봄은 필수적이다.

너와 나의 돌봄

돌봄의 필수성은 나의 돌봄 필요만으로도 충분히 제기할 수 있다. 살아 있는 모두가 지금 돌봄을 받고 있거나 앞으로 돌봄을 받아야 하므로, 당신 또한 돌보아야 한다고 말하는 것은 돌봄의 현재성을 위한 적실한 답이다. 하지만 우리가 돌봄을 말해야 하는 이유는 더 크다. 돌봄 없이는 우리가 미래를 담보할 수 없기 때문이다. 서로가 서로에게 무관심하고 책임을 오히려 개인에게 전가하는 사회를 바꾸는 데 돌봄이 필요하기 때문이다. 그렇기에 우리는 말해야 한다. 너와 나의 돌봄을.

2장   돌봄은
의지를 갖고
실천하는 것이다

돌봄은 하나의 능력이다

내가 남들보다 많이 돌보는 것은 사실인 것 같다. 누가 집에 올 때면 내가 집안일을 하고 있는 모습은 호기심의(때로는 질시의) 대상이 되곤 한다. 지금까지 평생 빨래, 청소, 집 정리, 설거지는 내 일이라고 생각하고 살았다. 혼자 도맡는 것도 아니고 아내와 함께하지만, 일차 책임자가 나라고 느낀다. 못하던 요리도 언제부턴가 몇 가지는 곧잘 할 수 있게 되었다. 종종 가족의 식사를 챙기는 것은 이제 어렵지 않다. 고장난 물건을 고치는 것도 좋아하다 보니 잘하게 되었다. 아이 픽업과 라이드, 숙제 살피기, 무엇보다 타이르는 일은 주로 내가 한다. 아이의 삶에 최대한 함께한다는 원칙을 유지하고 있고, 부모와 함께하는 아이의 친구 모임에 아이를 데리고 어디로 가야 하는 경우 다른 업무보다 우선한다. 집안 어른들의 필요를 돌보는 것 또한 삶에서 중요한 부분이므로, 비록 일에 밀려 자주는 어렵더라도 최대한 챙기려 한다.

그렇다고 내가 잘하고 있다고는 생각하지 않는다. 돌봄 노동에 많은 시간을 들이는 것은 사실이지만, 나의 돌봄은 주로 신체적 필요를 채우는 것이기 때문이다. 남들이 하기 싫어하는 일을 먼저 하는 편이고, 돌봄을 떠올릴 때 많은 사람이 신체적 필요를 채우는 노동이 돌봄의 대부분이라고 생각하기 때문에 잘하고 있지 못하다는 내 인식이 언뜻 이상해 보일지도 모른다. 하지만 돌봄은 신체적 필요를 충족하는 것을 넘어선 것이다. 그 사실을 나는 아내에게서 배운다.

아내와 나는 대학에서 만났다. 알고 지낸 지는 20년이 넘었고 결혼해서 같이 산 지는 10년이 넘었다. 둘 다 치과의사라서 따라붙는 치과대학의 속설이 있다. 부부가 치과의사인 경우 한쪽이 교수직에 남는다면, 다른 한쪽은 자기 병원을 운영해야 한다는 것이다. 다른 이유보다 경제적인 요인이 크다. 교수는 학생들을 길러내고 새로운 연구를 하며 치과계의 미래를 만들어내는 역할을 맡고 상대적으로 수입은 적다. 그러니 다른 한쪽이 병원을 차리면 가족으로 보았을 때 명예와 실리를 둘 다 챙길 수 있다. 아내는 일찍부터 교직에 남기로 선택했기 때문에, 내가 병원을 차리길 바랐을 것이다. 나도 병원에 남아 수련을 받을 때까진 그게 우리에게 주어진 당연한 미래라고 생각했다. 수련을 끝마칠 즈음부터 삐딱선을 탔지만.

결과적으로 둘 다 학교에서 일하고, 둘 다 바쁘며, 부족하진 않지만 치과의사로 개업한 경우와는 상황이 다르다. 앞세대의 뒷바라지를 하면서 뒷세대의 요구들에 귀를 기울여야 하니 신경 써야 할 일도 많다. 이렇게 정신없이 바쁠 줄 알고 본인의 불평과 투정을 귀에 못이 박히게 들어왔으면서도 기어이 학교로 들어온 나를 보면서 아내는 "그래, 너는 주관이 강하니까"라며 넘어간다. 심지어 교수 자리가 있을 거라고 생각할 수도 없던 시점에 특이한 분야를 택하고, 어떻게 자리를 받아서 꾸역꾸역 들어왔다. 내 욕심으로 우리가 계획한 미래를 바꾸어놓았으니 명백한 잘못이다. 내가 집안일을 도맡으려 하고 지금의 금전적 상황에 별다른 문제가 없다고 하더라도.

이 상황에서 나는 내가 보살핌받고 있다는 사실을 명확하게 깨닫는다. 지금 내가 이 일을 하는 것은 (예컨대 지금 이렇게 돌봄에 관한 글을 쓰는 것은) 나를 돌보는 사람들 덕분에 가능하다. 가장 중요한 한 명을 꼽자면 나를 참아온 아내다. 또 타인의 선택을 받아들이고 감내하는 일은 정서적·의지적 결정이자 행위이고, 또 돌봄이다. 나는 돌봄을 어떤 정서와 의지의 발현으로 인한 하나의 행위, 특히 다른 생산을 위한 기반을 제공하는 생산적 행위라고 정의하기 때문이다.

유동적인 돌봄의 정의

돌봄을 정의하는 여러 가지 방식이 있다. 직관적으로 떠오르는 것은 자녀 양육이나 간병에 필요한 여러 노동이다. 하지만 노동 강도나 시간에 비해 엄청난 저평가를 받고 있다. 하물며 가정에서 이루어지는 돌봄 행위는 노동, 즉 하나의 생산 행위로 인정받지 못한다. 여러 형태의 돌봄 노동이 사회의 여러 영역으로 들어와 자리 잡은 현재에도, 온당한 가치를 인정받지 못하고 있다. 이는 돌봄 행위가 지닌 당연함과 자연스러움이 그것이 지닌 생산 가치를 인지하고 인정하지 못하게 만들기 때문일 수 있다.

이런 상황을 해결하기 위하여 여러 학자는 돌봄에 대한 각기 다른 정의를 내놓았으며, 주로 윤리와 정치의 관점에서 돌봄을 바라보았다. 버지니아 헬드는 돌봄을 "돌봄 제공의 노동을 포함하는 실천이자 그 실천을 평가할 수 있는 표준"으로 정의하며 돌보는 이와 보살핌받는 이의 관계 속에서 이루어지는 돌봄 제공과 평가에 초점을 맞춘다.[25] 베레니스 피셔와 조안 트론토는 돌봄을 "우리의 '세계'를 유지하고, 지속하며, 수선하기 위한 모든 것을 포함하는 종 특유의 활동으로, 이를 통해 우리가 세계 안에서 살아간다"라고 포괄적으로 정의한 바 있다.[26] 피셔와 트론토는 돌봄을 우리 삶을 존속시키는 틀을 지켜나가는 활동으로 그려낸다. 대니얼 잉스터는 "개인이 사회에서 생존하고, 발달하며, 기능하기 위하여 개인의 생물학적 필요를 만족하고, 기본 역량을 개발·유지하며, 불필요하거나 원치 않는 통증과 고통을 피하거나 완화하기 위해 우리가 직접 하는 모든 것"으로 돌봄을 구성한다.[27] 여기에서 돌봄은 개인이 살 수 있도록 그의 필요를 충족시키는 일이다. 이들이 돌봄을 그려낸 방식이나 관점은 다르나 모두 돌봄의 윤리와 정치를 확립하기 위한 바탕을 마련하는 데 크게 이바지하였다. 무엇보다 돌봄은 그로 인하여 개인이 살아갈 수 있게 만드는 어떠한 것이며, 돌봄을 돌봄으로 만드는 어떤 기준이 있다는 생각이 모든 정의를 관통하고 있음을 확인할 수 있다.

약간 다른 분야에서 철학을 공부한 나는 돌봄을 정의하는 방식이 건강을 정의하는 방식과 유사성하다고 느낀다. 건강 또한 개념화가 쉽지 않고 여러 정의가 통용되는데, 가장 유명한 정의가 세계보건기구의 '질병 없음 너머 완전한 신체·정신·사회적 웰빙'이다. 건강이 상태고 돌봄이 주어지는 무엇이라는 점을 제외한다면, 건강과 돌봄 개념은 그 목적이 같음을 알 수 있다. 두 개념 모두 대부분의 측면에서 (신체, 정신, 사회가 삶의 전부라고 말할 순 없더라도) 누군가의 필요를 충족하는 것을 가리키고 있기에 그렇다.

그러나 세계보건기구의 건강 개념에 대해 계속 문제 제기가 이루어지고 이었다. 기존 개념에 따르면 누구도 건강하지 않다는 결론이 나오기 때문이다(주변에 모든 면에서 완전한 웰빙을 누리며 사는 사람이 있는지 떠올려보라). 어떤 지향점을 제시하는 데는 세계보건기구의 건강 개념이 더없이 중요하지만, 실제 보건의료 영역에서 적용하면 문제가 생긴다. 나는 레나르트 노르덴펠트가 제시한 정의를 선호하는데, 그는 필수 목적 달성을 위한 능력이 건강이라고 말했다.[28] 건강은 고정된 상태가 아니라 삶의 목적에 따라 변하는 역동성이며, 건강은 우리가 무언가를 이룰 수 있는 기반을 제공한다.

　돌봄 또한 같은 방식으로 생각해볼 수 있다. 돌봄도 다분히 역동적인 개념으로 보이며, 돌봄을 통해 세계가 수선되어야 한다고 말하는 피셔와 트론토의 정의는 이미 돌봄의 역동성을 드러냈다. 잉스터는 개인의 생존을 넘어 그의 발달과 기능을 위한 돌봄의 필수성을 말하는데, 이때 보살핌받는 개인은 고정된 자가 아니라 계속 변화하는 과정 중에 있는 행위주체성을 지닌 자다. 그렇다면 돌봄은 그 자체로 돌봄 제공자가 발휘하는 하나의 능력이며, 그를 통해 돌보는 이와 보살핌받는 이 모두가 변화를 겪는다. 그 변화는 보살핌받는 이가 바라고 그리는 무언가를 실현할 수 있는 바탕이 된다. 내가 앞에서 '정서와 의지의 발현'이라고 말한 것은 돌봄이 하나의 능력임을 강조한 것이다. 나는 그 능력을 아내에게서 본다. 그가 나의 지반이 되고 있음을 안다. 그 없이 나는 내 능력을 발휘할 수 없을 것이다. 바꾸어 말하면 나는 돌봄 기술을 익히고 꽤 실천하는 편이다. 하지만 나에게 돌봄의 마음이 있느냐고 묻는다면 잘 답하지 못하겠다. 어떻게든 하고 있는 쪽에 더 가깝지 않을까. 나의 마음은 그의 마음에 비할 수 없으며, 여전히 부끄러운 마음으로 내 앞에 주어진 돌봄 업무들을 해낼 뿐이다.

나의 돌봄은 다른 사람의 돌봄이 되어

아마 내게 그런 능력이 부족하기 때문에 민감하게 그것을 분간하려 노력하는 것이리라. 나 또한 아내와 아이에게, 내 주변에 있는 이들에게 지반이 되고자 하나 나에겐 그런 능력이 충분하지 않다. 아직 배워가는 중이라는 생각은 마음에 조그마한 위안을 주지만, 언제까지 배워야 하는가에 대한 좌절감 또한 마음 한구석을 차지하고 있다.

다시 내 돌봄으로 돌아와서, 나는 돌봄 노동을 많이 하고 있지만 이를 통해 어떤 바탕을 마련해주고 있는지 콕 집어 말할 수 없다. 더구나 내가 하는 많은 돌봄 노동은 쉽게 서비스로 대체할 수 있어서 더 그런 것 같다. 빨래는 문 앞 배달 서비스가, 설거지와 청소는 더 발전한 식기세척기와 로봇청소기가 맡고 요리는 배달이나 밀키트로 대신할 수 있으니 말이다. 그런 일들을 직접 하는 것이 가치가 없다는 것은 아니지만, 이것만 한다고 내가 해야 하는 돌봄을 다했다고 생각해선 안 된다는 것을 이제는 안다.

내가 주변 사람들에게 만들어주고 있는 기반은 무엇인가. 이제야 조금씩 그 부분을 찾아간다. 이 글을 쓰고 있는 시점, 어머님의 중병으로 인해 우리 가족 모두는 위기를 겪고 있다. 모두가 흔들리고 있는 이 상황에서 내가 어디에 어떻게 자리 잡아야 하는지 이제야 생각한다. 내가 버팀목이 되어주는 것, 그것이 다른 누구도 줄 수 없는 나의 돌봄임을 이제는 안다.

오늘도 나는 아내에게 돌봄을 배우고, 다시 돌본다. 그 배움으로 내가 돌봄의 능력을 지녔음을 회의하거나 부정하지 않을 수 있다. 꼭 경제적인 문제가 아니더라도, 혼자서는 계속 돌보기 어렵거나 심지어는 돌볼 수 없을 것이다. 우리의 능력은 언젠가 바닥난다. 다만 우리의 돌봄은 파문과 같은 것이라 말할 수 있을 것이다. 나의 돌봄은 다른 사람의 돌봄이 되어, 그렇게 전달될 것이라고 나는 믿는다.

돌봄 이야기,
치매 앞에서 의료를 바꾸다[29]

한국의 노인 치매 유병률은 10%를 약간 상회하는 수준에서 큰 변화 없이 유지하고 있다(2018년 10.2%, 2022년 10.4%). 그러나 한국은 빠른 노령화를 직면하고 있으므로 유병률이 비슷하게 유지된다는 것은 치매 환자 또한 빠르게 증가하고 있다는 의미다. 예컨대 중앙치매센터가 매해 발간하는 〈대한민국 치매현황〉 보고서에 기초하여 그린 다음 그래프는 65세 이상의 치매 인구가 빠르게 증가하고 있음을 잘 보여준다.[30]

치매 인구의 증가가 문제인 이유는 돌봄 부담 때문이다. 인지능력 저하는 일상생활에서 사소한 문제에 부딪치거나 심하게는 타인에 대한 강한 공격성을 보이거나 보조 없이 생활을 영위할 수 없게 되는 등 다양한 문제를 야기한다. 물론 누군가의 도움을 받으며 생을 지켜나가는 것은 중요한 가치이며, 우리에게 꼭 필요한 일이기도 하다. 그러나 문제는 어떻게 할 것인가에 있다.

최근 여러 통계가 노령 인구 돌봄 부담을 보여주고 있으며 그중 치매 돌봄 부담은 큰 비중을 차지한다. 시기와 추산 방식이 동일하지 않으므로 같은 선상에 놓고 보는 것은 문제가 있으나 2022년 노령 치매환자 연간 총 국가 치매관리 비용은 20조 8,000억 원으로, 국가총생산GDP의 1%가량이다.[31] 2021년 기준 노인장기요양보험, 요양병원 진료비, 치매관리사업 등을 모두 더한 노인 돌봄 부문 총지출은 18조 6,000억 원으로 추산된다.[32] 현재 여러 방식으로 노인 돌봄을 위해 사용하는 비용 전체보다 노령 치매 환자 돌봄 비용이 더 크다는 것이다.

정리해보자. 노령 인구에서 대략 열 명 중 한 명이 치매 환자다. 치매 환자 돌봄 비용은 개인당 연간 2,000만 원이 넘는 것으로 추산하고 있으며, 이는 연간 가구 소득 평균 5,800만 원의 약 40%다. 국가 수준에서 보아도, 현재 노인 치매 돌봄 비용은 국가 전체가 사용하고 있는 노인 돌봄 비용을 상회한다. 즉 우리는 제도적으로 치매 돌봄을 제대로 해결하고 있지 못하며, 그 부담은 고스란히 가정으로 전가되고 있다. 아직까지 치매의 '치료법'이 없는 상황에서(약은 치매 발병 후 진행을 늦출 뿐이다) 치매로 인한 부담은 여전히 개인이 짊어지고 있으며 우리에게 치매 돌봄 비용을 극적으로 확대할 방법은 아직 보이지 않는다. 어떻게 해야 하는가.

아직 치료 방법이 없고 주변에 엄청난 부담을 끼치기에 치매에 대해선 말을 꺼내기도 어렵다. 한편 여기 사랑하는 아내에게

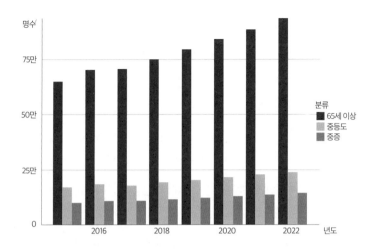

2015~2022년 치매 인구 추정 유병률 통계

노인 치매 추정 유병률, 중등도 및 중증의 비율은 큰 변화 없이 비슷하다. 그러나 전체 노인 인구가 증가하면서, 추정 유병 인구의 수 또한 급격히 증가하고 있음을 확인할 수 있다.

나타난 조발성 알츠하이머병을 10년 동안 돌본 기록을 남긴 정신 건강의학과 의사가 있다. 그의 이력은 평범치 않다. 중국에서 문화대혁명이 남긴 트라우마를 연구하여 사회와 건강의 관련성을 살핀 의료인류학자이자, 의학 전반에 큰 반향을 불러온 《우리의 아픔엔 서사가 있다》라는 책을 포함한 여러 책의 저자로 유명하기 때문이다.[33] 정신건강의학과 의사인 데다가 환자와 의료인, 의학과 사회의 관계를 평생 연구한 대학자이니 아내를 돌보는 훌륭한 방법을 알고 있었을 법 싶지만, 돌봄은 그에게도 무척 버거운 일이었던 모양이다.

아서 클라인먼의 《케어》는 조발성 알츠하이머병을 앓고 결국 세상을 뜬 아내를 돌본 10년의 간병기와, 그 배경이 된 자신의 삶과 공부, 연구를 살핀 60년의 회고록으로 구성되어 있다. 두 이야기는 서로 유기적으로 상호작용하여 한 사람의 돌봄이 지니는 복잡성과 다면성을 보여준다. 간병인 클라인먼과 연구자 클라인먼은 마치 사회적 삶과 개인적 삶이 분리되어 있는 것처럼 나뉘어서 제시된다. 하지만 클라인먼이 현대 의학에 지닌 문제의식과 평생토록 추구한 해결책은 그가 아내를 간병하면서 겪는 어려움에 다른 식으로 접근하는 바탕이 된다.

그는 '비인간적인 현대 의학'을 비판하는 의료인문학과 함께하며, 관료주의 때문에 점점 환자와 의료인이 멀어지고 있는 현실을 통탄한다. 그는 의료의 핵심인 돌봄이 사라지고 있다고 진단하며, 아내를 돌보면서 이를 연구 대상에서 개인의 문제로 다시 한번 심각하게 경험한다. 그는 이것이 의료제도와 병원만의 문제가 아니라고 생각한다. 자신 또한 아내와 함께하면서 한 번 돌보지 못했고, 제대로 돌아보지 못했기 때문이다.

현재 병원에서 치매와 관련한 문제를 다루는 곳은 정신건강의학과 또는 신경과다. 의학적 돌봄 측면에서 말한다면, 정신건강의학과 의사인 클라인먼은 아내를 돌볼 수 있는 최고 전문가 중 한 사람이라는 말이다. 그러나 그가 《케어》에 담은 고백에는 자신이 얼마나 잘 돌보지 못했는지에 대한 반성이 절절히 묻어난다. 이것을 어떻게 이해해야 하는가. 그러므로 다시 살펴야 하는 것은 돌봄에서 기술이 무척 중요함에도 그것만으로 돌봄이 이루어질 수 없다는 것, 돌보는 마음 없이는 그것을 온전히 돌봄이라 부를 수 없다는 것이다.

치매 아내를 돌보며 '돌봄'을 다시 생각하다

《케어》는 인상적이면서 충격적인 일화로 출발한다. 치매로 점점 인지기능을 상실하고 있는 클라인먼의 아내는 어느 날, 남편을 알아보지 못하고 당장 나가라고 두려움에 휩싸여 소리친다. 그의 평생의 반려자 조앤 클라인먼은 두 아이의 어머니이자 한문학 연구자로 대학에서 교편을 잡고 있던 이다. 그의 총명함과 충실함, 지혜와 사려 깊음이 사라져가는 것을 속절없이 지켜보고 타들어 가는 마음을 묘사하면서, 클라인먼은 자신이 돌봄을 배우고 있다고 말한다. 그는 의사로서의 경험도 중요했지만 아내를 간병하며 보낸 10년의 시간을 통해 돌봄이 무엇인지 뼛속 깊이 이해하게 되었다고 고백한다.[34]

이렇게 그는 아내와 고통스러운 10년을 경험하면서 돌봄이 무엇인지 이제야 알게 되었다고 말한다. 50대 후반, 상상하기 어려운 이른 나이에 알츠하이머병 증세를 보이기 시작한 아내. 더구나 시각을 담당하는 영역을 먼저 침범하는 특이한 형태의 알츠하이머병은 시력을 빼앗는 것으로 출발해 점차 '조앤'이라는 인간을 지워나간다. 교수로, 연구자로, 작가로 바쁜 삶을 살고 있던 클라인먼에게 아내의 병은 그의 실존을 위협하는 위기다. 그는 변화에 어떻게든 적응하려 하지만, 그 삶을 더 끌고 가기 어려운 상황을 여러 번 마주한다. 아내의 상태는 서서히 악화되다가도 급속도로 나빠지기도 하고, 다시 정체기가 찾아오곤 한다. 클라인먼이 이제 아내를 어떻게 돌봐야 할지 파악했다고 생각하는 순간, 또 다시 모든 것이 산산조각나는 느낌을 받는다.[35]

클라인먼은 고백한다. 알츠하이머병은 관습적인 이야기 구조를 따르지 않고, 논리적이지 않고 예측할 수도 없으며 어떤 사건이든 갑작스럽게 엄습할 수 있는 것처럼 느껴진다고.[36] 우리가 접하는 이야기에는 구조가 있다. 흔히 말하는 기승전결, 발단, 절정, 대단원 같은 것이다. 이는 문제 또는 갈등 요소가 나타나면 이것이 점차 전개되어 갈등이 최고조에 달하고, 여기에서 어떤 해결책이나 파국이 나타나서 해소로 이어지는 것을 말한다. 그러나 질환 경험은 이 구조를 따르지 않는다. 질병은 나타나고 전개하지만, 변화는 끝나지 않고 계속 이어진다. 뚜렷한 절정 없이 지루하게 이어지는 만성질환의 과정은 사람의 진을 빼놓는다. 더구나 알츠하이머병은 계속되는 쇠락을 지켜보는 일이다. 발작처럼 터져 나오는 악화와 잠시간의 평온, 언제 찾아올지 모르는 절망 같은 결말. 만약 알츠하이머병의 과정과 같은 플롯 구조를 지닌 소설을 읽는다면, 독자는 금방 읽기를 포기할 것이다.

이 과정을 견뎌 나가는 것이 클라인먼이 말하는 돌봄이다. 클라인먼은 누구든 심각한 질병, 간병의 경험, 그리고 상실 안에서

전통적인 서사 구조

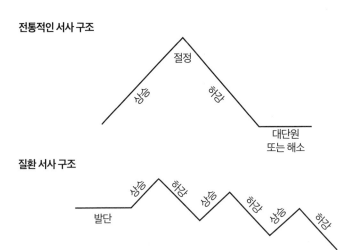

전통적인 서사 구조와 질환 서사 구조

사건의 발단이 긴장의 상승으로 이어지고, 절정에 달해 문제가 터지면서 긴장 해소의 대단원으로 이어지는 전통적인 서사 구조와 달리, 질환 서사 구조는 질병 사건 이후 긴장 상승과 하강이 반복되는 형태를 지닌다. 그 끝 또한, 어떤 해결이나 결말에 도달하는 보통의 이야기와 달리 결말이라고 하기 어려운 방식으로 계속 이어지거나(만성질환), 해소되었다고 하기 어려운 흔적을 남긴다(급성질환, 특히 외상의 경우).

중요한 무언가를 잃지 않을 수는 없다고 말한다. 그러면서 돌봄과 가장 가까운 단어로 '인내력endurance'을 꼽는다. 돌봄은 인내에 관한 일이라는 것이다.[37] 이전과는 점점 다른 사람이 되어 크나큰 신체적·정신적 부담을 주는 아내를, 그 옆의 내 삶을 인내하는 일이 돌봄이라고 그는 말한다. 또한 버텨나가는 과정이자 그 자리에서 그저 주어진 일을 하는 것이다. 클라인먼은 자신이 만났던 커리어를 희생하고 엄청난 에너지와 감정을 소모하면서도 자신의 할 일이었기에 돌봄을 수행했던 수많은 이들처럼 돌봄을 자신에게 주어진 일로 받아들이고 수행한다.[38] 돌봄은 즐거운 일도, 그 안에서 기쁨을 찾는 일도 아니다. 주어진 고통을 감내하는 일이다.

이 고통을 견뎌야만 할까. 쾌락을 선으로 여기는 시대, 타인을 위해 고통을 감내하는 일은 아무런 매력도 없어 보인다. 그러나 클라인먼은 돌봄에서 성장을, 구원을 찾는다. 그의 구원은 종교적 의미의 그것을 가리키는 것은 아니나, 한편 종교적 경험과도 통한다. 그는 궁극적으로 '나'라는 존재는 오직 내가 이 세상에 어떻게 반응하고 응답하는가밖에 통제할 수 없다는 것을 깨달았으며, 그 깨달음이 돌봄의 시간을 구원의 경험으로 만들어주었다고 말한다.[39] 여전히 삶의 성숙이라는 말은 많은 사람에게 의미를 지니지만, 이를 약속하던 종교가 힘을 많이 잃은 것도 사실이다. 그 앞에서 클라인먼은 말하는 것 같다. 우리는 돌봄을 통해 성숙할 수 있으며, 그것은 개인과 주변을 변화시키는 힘이 된다고.

이런 생각은 젊은 시절, 클라인먼이 의사 초년생이었던 때의 경험에서 이미 싹트고 있었던 것 같다. 그는 재활 치료 센터에서 일할 때 전신 3도 화상을 입은 일곱 살 소녀를 만났다. 아이는 매일 욕조에 들어가야 했고, 외과 레지던트들이 죽어가는 피부 조직을 제거하는 동안 끔찍한 고통을 견뎌야 했다. 그러지 않으면 온몸이 흉터로 굳어져 몸을 움직이지 못하기 때문이었다. 클라인먼의 역할은 아이에게 말을 걸어 통증으로부터 주의를 돌리는 것이었다. 하지만 별다른 도움이 되지 않는 일임을 아는 클라인먼은 무력감에 빠졌고, 무능한 자신을 자책했다. 어느 날, 클라인먼은 참지 못하고 아이에게 물었다. 어떻게 이 상황을 견디고 있냐고. 너무 힘들지 않냐고. 그는 이 질문이 실수라고 생각했지만, 이 대화는 아이와 진심을 나누는 통로가 되었다.

이 경험을 몇 번씩 복기하면서 클라인먼은 말한다. 환자가 위기에 처했을지라도, 아니 위기에 처한 순간에야말로 의사는 환자의 삶에서 가장 중요한 것을 짚어낼 수 있어야 한다고. 어려운 과정이겠지만 의사는 환자와 감정적·도덕적 공감을 쌓으며 환자와 그 가족까지도 치료의 핵심으로 끌고 들어가야 한다고.[40] 진료에서 행하는 돌봄은 환자와 의료인 모두를 삶의 진실로 인도하는 실천이자, 서로의 몫을 나누려는 노력이다.

'인간'을 지우는 효율성 대신

클라인먼의 진단처럼, 돌봄은 차츰차츰 사라져왔다. 클라인먼이 경험한 미국이든 지금의 한국이든 저마다의 의료 문제로 돌봄은 진료에서 중요하지 않은 것으로 치부되었다. 미국이 복잡한 의료보험과 소송의 회오리 속에서 진료 지침을 확립하고 이를 고수하는 방식을 택하여 관료주의적 효율성을 달성해갔다면, 우리는 외국의 의학을 수용하는 과정에서 빠르고 효과적으로 결과를 달성하기 위해 하향식 위계를 통한 의료 체계 확립을 꾀하였고, 단일보험 체계의 성공을 과신하면서 관료주의적 질서를 강화해

갔다. 관료주의, 즉 조직의 합리성과 효율성을 위한 체계는 당면한 과제를 지침에 따라 해결하도록 관리하며, 개인의 특수성은 무의미하거나 나쁜 것으로 취급한다. 이것은 의사의 특성이나 능력과는 무관하게 표준에 따라 효율적으로 진료하기 위한 바탕이다.

'표준에 따른 효율성'은 통계의 시대를 살아가고 있는 우리에게 매력적인 표현으로 다가올지도 모른다. 분명 장점도 있다. 늘 실수하는 존재인 인간에게 실수와 잘못을 줄여주니까. 하지만 대량생산의 시대가 지난 지금, 단점이 더 크게 다가온다. 표준에 따른 효율성을 달성하려면 그 체계에서 '인간적'인 부분이 지워져야 한다. 개인은 자신을 지우고 체계의 부속으로서 작동해야 한다. 클라인먼의 한탄은 그저 병원의, 전체 의료 체계의, 전문가 집단의 부속이 되어버린 의료인을 향하고 있다.

그가 해결책으로 돌봄을 꺼내든 것은 돌봄이 개인적·관계적 차원에서 작동하기 때문이다. 물론 돌봄 또한 체계화되어 있지 않냐고 비판할 수도 있다. 요양원에서 이뤄지는 노인 돌봄을 생각할 때 돌봄이 어떻게 현대 의료를 바꿀 수 있는가 하는 회의도 들 것이다. 하지만 클라인먼이 말하는 돌봄이란 보살핌받는 이를 위한 돌보는 이의 헌신이며, 그를 위해 어려운 일과 상황도 견디면서 자신의 삶을 바꾸는 과정이다. 그것은 환자-의료인에서만 나타나는 것이 아니라, 환자를 돌보는 모든 이에게, 즉 아픈 아이를 돌보는 부모, 노쇠한 부모를 돌보는 자녀, 힘든 남매를 보살피는 다른 남매에게 나타난다.

그런데 이런 접근이 앞서 말한 비용 부담에 대해 어떤 답이 될 수 있을까. 전체적으로 치매 돌봄 비용을 늘리고 구조를 통해 접근해야 하는 것은 분명하다. 그러나 그런 접근이 이 문제를 해결하기까지는 오랜 시간이 걸릴 것이다. 아니, 모든 문제를 시스템으로 해결하는 것은 요원하고 사실 불가능에 가까운 일인지도 모른다. 돌봄 비용을 모두가 원하는 만큼 늘릴 수가 없기 때문이다. 그렇다면 당장 문제가 되는 돌봄 부담을 어떻게 다룰지 고민해야 한다. 클라인먼의 이야기는 효율적인 돌봄 서비스로 치매 돌봄 문제를 해결하자는 것이 아니다. 그의 경험은 각자에게 주어진 돌봄 행위를 어떻게 받아들일 것인지를 묻는다. 우리는 각자에게 주어진 돌봄 책임을 인식하고 그런 돌봄 책임을 지는 이를 돕고 그와 함께하는 방법을 논의해야 한다. 그런 논의의 자리는 우리가 돌봄 이야기를 함께 나눌 때 만들어질 수 있다고 클라인먼은 책 전체를 통해 제안하고 있다.

돌봄 이야기의 자리

우리는 많은 순간 보살핌받는 이였으며, 어느 순간엔 돌보는 이가 된다. 그 보편성이 돌봄을 다른 의료 행위와 구분한다. 돌보는 행위 자체가 특별한 게 아니다. 자신이 돌보는 사람이며 돌보는 시간이 자신을 다른 존재로 만들어가는 과정이라는 깨달음이 변화를 낳는다.

　이것은 치료 하면 흔히 떠오르는 어떤 기법이나 기술, 또는 과학적 설명이 아니다. 오히려 진료에 임하는 나는 누구이고 내 앞에 있는 보살핌받는 이와의 관계에서 나는 어떤 위치에 처하며, 이 관계로 인해 나는 어떤 사람이 되는가와 같은 질문에 반복적으로 답하면서 내면의 성장을 경험하는 과정이다. 이런 생각이 지금 우리에게 울림을 주는 것은, 병원에 다녀오고 치료를 받는 것이 무척 큰일임에도 불구하고 병원에선 스쳐지나가는 일처럼 취급받기 때문이다. 아프고 낫는 과정은 그저 치워버릴 짐이었을 뿐, 개인과 관계의 역사에서 어떤 대접도 받아본 적이 없다.

　나의 아픔이든 가족의 아픔이든, 심지어 환자의 아픔이든 간에 아픔의 시간은 잊어버려야 할 끔찍한 기억이기만 할까. 그것은 삶이라는 하얀 천 위에 떨어진 얼룩인 걸까. 오히려 그 시간은 마땅한 대접을 받아야 할 시간은 아닐까. 클라인먼이 말하는 돌봄이란, 그 아픔의 시간을 소중히 여겨야 한다는 외침으로 다가온다. 그것은 삶을 변화시키고 때로는 성장과 구원을 일깨워주는, 하나의 이야기로 정리되어 간직해야 할 시간이다. 즉 돌봄을 소중히 한다는 것은, 삶이라는 이야기 속 중요한 챕터 하나를 만들어나가는 것에 관한 고민이기도 하다. 아픔의 시간을 이야기로 만들고 함께 나누는 것이 지니는 가치를 클라인먼의 《케어》는 보여주고 있는 것이다. 나는 그의 글을 우리의 아픔은 어떻게 갈무리되어 나눠지고 있는지 돌아보라는 요청의 편지로 읽는다.

어떤 죽음은
돌봄이라 할 수 있을까

이미 여러 국가가 제도적으로 조력사망을 허용하고 있으며, 국내에서도 이를 허용해야 한다는 압력이 주어지고 있다. 2022년 연명의료결정법 개정을 통한 조력존엄사 입법이 수포로 돌아갔지만, 2024년에도 조력존엄사를 허용하는 별개의 법안을 입법하려는 시도가 있었다. 이런 시도는 논리적으로는 옳으나 현실적으로는 아직 미흡하다고 생각한다. 생애말기 돌봄이 제대로 갖추어지지 않은 한국에서 바로 조력사망에 관한 제도를 시행하면 말기 돌봄의 환경을 정비하는 일이 요원해질 것이기 때문이다.

더 나아간 이야기를 하려면 용어부터 정리해야 한다. 오랫동안 존엄사 또는 안락사로 불러온, 질병 등으로 인하여 곧 사망에 이를 것으로 예견되는 환자에게 의료인이 약물 처방이나 주입 등의 수단으로 죽음을 앞당기는 방식을 제도화한 몇몇 국가가 있었으며, 이를 의료인의 조력으로 사망을 앞당기는 것이라 하여 현재 조력사망assisted dying이라 표현하고 있다. 국내에선 이 단어가 소개되기 전부터 일본의 표현을 따라 존엄사와 안락사라는 표현이 안착한 상황이었으나, 한국에선 안락사라는 표현이 주로 동물 등 비인간을 대상으로 시행되는 것으로서 인간에게 적용할 때 부정적인 함의를 지니는 것처럼 인식됨에 따라[41] 환자의 죽음을 앞당기기 위한 여러 노력들을 지칭할 때 종종 존엄사라는 표현을 활용하게 되었다. 2022년과 2024년의 조력존엄사 입법 또한 이러한 맥락에서 살펴볼 수 있는 접근이다.*

지금까지 논의는 조력사망과 같은 행위를 제도화하는 것에 초점을 맞추었다. 곧 예정된 자신의 죽음을 앞당기기 위하여 타인의 조력을 받아도 되는가. 그 조력을 입법 등의 수단으로 제도화하여, 국가 또는 의료 체계가 제공해도 되는가. 이 질문이 쉽게 해결되지 않는 것은 상당한 시일 뒤에 죽음이 예견된 경우라면 조력사망은 분명 타인의 도움을 받는 자살 행위가 되는데, 우리는 자살을 제도로 인정하지 않으며 자살을 도운 이를 자살방조죄로 처벌하기 때문이다. 인간이라면 누구나 죽는 것은 당연하지만, 말기질병 환자의 조력사망은 자살과 마찬가지로 죽음을 앞당기는 행

---

* 그러나 "조력존엄사"라는 표현도 온당하지 않은데 포괄적 의미의 존엄사 개념에 타인의 조력을 통해 죽음을 앞당기는 실천이 포함된 데다가, 제도적 차원에서 타인으로부터 오는 조력과 주체로부터 비롯되는 존엄이 서로 관련되기 어려운 개념이기 때문이다. 여기에선 제도적 접근을 가리킬 때 조력사망이라는 표현을 사용한다.

위다. 여기에서 죽음을 얼마나 앞당기는 것은 허용하고 그 이상은 허용해선 안 되는지 정하기는 무척 어렵다.

　우리가 조력사망과 같은 절차를 검토하는 것은 그것이 하나의 돌봄 방식이 될 수 있다고 생각하기 때문이다. 말기 환자의 고통을 연장하는 것을 잘 돌보는 일이라고 말할 수 없기에, 그 기간을 줄여줄 방법을 고민하는 것이다. 그런데 지금 국내의 논의는 조력사망이 마치 마지막을 개인이 마음대로 결정할 수 있는(또는 원치 않는 모습을 보지 않을 수 있는) 깨끗한 선택처럼 다루어지고 있다. 조력사망은 하나의 돌봄이어야 하는데, 전적으로 기술로서만 이해되고 있다. 나는 여기에서 물어보아야 한다고 생각한다. 조력사망 절차를 다루는 마음은 무엇이어야 하는가. 그것은 어떤 돌봄의 마음을 통해 제공되거나 제공되지 않아야 하는가.

　따라서 우리에겐 그 행위를 개인이 선택하는 것이 적절하냐의 여부 대신, '그것이 어떤 행위인가'를 검토해야 한다. 조력사망은 무엇을 제공하는 제도적 실천인가. 나는 영화 〈아무르〉를 통해 그것을 '부드러움'이라는 단어로 정리하고자 한다.

그것을 사랑이라 할 수 있을까

　미하엘 하네케 감독의 작품을 요약한다면 나는 불쾌함의 예술화라고 말할 것이다. 그러나 〈아무르〉는 마지막 장면을 제외하면 관객을 고민에 빠뜨리는 부분을 담고 있지 않다. 카메라가 가만히 지켜보는 노부부의 생애 마지막 모습은 아내 안느의 병이 악화하여 가는 과정과 함께하기에 고통스럽지만, 누구나 겪는 일이기에 감정적 부담이 크지는 않다. 그러나 영화의 마지막, 남편 조르주의 선택은 보는 이를 멈칫하게 만든다. 제목인 '아무르 amour(사랑)'가 문제다. 질병으로 고통만을 호소하는 아내를 살해하는 것도 사랑일까. 먼저 아내를 보낸 다음, 자신 또한 같은 아파트에서 죽어가는 것 또는 죽음을 기다리는 것도 사랑일까.

영화는 여러 장치를 통해 그것도 사랑이라고 말한다. 나도 그것이 사랑이 아니라고 말할 생각이 없다. 가장 강렬한 형태로 분출된 사랑이라 할 수 있을 것이다. 하지만 이 이야기를 골자만 옮겨서, 모든 간병살인, 돌보는 이가 보살핌받는 이를 살해하는 행위에 정당성을 부여하는 것은 아니다. 간병살인은 사회 구조가 그들을 죽음으로 내몬 것이지, 개인의 살의로 인한 범행은 아니라고 나는 이해한다. 그럼에도 무조건 간병살인을 옹호할 수 없는 것은, 결국 우리의 최종 목적지는 간병살인이 없는 사회여야 한다고 생각하기 때문이다.

2012년에 개봉했던 영화 1년 뒤에, 프랑스에서 영화를 꼭 닮은 자살 사건이 벌어지면서 논란이 된 적이 있다. 이 영화의 마지막 장면에 세 가지의 맥락을 덧붙여서 읽으며 그것이 사랑인지, 혹은 그것이 돌봄인지 다시 살펴보려 한다. 나는 그것이 돌봄의 한 형태이지만, 결코 일반화할 수는 없다고 생각한다.

죽음은 어떻게 돌봄이 되는가

훌륭한 피아니스트이자 뛰어난 제자를 배출한 스승인 안느는 어느 날, 고장 난 시계처럼 갑자기 움직임을 멈춘다. 조르주는 처음에는 안느의 장난이라고 생각했지만, 순간적으로 완전히 외부와 차단된 것처럼 아무것도 기억하지 못하는 안느를 보고 문제가 생겼음을 깨닫는다. 쉬운 수술이라던 안느의 치료는 결코 쉽지 않았고, 안느는 반신불수가 되어 집으로 돌아온다.

다시는 자신을 병원으로 보내지 말라며 스스로 모든 것을 할 수 있을 것처럼 굴던 안느는 상태가 점차 악화하여 인지력까지 잃어버리기 시작한다. 신체와 정신의 통제력을 상실해가는 안느를 계속 지켜봐야 하는 조르주. 방문 간호사를 고용해 집에서 돌보지만, 조르주는 자신이 잘 돌보고 있는 것인지 알 수 없다.

계속 아프다고 소리 지르는 안느의 모습을 보며, 조르주는 옛날이야기를 꺼낸다. 10대였을 때 여름 캠프에 참가했는데, 프로그램도 음식도 마음에 들지 않았다고. 그때 어떤 선생이 "이거 다 안 먹으면 여기서 못 나간다"라고 말했고, 모두가 나간 다음에도 혼자만 울면서 남아 있었다고. 세 시간 뒤에 겨우 풀려나서 잠이 들었지만, 그날 밤 열이 40도까지 올라 근처 병원에 격리되었다고. 캠프가 마음에 들면 꽃을, 마음에 들지 않으면 별을 엽서에 그려 보내기로 했는데, 별을 잔뜩 그려 보냈던 엽서를 지금까지 보관하지 못해 아쉽다고. 그리고 조르주는 옆에 있던 베개로 안느를 덮어 살해한다. 비록 영화에선 조르주의 사망 장면은 그려지지 않으나, 안느를 살해한 후 집을 꽉꽉 막은 채로 집에만 있던 조르주 또한 사망했을 것이다. 영화 끝에 안느와 함께 집 밖으로 외출하는 조르주의 모습은 안느와 함께 세상을 떠나는 것의 환상일 테니까.

다시 살해의 장면으로 돌아가면, 두 가지 질문이 떠오른다. 먼저 조르주는 왜 옛날이야기를 꺼냈을까? 조르주는 자신이 여름 캠프 식당에 갇혀 울고만 있던 시간과 병원에 격리되어 있던 때가 안느의 지금과 겹쳐 보였으리라. 안느 또한 자신이 원치 않는 곳에서 아무것도 하지 못한 채로 격리되어 있다. 그의 몸은 자신을 가두는 감옥이 되었고, 그의 정교한 손은 피아노 선율을 만들어내지 못한다. 함께 공연을 보러 다니는 것도, 심지어 음악을 듣는 것조차 불가능하다. 조르주는 여름 캠프에서, 병원에서 탈출을 꿈꾸었을 것이다. 그렇기에 안느에게도 탈출을 선물하고자 했던 것이다.

그다음으로, 왜 살해 도구로 베개를 택했을까? 영화 어디에도 베개에 의미를 부여하는 장면은 나오지 않는다. 그저 손에 잡히는 도구를 사용했어도 이상할 것은 없다. 베개로 질식사시키는 장면은 오랜 역사를 자랑하는 영화적 클리셰다. 하지만 나는 베개에 주목해야 한다고 생각한다.

해석을 위해선 장면의 의도에 집중할 필요가 있다. 투병 중인 안느가 누워 있는 채로 나오는 것은 당연하지만, 조르주 또한 종종 누워 있는 모습으로 나온다. 특히 영화 중간에 나오는 조르주가 악몽을 꾸는 장면이 중요하다. 이를 닦던 조르주는 초인종 소리를 듣는데, 한밤중에 집을 찾아올 사람이 없다고 생각하면서도 그는 문을 열고 밖을 내다본다. 옆집에 문이 열려 있고 불이 켜져 있는데, 인기척을 확인하지 못해 조르주는 복도를 돌아본다. 복도 옆으로 가니 발밑까지 물이 차올라 있다. 무슨 일인지 파악하지 못하는 조르주의 뒤에서 갑자기 손이 튀어나와 그를 질식시키려 한다.

다행히 꿈이다. 이 악몽은 조르주의 스트레스를 상징하는 것처럼 보인다. 그러나 영화의 마지막 장면, 혼자 남은 딸과 연결해서 생각한다면 이 악몽은 다르게 읽힌다.[42] 초인종을 누른 것은 죽음일 것이다. 이미 발목까지 차오른 죽음의 한기는 그를 뒤에서 어느 순간 낚아채어 질식시킬 것이다. 조르주는 그런 참혹한 죽음을 원하지 않는다. 그것이 안느의 마지막이 되기를 원하지도 않는다. 그렇기에 나는 베개였다고 생각한다. 숨이 막혀 죽는 것은 어쩔 수 없다. 그러나 그 수단은 가장 부드러운 것, 부드럽기에 잠들 때 나의 목을 맡기는 베개다.

그 '부드러움'이야말로 조력사망의 핵심이다. 베개로 살해하는 것은 무방하다거나, 편안한 방식으로 이루어지는 간병살인이나 조력사망은 괜찮다는 뜻이 아니다. 조력사망은 상대방에게 더는 해줄 수 있는 것이 없을 때, 그의 질병으로 인한 고통과 괴로움을 줄여줄 방법이 존재하지 않을 때 그에게 마지막으로 베푸는 행위다. 그렇다면 그것은 부드러운 행위여야 한다. 조력사망은 상대방이 처한 참혹함을 그보다 덜한 고통으로 치환하는 일이지, 개인의 선택권을 끝까지 밀어붙이는 행위로 이해되어선 안 된다. 따라서 조력사망에 대한 논의에서는 현재 보살핌받는 이가 어떤 상황에 처해 있는지, 돌보는 이와의 관계 속에서 그는 무엇을 누리는지 반드시 따져 물어야 한다.

조르주는 안느가 자신과 같은 고통을 겪지 않기를 바랐기에 그를 질식시켰다. 그것을 꼭 사랑이라고 해야 할지는 모르겠다. 하지만 나에게 가장 좋은 것을 상대방이 누리고, 나에게 가장 나쁜 것이 상대방에게 주어지지 않길 원하는 마음을 사랑이라고 한다면, 조르주의 행위도 사랑이라 말할 수 있을 것이다. 적어도 그것을 돌봄이라고, 상대방의 요구에 내가 생각하는 좋은 것으로 반응하는 일이라고 정의하는 데는 무리가 없다고 생각한다.

삶에는 통제할 수 없는 것이 있어야 한다

영화가 개봉한 다음 해 11월 21일, 한 노부부가 호텔에서 자살한 채로 발견되었다.[43] 향년 86세의 경제학자이자 철학자 베르나르 카제와 교사이자 작가인 조르제트 카제는 젊은 시절에 데이트했던 호텔을 생의 마지막 장소로 택했고, 편안한 죽음을 맞이하지 못하게 가로막는 프랑스 법을 비판하는 유서를 남겼다. 당시 조력사망을 인정하지 않았던(프랑스는 2016년 말기환자에게 조력사망을 허용하는 법을 통과시켰다) 프랑스 법이 삶을 평화롭게 마감하고 싶은 자신들의 권리를 가로막는다는 내용이었다. 이들의 모습이 〈아무르〉에 등장하는 주르주와 안느를 연상시켜 같이 언급되었다.[44]

그러나 사람들이 원하는 것(원하는 때에 자신의 선택으로 약물 등을 통해 죽음을 맞는 것)과 제도를 통해 시행할 수 있는 조력사망(말기환자 등을 대상으로 이미 예정된 죽음을 앞당기는 것)에는 상당한 간극이 있기에, 이 사례는 조력사망과 구분하여 이해해야 한다. 이 사례는 삶의 마지막을 함께 맞고 싶다는 소망에 관한 것이다.

60년을 해로한 부부가 같은 순간에 세상을 떠나기를 원하는 것은 어쩌면 다른 한쪽이 없는 세계를 인정하고 싶지 않은 마음이 아닐까. 나만 살아남은 세상이 무의미하기에, 그런 삶을 더 이어가고 싶지 않다는 의지의 표명일 것이다. 낭만적이라 말하지 않아도 그런 태도에 마음을 울리는 부분이 있는 것은 사실이다.

한편 그것은 우리가 원해도 되는 일인가. 물론 모든 것은 우리가 선택할 수 있으니 죽음마저도 선택하기 나름이라고 생각할 수도 있다. 하지만 삶의 모든 요소를 통제할 수 있다고 믿는 것, 심지어 그렇게 행하는 것은 온당한가. 나는 삶의 모든 것을 통제할 수는 없을뿐더러 통제하려는 생각이 우리의 중요한 것을 갉아 먹는다고 생각한다. 철학자 마이클 샌델은 유전공학을 보면서 비슷한 생각을 했다.[45] 유전공학을 통해 자신이나 자녀의 특징을 모두 통제할 수 있게 되면 우리 삶을 구성하는 중요한 요소인 '선물로 주어짐giftedness'은 무의미해진다. 삶이 내가 만든 것이 아니라 자연이든 사회든 신이든 다른 누군가로부터 주어진 것이라는 이러한 관점은 겸손, 책임, 연대와 같은 미덕으로 이어지는데, 모든 것을 통제할 수 있다면 우리가 인간성이라고 부르는 무언가를 구성하는 이런 하부 요소들은 훼손되고 말 것이다. 나 또한 통제에 대한 집착이 오히려 우리 삶을 망치는 것은 아닌지 염려한다. 그것은 부정성不定性, indeterminacy에 대한 망각이다. 삶에 정해지지 않고 정할 수 없는 것들이 있음을 망각하려는 여러 시도는 오히려 인간을 무력하게 만든다. 비록 삶의 마지막을 원하는 방식으로 맞이한 노부부의 행위가 마음을 끌더라도, 이는 잘못된 욕망의 발현이라고 생각한다.

나는 카제 부부의 삶을, 그들이 어떤 질병이나 문제를 안고 있었는지 모르기에 섣불리 재단하는 꼴일 수밖에 없다. 그러나 〈아무르〉의 조르주와 안느를 카제 부부와 겹쳐 보는 일은 온당하지 않다고 생각한다. 〈아무르〉가 상징으로서 조력사망을 정확히 보여준다면(그것이 감독의 의도였는지는 알 수 없지만), 카제 부부의 사례는 현실에서 마지막에 대한 우리의 어긋난 욕망을 보여준다. 우리의 마지막을 원하는 방식으로 통제하려는 욕망은 과도하다고 생각하기 때문이다. 나는 조력사망이 나의 삶의 끝을 정하는 시도나 수단이 되는 한, 어떻게든 반대할 것이다. 조력사망은 상대방을 더는 도울 방법이 없을 때 마지막으로 돌보는 이가 주는 '조력'이며, 그렇기에 마지막 돌봄의 수단이자 형태다.

무엇이 '적절한' 돌봄인가?

질병의 유무는 삶의 부수적인 상황일 뿐인데, 그것으로 두 사례를 구분하는 것이 온당할까? 나는 정말로 그렇다고, 질환으로 인하여 두 사례는 달리 취급되어야 한다고 생각한다.

질병은 우리의 삶을 재단하며 변화시킨다. 물론 질병을 그저 거쳐가는 것으로, 씻은 듯이 없어지는 것으로 여기면 마음은 편안해진다. 그러나 질환 전후의 삶은 원하든 원하지 않든 달라질 수밖에 없고, 그 시간은 우리에게 흔적을 남긴다. 그러므로 질병 유무로 두 경우를 구분하는 것은 얼마든지 가능하다. 단지 한쪽을 두둔하고 다른 한쪽을 비난하기 위한 것은 아니다. 적절한 돌봄의 선을 긋기 위한 탐구에서, 어떤 것을 살펴야 하는지를 두 사례의 구분은 잘 보여준다. 조르주와 안느의 요구는 다분히 정당한 것이었고, 안타깝지만 그들이 그것을 성취하는 방식은 서로에 대한 돌봄과 사랑이었다고 말할 수 있다. 카제 부부의 요구는 서로에 대한 사랑었을 수 있으나, 그것은 적절한 돌봄도, 서로를 향한 온당한 실천도 아니었다.

적절한 돌봄이라는 것이 중요한가? 돌봄의 적절성은 돌봄의 윤리를 의무론, 즉 행위의 동기를 통해 어떤 행위의 윤리성을 구분하는 접근법과 구분하는 것이다. 내가 아무리 좋은 동기와 의도로 돌본다 해도 상대방이 그것을 수용하지 못하거나 상대방이 원하는 것이 아니라면, 그것은 좋은 돌봄일 수 없기 때문이다. 돌봄

은 의도와 실천 모두 중요하기에, 돌봄은 돌보는 이와 보살핌받는
이의 관계 안에 위치하며 관계로만 설명 가능하다. 그래서 돌봄은
조심스럽게 말해져야 하며, 곧바로 일반화해선 안 되는 것이다.

누가 더 아프냐고
묻기 전에[46]

내가 아내와 종종 다투는 이유 중 하나는 사회 문제의 원인을 찾는 장소가 다르기 때문이다. '뭐 그런 걸 가지고 싸우냐' 하시겠지만 다툴 때는 나름 심각하다. 둘 다 대학에서 가르치는 일을 하다 보니 대학생, 대학교에 관한 이야기를 종종 나누는데, 이때 발생한 문제의 원인을 나는 사회에서 찾고 아내는 가정에서 찾는다. 예를 들어 학생들이 서로 돕지 않고 서로 치열하게 경쟁하는 모습을 보면 나는 사회가 너무 경쟁적이어서 그렇다고 말하고, 아내는 어릴 때 너무 성적, 성적 하면서 커서 그렇다고 말한다.

나는 오랫동안 제 견해를 고집해오다가 최근 생각을 바꿨다. 한국 사회에서 가정이 중대한 문제라서 그렇다기보다는, 근대 자본주의 사회에서 가정에 부여된 지위를 생각해보니 사회가 문제라고 말하는 것도 결국 가정이 문제라고 말하는 것과 별반 다르지 않다는 생각이 들었다. 현대 사회는 가정에 특정한 역할을 부여한다. 양육과 교육을 비롯한 '노동자 재생산'이 그것이다. 그 역할을 사회가 어느 정도 나눠 갖느냐만 다를 뿐 어느 사회나 최종 책임은 가정에 있다. 청소년이나 젊은 성인이 물의를 빚었을 때 그의 가정환경에 관해 왈가왈부하는 것이 그 방증이다.

가정을 바라보는 이러한 관점, 특히 한국 사회에서 두드러진 고정관념을 '정상가족 이데올로기'라고 부르며 비판하는 견해가 대두한 지도 꽤 되었다. 김희경의 책 《이상한 정상가족》[47]이 대표적으로, 결혼을 통해 이뤄진 부모와 자녀의 4인 가족을 이상적인 형태라고 생각하는 것에 문제를 제기한다.

아버지, 어머니, 딸, 아들이라는 '이상적인' 형태에서 벗어난 가족, 예를 들면 동거나 사실혼 관계는 비정상적인 가족으로 여겨지며 사회 질서에서 배제된다. 심지어 아이를 낳지 못하는 부부도 마찬가지다. 그렇다면 4인 가족은 잘 살고 있을까? 소설과 영화 《82년생 김지영》이 공격한 것은 남성 일반이라기보다는 남편으로 대표되는 가부장적 사회질서와 여성에게 가해지는 위계적 차별일 것이다. 이러한 문제의식이 겨냥하고 있는 대상에는 4인 가족이 정상이라고 말하는 고정관념이 포함된다.

여기에서 벗어나려면 일단 사회가 다른 가족 형태도 받아들일 수 있어야 한다. 하지만 2014년 진선미 의원이 발의한 생활동반자법(또는 2017년 심상정 위원이 공약한 동반자등록법이나 2023년 용혜인 의원이 발의한 생활동반자법 등)은 아직 입법되지 않았다. 생활동반자법이란 가족을 배우자, 직계혈족, 형제자매로 규정하여 동거인을 가족 구성원으로 인정하지 않는 현행 민법 제779조를 보완하는 것으로, 함께 사는 사람을 동반자로 지정한다. 같이 사는 사람이 꼭 이성일 필요는 없으니, 동성 동거인 또한 가족으로 인정받을 수 있다.

이 법을 비난하는 측에선 "동거를 권장하는 결과를 낳으며, 그로 인하여 저출산 문제, 사생아의 양산과 같은 사회 문제가 증가"한다고 주장한다.[48] 그러나 사실혼의 법적 권리 보장을 통해 출생률을 높이는 데 성공한 프랑스 사례를 보면,[49] 전 세계에서 가장 출생률이 낮은 우리나라에서 뭘 더 염려해야 할까 싶다. 여전히 정상가족이라는 신화에 사로잡힌 한국은 OECD 국가 중에서 압도적으로 낮은 혼외 출생률을 보인다.

생활동반자법이 없는 지금, 동거인이 겪는 문제를 생각해본다. 가장 큰 문제로 지적되는 것은 병원에서 동거인의 보호자가 될 수 없다는 것이다.

보통 환자의 보호자는 가족이다. 보호자가 책임을 지고 법적 결정을 내려야 하는 상황이 있기 때문이다. 동거인은 가족이 아니니 환자의 보호자가 될 수 없다. 이런 상황에서 동거인이 가족이라 거짓말하고 보호자 역할을 하는 경우가 있는데, 보험 정보로 인적 관계를 확인할 수 있는 한국에선 쉽지 않은 일이다. 특히 동성 동거인인 경우 가족의 반대 등으로 따로 사는 경우가 있는데, 한쪽이 병원에 입원했을 때 병원은 법적 가족을 찾을 수밖에 없

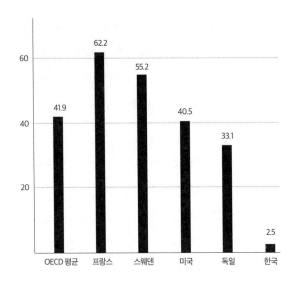

OECD 주요 국가의 혼외 출산율 변화 추이

프랑스는 1999년 PACS(Pacte civile de solidarité, 시민연대계약)을 도입, 동거인 사이에서 태어난 아이를 보호하고 이들을 제도 안으로 끌어들이고자 했다. 동거계약서만 제출하면 되는 PACS는 결혼보다 신고와 해소가 간편했기에 이전의 결혼제도가 지닌 부담은 원치 않지만 가족은 구성하고자 하는 이들이 선택했다. 이는 결과적으로 합계출산율 상승으로 이어졌다.[50] 출산율 최저를 기록하고 있는 한국에서 문제가 되는 것에 결혼 부담임을 고려할 때, 생활동반자법은 고려할 만한 가치가 충분하다.

다. 그러면 동거인은 그저 발만 동동 굴러야 한다.

그러나 이런 상황에서 "동거인이 불쌍하다"라고 말하는 것은 사태의 일면만 바라본 셈이다. 그 뒤에는 가족 간의 갈등, 가족을 바라보는 사회의 시선, 동거의 사회적 위치, 더 나아가 '가족'이라는 이데올로기의 문제가 함께 놓여 있기 때문이다. 이런 논의의 마중물로, 의사이자 작가인 이현석의 단편소설 〈그들을 정원에 남겨두었다)를 소개하려 한다. 단편소설은 작품 속 화자의 정직성과 표현의 문제를 다루고 있지만, 그것을 문제로 만드는 것이 이 동성 동거인의 입원 문제와 원래 가족의 정서적 앙금이기 때문이다. 그 조곤조곤한 이야기를 한번 살펴보자.

충돌하는 '가족'과 '사랑'

서술자는 요양병원에서 근무하는 의사다. 그가 쓰고 있는 소설은 두 노인의 이야기인데, 두 사람은 누가 먼저 죽을 때가 되면 서로의 곁을 지키자고 약속한 사이다. 그런데 한 사람이 자식을 만나러 갔다가 쓰러지고, 돌아오지 않는 사람을 기다리던 상대는 노인을 찾아 나선다.

이 지점에서 서술자는 소설을 계속 이어가지 못하고, 그 이유도 찾지 못한 채로 병동으로 내려갔다가 유나를 만나 함께 정원으로 나간다. 유나는 요양병원에 입원해 있으며 서술자가 쓰던 소설 속 주인공의 모델인 환자 이시진의 딸이다.

서술자는 이시진과 딸 유나에게 마음의 빚을 지고 있다. 이시진은 50대 초반 남성으로 응급수술을 위해 병원에 입원했는데, 수술실 앞에서 고성이 오가는 사건이 발생한다. 환자 가족과 자칭 환자 남동생 사이에 다툼이 벌어졌는데, 남동생이라고 했던 이는 사실 환자의 연인이었다. 원무과에서 환자 인적사항에 남동생이 없음을 알고 가족에게 연락했고, 오랫동안 연락이 끊겼던 가족이 환자를 찾아와서 환자의 연인을 만나게 된 것이다. 환자는 아내와 딸을 버리고 연인과 함께 떠났던 전력이 있는지라 가족은 그를 곱게 받아들이지 못한다.

　서술자가 이들을 보면서 무거움을 느끼는 이유는, 한때 친밀한 사이였던 대학 동기 수연이 이 사연을 각색해 인터넷에 올렸고 그 글이 사회적 논란을 불러왔기 때문이다. 수연은 가족을 악마처럼 그렸고, 정치인은 그 글을 보고 생활동반자법 발의를 외친다. 하지만 서술자는 알고 있다. 가족을 악마라고 볼 수 없음을. 무엇보다 이시진은 아내와 딸을 버리고 떠났고 심지어 아내의 장례식에 찾아오지도 않았다. 그에게 품은 감정의 골을 도외시한 채 그저 환자의 연인을 욕한 가족을 나쁜 사람으로 그린 수연을 보며 서술자는 분노에 휩싸여 전화를 건다. 하지만 서술자의 적의에 찬 비난을 듣던 수연은 서술자에게 쏘아붙인다. "넌 물어봤니?"

　서술자는 과거 문예지에 실은 단편에 수연을 주인공으로 등장시킨 적이 있다. 수연 자신을 비난하려면 먼저 자신을 스스로 돌아보라는 말이다. 그렇기에 사정을 알고 있는 서술자는 수연의 글에서 악마로 그려진 딸 유나에게 미안함을 느낀다.

　사망이 얼마 남지 않은 아버지 이시진을 놓고 유나가 품었을 분노와 슬픔을 온전히 이해하지 못하는 서술자는, 환자가 세상을 떠나려 하자 그를 긍정하는 듯한 모습을 보이는 유나가 오히려 어색하다. 딴생각에 잠겼다가 유나가 외치는 소리에 정신을 차리기 전까지. "사랑, 그거 안 하면 안 되나? 그냥 안 하면 되잖아!" 소설은 서술자와 유나가 각자 이시진과 연인의 이야기를 "정원 저편에 남겨두"고 돌아오는 것으로 끝난다. 두 사람이 남겨둔 것은 다 마음의 빚이겠지만, 그것을 물들인 감정은 다르리라는 독자의 추측을 남기고.

아픔을 어떻게 해결할 것인가

생활동반자법에 관한 논의 위에는 우리가 가족을 어떻게 구성하고 만들어 갈 것인가에 관한 생각이 얹혀 있다. 이 중 가장 강력한 영향력을 지닌 것은 살폈던 정상가족 이데올로기일 것이다. 여기에 저항하는 예술작품은 여럿 있었다.

예컨대 김태용 감독의 2006년 영화 〈가족의 탄생〉은 이상한 관계로 함께 살게 된 사람들이 새로 '가족'이 되어 가는 모습을 환상과 함께 비춰낸다. 〈그렇게 아버지가 된다〉로 2013년 칸 영화제 심사위원상을, 〈어느 가족〉으로 2018년 칸 영화제 황금종려상을 탄 감독 고레에다 히로카즈는 두 영화에서 혈연이 아닌 다른 형태로 묶인 가족의 의미를 생각한다. 하지만 '가족'이 인간 생활의 기본 구조임을 부정하지는 않는다.

가족에 관한 이야기 중 가장 큰 영향을 미쳤던 것은 프로이트와 라캉의 '오이디푸스 콤플렉스'일지도 모른다. 아버지를 살해하고 어머니와 결혼하는 신탁의 아들 오이디푸스. 이 그리스 비극을 프로이트는 아버지와 아들 관계의 원형으로 끌어들였다. 라캉은 이것을 구조화하여, 가족 구조를 설명하는 수단으로 다시 정립했다. 오이디푸스는 법을 상징하는 아버지 밑에서 어머니 또는 어머니가 주었던 원초적 만족감을 욕망하며, 가족의 이름을 내면화하는 과정인 '거세 위협'을 통해 사회화되는 주체를 가리킨다.

사람은 태어나면서 이름을 부여받는다. 그 이름은 그가 사회 속에서 자신의 자리를 잡고 살아가게 될 것이라는 예언의 역할을 한다. 부모는 그에게 가족 구조를 통해 그 배경에 사회 구조가 있고, 그 안에서 살아가는 것은 자신의 자리와 법칙을 수용하는 것임을 가르치는 역할을 한다. 오이디푸스의 이야기는 사회학이나 아동심리학의 문학적 판본이라고 할 만하다.

하지만 이 가족의 형태가 꼭 남성인 아버지와 여성인 어머니일 필요는 없다. 종손을 키우는 조부모, 시설에서 자라는 아이를 돌보는 보육자 모두 같은 구조에서 각자의 역할을 맡는다. 누군가는 아이에게 사회의 법을 부여하고, 누군가는 아이에게 근원적 욕망(예컨대 '어머니의 품')을 보여준다. 그것이 남녀의 혼인을 통해서만 구성될 필요는 없으리라. 재생산 기술이 발전하여 동성 부부가 자녀를 가지는 것이 이상하지 않은 시대, 자녀를 낳지 못한다는 것은 '정상가족'을 유지하려는 핑계에 불과하다. 오히려 주목해야 할 것은 그런 규정과 구조의 강요가 어떤 아픔을 만들어내고 있는가다. 예컨대 〈그들을 정원에 남겨 놓았다〉에 등장하는 이시진과

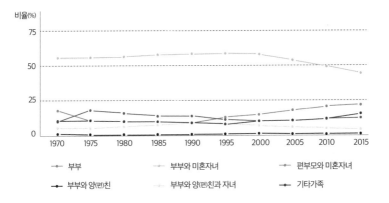

비율(%)

- 부부
- 부부와 미혼자녀
- 편부모와 미혼자녀
- 부부와 양(편)친
- 부부와 양(편)친과 자녀
- 기타가족

가족 형태별 분포

가족 형태는 계속 변화하고 있다.[51] '정상'이라고 여겨진 부부와 미혼자녀 구성의 가족은 점차 줄어들고, 대신 부부, 한부모와 미혼자녀, 기타가 증가하고 있다. 동거인은 가족으로 인정받지 않으므로 현재 통계는 잡히지 않으나, 통계청의 '2024년 사회조사 결과'에 따르면 67.4%가 결혼하지 않고 동거하는 것이 가능하다고 답했고, 37.2%는 결혼하지 않고 아이를 가질 수 있다고 답했다.[52]

유나의 아픔 같은 것.

단편소설이기에 자세히 나오진 않지만, 이시진은 원래 동성애자였을 가능성이 높다. 양성애자였다면 그가 버리고 떠난 아내의 장례식에 얼굴을 비추지 않는 것을 완전히 설명하기 어렵다. 그는 자신의 성적 지향을 부정하고 정상가족을 꾸미고자 했으나, 계속 자신을 속이는 데 실패한 인물이다. 그는 아내와 딸을 두고 오랫동안 만나온 연인과 함께 떠났다. 그가 살아온 시간을 강요된 삶과 진짜 삶으로 구분할 수 있다면, 둘 중 어느 쪽이 옳다고 말할 수 있을까. 자신이 처한 사회적 현실과 내적 진실이 일치할 수 없었던 한 사람의 비극적 초상일 뿐이다.

하지만 그 강요는 다른 사람에게 크나큰 슬픔을 만들어낸다. 이시진이 버리고 떠난 딸, 유나에겐 선택권이 없다. 이시진은 자신에게 진실한 선택을 내렸지만, 딸은 아버지의 결정을 그저 수용할 수밖에 없다. 그것은 아물지 않는 상처로 남았고, 유나는 자신을 버린 아버지를 어떻게 받아들여야 하는지 질문하며 살아간다. 그 물음이 닿은 곳은 "사랑, 그거 안 하면 안 되나?"라는 외침이다. 두 사람 간의 사랑이 그렇게 중요했느냐고, 자신을 향한 사랑은 사랑이 아니었느냐고 질문할 수밖에 없는 유나의 아픔은 일차적으로 이시진 탓이다.

하지만 그 아픔은 거짓된 삶을 강요한 사회와 주변 사람들이 만든 게 아닐까. 생활동반자법에 관한 고민은 이 층위에서 이뤄져야 할 것이다. 그저 무엇이 '정상'인가를 생각하는 대신, 어떤 아픔을 어떻게 해결할 것인가 하는 고민에서.

불확실함을 선택할 수 있다면

여기에서 한 걸음 더 나아가, 의학에 관한 고민으로 이 이야기를 살펴볼 수도 있다. 이 모두를 지켜보는 의사인 서술자는 두 연인도, 유나도 받아들이면서 또 받아들이지 못한다. 그는 처음에 소설(그가 쓰고 있던 처음의 소설이자, 이 소설에 들어 있는 액자 중 하나)로 두 연인의 이야기를 쓰고 있을 만큼 연인에게 동정적이다. 이시진을 찾던 연인의 안타까움을 그릴 수밖에 없었던 것이다.

하지만 그가 소설을 마무리하지 못하게 막는 것은 유나의 아픔을 아는 또 하나의 자신이다. 죽을 때까지 함께하려는 연인 앞에서 자신을 버린 아버지를 이해하려는, 아니 이해할 수는 있는지 묻는 유나는 연인의 소망이 실현되는 것을 가로막는다. 두 이야기는 모두 의사-서술자 안에서 작동하면서 충돌한다. 어느 쪽을 우선하지 못하도록 막으면서.

이 충돌 구조는 의료인의 균열하는 실존을 형상화한다는 점에서 무척 중요하다. 의료인은 두 세계에 살고 있다. 한쪽은 의과학의 기계적이고 결정론적인 세계다. 다른 한쪽은 환자가 살아온 삶, 즉 불확실하고 온갖 것이 뒤섞인 세계다. 의료인은 이 두 세계를 어떻게든 연결해야 한다. 안타깝게도 여러 이유에서 대체로 환자의 일상을 무시하고 의과학으로 그 세계를 대체하는 결정을 내리지만 말이다. 하지만 이 갈등은 의료인의 삶에 언제나 남아 있다. 이미 친구 수연이 생활동반자법을 둘러싼 정치적 의제로 추상화해버린 연인의 이야기와 자신의 삶을 토로하는 유나의 이야기 사이에서 서술자가 고민하는 것처럼 말이다.

소설에서 두 가지 다른 높이의 고통이 종합되는 공간은 정원이다. "병원에 딸린 소박한" 정원은 특별한 공간이 아니다. 환자들이 산책할 수 있도록 적당히 가꿔진 평범한 공간일 뿐. 하지만 그곳을 유나의 이야기와 서술자의 고민이 채울 때, 정원은 화해의 장소로 바뀐다. 나는 여기에서 미래를 엿본다.

　많은 사람이 현대 의학을 차갑다고 비난한다. 의료인이 의과학의 세계만을 선택해왔기 때문일 것이다. 그것은 현대 의학의 발전 앞에서 어쩔 수 없는 선택인 경우가 많았다. 의학은 자신의 근거를 확립하기 위해 가쁜 발걸음을 디뎌왔지만, 여전히 갈 길은 멀고 치료는 불확실하다. 의료인은 여기에서 의과학의 확실성을 선택해왔다. 누군가는 이를 의학 전문직이 권력을 탐했기 때문이라고 비난하지만, 그것은 전체를 설명하지 못한다. 오히려 관료주의적 의료 제도를 비난하는 것이 적절할 것이다. 사람을 절차로 대체하고 이를 성공으로 말하는 제도 말이다.

　반면 우리에게 불확실성을 선택할 수 있는 장소가 허락된다면 상황은 좀 더 나아질지도 모르겠다. 우리의 일상은 두 고민이, 고통이, 슬픔이 만나 화해할 수 있는 장소다. 진지하게 듣는 사람과 여기에 반응하여 자신을 내보이는 사람이 그곳에서 만날 것이다. 이를 위해선 의료인과 환자가 다시 만나는 일상을, 두 사람의 이야기가 존중받을 장소를 꿈꾸는 일이 필요하다.

아이를 환대하는 사회란

한 커플이 있다. 여느 커플과 다를 것 없이 두 사람은 함께 행복한 미래를 준비하고, 아이를 가지기로 결정했다. 유일한 차이라면 두 사람의 성별이 같으며, 특히 두 사람이 모두 여성이라는 점이다. 초저출생 시대에 아이를 낳는 것은 어쨌든 좋은 일이라고 말하려는 것은 아니다. 대학에서 학생들에게 가르칠 때 강조하는 이야기가 하나 있는데, 개인이 성적 지향성에 대해 다른 신념을 가질 수 있음을 인정함과 동시에 (이는 특정 지향성을 인정하는 것과 거부하는 것 모두를 가리킨다) 그와는 무관하게 어떤 행동을 해야 할때가 있다는 것이다. 가령 내가 상대방의 성적 지향성을 인정하든 인정하지 않든, 보건의료인으로서 나에게 온 환자를 치료할 의무가 있으며 치료 과정에서 그를 다른 사람과 동등하게 대해야 한다는 것이다.

이것을 보건의료인이 지녀야 하는 의무를 넘어 돌봄 일반으로 확대할 수 있는가. 나는 그것이 타당한 접근이라고 생각한다. 이를테면 상대방의 인종, 민족, 피부색, 언어, 종교, 성별, 연령 등과 무관하게 돌보는 이로서 동등하게 돌보아야 할 의무를 진다는 것이다. 나는 타인의 아이를 보살펴야 한다고 생각하는데, 이는 그 아이가 내 아이를 떠올리게 하고 나의 어린 시절까지 투영하게 만들며, 어린 시절의 취약함과 순수함에 대한 공감을 불러일으키기 때문이지 나와의 동일성이나 동등성 때문이 아니다. 돌보는 개인의 돌봄 책임에도 차별 없는 접근을 말할 수 있다면, 돌보는 사회에도 동일한 요청을 할 수 있을 것이다. 적어도 우리에겐 아이를, 환자를, 장애인과 노인을 차별 없이 돌볼 책임과 환대할 의무가 있으며, 그런 사회를 만들어야 한다는 요청 말이다.

다시 아이를 낳은 '모모母母' 커플, 두 어머니의 이야기로 돌아가자. 이 커플은 부부로서의 권리를 인정받지 못했을 뿐 아니라 자녀를 가질 때 국내에서 정자를 기증받을 수 없어 외국에서 (이들은 벨기에에서 관련 술식을 진행했다) 치료를 받아야 했다. 아이를 낳은 다음에는 출생신고도 문제가 된다. 부부로 인정받지 못하므로 미혼모 출생신고를 적용받으며, 이때 아버지를 등록해야만 하나 이들이 정자 기증자를 자녀의 친부로 인정하지는 않을 것 같다. 마지막으로 이런 이들이 자녀를 낳는 것을 지원할 것인지의 문제가 있다. 현재 모자보건법은 보조생식술을 난임 치료의 한 방식으로만 규정하고 있다. 2023년 6월 해당 조항의 변경을 목적으로 한 모자보건법 일부개정법률안이 제안되었지만,[53] 21대 국회의 문턱을 넘지는 못했다.

이런 논의들이 다른 사례에서 비슷한 방식으로 검토된 바 있으므로, 해당 사례부터 살펴보자. 모 연예인이 일본에서 정자를 기증받아 비혼 출산을* 한 사례다.

결혼은 출산의 조건이 될 수 없다

나는 아버지이므로, 가족에서 내 자리가 없다면 무척 슬플 것이다. 하지만 모든 가족이 그래야 하냐고 물어보면 잘 모르겠다. 게다가 한국 사회에서 아버지는 어떤 존재였는가. 많은 작품에서 아버지의 자리는 비어 있다. 예컨대 90년대 이후 전형적인 영화 서사 중에는 비어 있는 아버지의 자리를 어떻게 채워야 할지 몰라 허우적대는 주인공들이 결국 그 자리를 채우는 데 실패하는 것이 있다.[54] 현대사를 보아도 한국의 '아버지들'은 전쟁으로, 파견으로, 노동으로 가족에서의 자리를 채우지 못한 채 살아왔다. 이것은 자

---

* 출산을 중립적 용어인 출생으로 바꾸어 부르려는 움직임이 있으나 출산(아이를 낳음)과 출생(세상에 나옴)의 의미가 다르며 사회학이나 보건학에서 출산율fertility rate과 출생률birth rate은 명확히 구분되는 개념이므로 단순히 출생을 중립적 표현이라고 말하기 어렵다. 여기에선 일상적 용법과는 달리, 출산이라는 표현을 여성이 주도적으로 아이를 낳는 것을 강조하는 표현으로 사용한다.

리를 채우지 못한 아버지들에 대한 비난이 아니다. 당장 나 또한 가정에서 아버지의 역할이 무엇인지 보고 경험하지 못했으므로, 그에 대한 슬픔의 표현이다. 그럼에도 집안에는 아버지가 있어야 한다는 주장은 무엇을 의미하는가. 없었지만 있는 모습을 보고 싶다는 것인가, 아니면 그런 주장을 하는 이들의 가정은 아버지가 자리를 채울 수 있을 만큼 풍족하고 행복했다는 것을 자랑하려는 것인가. 이름이 있는 것만으로도, 즉 상징적인 아버지의 자리로 충분하다면 그 상징, 무엇으로든 대체하면 되는 것 아닌가.

따라서 나는 비혼 출산을 반대하는 어떤 논의도 이해하지 못한다. 무엇이 그토록 불안하고 걱정인지도 잘 모르겠다. 아버지 없음이 그렇게 중요한가. 이미 아버지 없이 산 지 50년이 다 되어가는 한국에서 무엇을 걱정하는가(오히려 비혼을 문제 삼기 전에 아버지가 아버지의 역할을 하는 사회를 만드는 것이 먼저다).

사실 비혼 출산을 처벌하진 않으므로, 제도적으로 비혼 출산 자체가 금지되어 있는 것은 아니다. 정자 기증을 받아 보조생식술로 임신하는 것 또한 불법은 아니다. 적어도 그 행위 자체가 처벌되지는 않는다. 그러나 여전히 모자보건법과 「대한산부인과학회 보조생식술 윤리지침」은[55] 체외수정은 부부 관계에서 시행하는 것을 원칙으로 하고 있다.[56] 이 원칙이 심각한 저출생 문제와 관련되어 검토되는 경향이 있으나, 그 이전에 보조생식술 일반이 부부 관계에서만 이루어질 수 있거나 이루어져야 한다는 생각을 검토해볼 필요가 있다.

이를테면 정말 사랑하는 부부가 있었으나 안타깝게도 남편이 젊은 나이에 암에 걸렸다고 해보자. 남편의 암 치료가 생식 능력에 영향을 미친다는 것을 알게 된 이들은 암 치료 후에 자녀를 가질 것을 약속하고 여러 문제 상황을 생각하여 미리 서류를 작성하였으며, 남편의 정자를 냉동 보관하였다. 안타깝게도 남편은 암을 이겨내지 못하고 결국 사망하였다. 남은 아내는 냉동 보관한 정자로 보조생식술을 통해 아이를 임신한다.

이 사례에서 특별한 문제를 발견할 수 있는가? 2015년 위 사례와 동일한 일을 진행한 병원이 배아생성의료기관 지정을 취소당한 사례가 있다.[57] 생명윤리법 제23조는 사망한 사람의 난자 또는 정자로 수정하는 행위를 금지하고 있다. 병원은 시술 후 남편의 사망 사실을 몰랐다고 보고하였다. 그러나 질병관리청은 해당 병원의 기관 지정을 취소하고 술식을 시행한 의사를 검찰에 고발했다. 검찰은 고의성이 없었고 부부 동의서가 있었다는 점을 들어 무혐의 처분하였으나, 질병관리청은 초기 처분을 유지하였다.

해당 결정에서 문제가 되는 것은 결국 상속이다. 사망한 자의 정자로 임신한 다음, 나중에 재산 상속 소송 등을 청구할 것이 문제의 소지를 만든다는 것이다. 그러나 부부가 함께 결정하였는데 왜 상속이 문제가 되는가. 오히려 결혼이라는 제도와 그로 인한 출산으로도 상속의 문제가 발생한다면 결혼과 출산을 연결하고 있는 현재의 인식이 한계를 노정하고 있다는 의미다.

누군가 사망한 자가 남긴 신체의 일부(인체유래물이라고 한다)를 악용하는 것은 그 자체로 문제고 범죄다. 심지어 개인의 유전 정보나 건강 정보도 인체유래물로 볼 수 있는 지금의 기술 수준에서, 인체유래물을 악용하는 것이 문제이지 정당한 사용은 문제가 되지 않는다. 무엇보다 사망 전에 명시적으로 작성된 남편의 동의서가 있다면 미국, 영국, 캐나다 등 여러 국가에서 사망한 남편의 정자로 아이를 갖는 것은 가능하다. 명시적인 동의서가 없는 경우에만 문제가 된다.

무엇보다 이 사례는 표면적인 논의 뒤에 어떤 염려가 있는지 잘 보여준다. 남편 사망 이후 자녀를 낳고자 하는 것이 상속 때문에 문제라면, 문제의 핵심은 부계 혈통 기반의 가문 대물림이지 자녀 출생이 아닌 셈이다. 호주제가 폐지된 지 15년이 지났으나, 사회적 인식은 여전히 그 수준에 머물러 있다. 비혼 임신과 출산이 문제라고 말하는 것도 결국 이것 때문 아닌가. 아버지 없이 자랄 이들의 사회경제적 여건이 정말로 문제라면, 이를 뒷받침하기 위한 제도를 구축해야 한다. 비혼 출산 없이도 이미 사회에는 아버지 없이 자라야 하는 많은 아동이 있기 때문이다. 그들이 아버지 없이도 아무런 문제 없이 자랄 수 있도록 여건을 만든 다음에 비혼 출산을 반대하는 것이 논리적으로도, 윤리적으로도 타당하다. 오히려 현재, 어떤 악의가 있는 경우를 제외하고 원론적으로 비혼 출산을 막아야 한다는 주장은 타당성을 획득하기 어렵다.

보조생식술 지원 문제: 임신은 질병인가?

논의의 핵심이 정말 태어날 아이를 위한 것이라면, 점검해야 하는 것은 아이가 태어났을 때 제공받을 환경과 적절한 환경을 만드는 데 필요한 노력이다. 아이를 행복하게 키우기 위해 아이를 낳기로 결정을 내렸다면 그는 아이를 낳아 양육하기 위한 준비가 되었다고 보아도 무방할 것이다(만약 비혼 출산 지원 제도가 남용될 위험이 있다고 생각한다면 숙려와 지원 체계 등 남용을 막기 위한 제도를 준비하는 편이 낫다). 그렇다면 이제 두 번째 논점으로 넘어가자. 비혼 출산을 포함하여 모든 재생산 관련 치료를 지원할 것인가.

한 명의 아이라도 더 태어나는 것이 정말 귀하고 감사한 일이라면, 재생산 치료를 지원하지 않을 이유는 어디에도 없어 보인다. 재생산 치료의 목적은 아이의 탄생이니 아이의 탄생이 귀한 일이라면 비혼이든 아니든 재생산 치료를 지원하는 것은 당연하다. 앞서 언급한 것처럼 2023년 5월에 제출된 모자보건법 일부개정법률안은 현행의 난임 지원을 모든 임신에 대한 지원으로 변경할 것을 요청한 상태다. 개정안 제안 이유에서도 법률적 혼인 관계가 아닌 자, 비혼 임신을 지원하는 것이 목적임을 밝히고 있다. 임신이 비혼이나 사실혼 관계에서 이루어진다고 하여 돕지 않을 이유는 무엇인가.

다만 이런 정책에는 고려해야 할 문제가 있다. 법적 제도로 재생산 치료를 지원하게 된다면, 모든 임신을 우리가 질병으로 인정한다는 의미가 되기 때문이다. 현재 난임을 지원 대상으로 하는 것은 난임이 질병이기 때문이다. 우리가 국가적으로 지원하는(보통 보험 재정을 통해 지원한다) 것은 일반적으로 질병의 경우에 한한다.

그렇다면 임신은 질병인가. 질병의 정의는 매우 복잡하므로 여기에서 자세히 검토하기는 어렵다. 일반적으로 질병은 신체 또는 정신의 기능 이상이나 활동에 장애가 생기는 것을 가리키며, 질병은 의료적 관리의 대상이다. 거꾸로 병원에서 관리의 대상으로 삼는 것은 대부분 질병이지만, 전부는 아니다. 많은 의료 서비스가 사용자의 선택으로 제공되며, 선택으로 이루어지는 서비스는 질병을 대상으로 하지 않는 경우가 많기 때문이다.

물론 지금 대부분의 출산은 병원에서 이루어지며, 자연분만에도 질병코드(한국질병분류 기준 O80)가 부여되어 있다. 심지어 임신과 출산은 여성에게 상당한 기능상의 불편, 고통, 어려움을 안긴다. 그러나 임신을 질병이라고 생각하는 사람은 별로 없을 것이다.

자연 임신이 되지 않아 재생산 의료 또는 보조생식술의 도움을 받아야 하는 사람들은 모두 질병 상태에 있다고 정의할 수도 있다. 그렇다면 비혼 여성의 임신은 질병인가. 나는 그렇지 않다고, (누구의 임신이든) 임신은 질병이어선 안 된다고 생각한다.* 그것은 태어날 아이를 향한 자연스러운 의지와 실천의 결합일 뿐이다.

따라서 재생산 치료 일반의 지원과는 별도로 비혼 임신을 생각하는 여성이 취약한 상태에 있다면 별도의 지원 체계를 만드는 것을 고려할 필요가 있어 보인다.

원론적 반대를 넘어, 태어날 아기를 위한 세계를

결국 이 문제는 초점을 어디에 두는지에 따라 결이 달라진다. 제도의 선택에 있어 누구를 고려하는가. 산모인가, 사회인가, 아니면 태어날 아이인가. 나는 당연히 태어날 아이를 우선적으로 고려해야 한다고 생각한다. 아이를 우선한다는 것이 산모를 무시해도 된다는 것은 당연히 아니다. 아이는 산모를 통해서만 세상에 존재하며, 그든 다른 누구든 돌봄을 줄 사람이 필요하기 때문이다.

태어날 아이의 돌봄이 목적이라면, 비혼 가정이거나 레즈비언 가정이라고 하여 보조생식술이 금지될 이유는 없다. 오히려 앞서 언급한 문제가 있더라도, 이런 임신을 지원하는 것을 적극적으로 고려해야 한다. 만약 태어날 아이의 형편이 정말 문제라면, 그를 지원하기 위한 제도도 얼마든지 만들 수 있다. 이런 논의 없이 탄생 자체에 제약을 거는 것은 어렵다.

어떤 방식으로든 새로운 아이가 태어나지 못하는 사회는 그 자체로 병든 것이다. 2020년대, 지금 우리는 다른 무엇보다 가장

---

* 질병의 목록이 늘어나는 것이 무엇이 문제냐고, 모든 의료 서비스가 국가 지원으로 이루어지는 것은 좋은 일이라고도 생각할 수 있다. 그러나 모든 의료 서비스를 국가 지원으로 제공할 수 없다. 아니, 제공할 수는 있으나 그것은 상당한 의료의 질적 하락을 전제로 한다. 현재로서는 의료 서비스 하나가 추가되는 것은 다른 의료 서비스 하나의 중단을 요구한다.

큰 병에 시달리고 있다. 우리는 어떤 아이가 태어나더라도 환영할 준비가 되어있는가. 그렇지 않기에, 아이를 돌볼 준비가 되지 않았기에, 우리 사회가 아이들을 기대할 수 없는 것은 아닌가.

대화의 윤리:
나 혼자서 완성할 수 없는

2018년 연명의료결정법이 시행된 지 7년이 되었지만, 여전히 모호한 부분이 많다. 이 법의 모호함은 그 목적에서 잘 드러난다. 연명의료결정법 제1조(목적)는 "환자의 최선의 이익을 보장하고 자기 결정을 존중하여"라고 적고 있다. 언뜻 좋은 법이고 당연한 내용처럼 보이지만 (삶의 마지막을 앞둔 환자에게 가장 좋은 것을 주면서 결정권을 존중하는 일이니) 현실은 그렇지 않다. 환자의 "최선의 이익"과 "자기 결정"은 흔히 충돌하기 때문이다.

예컨대 말기와 임종기 사이에 놓인 암환자가 있다. 안타깝게도 수술을 포함해 해볼 수 있는 모든 치료를 받았으나 기대 여명은 몇 개월을 남겨두고 있다고 해보자. 의료진은 이 환자에게 추가적인 항암 치료를 해야 할지 결정해야 한다. 환자는 구역, 구토, 어지럼증, 통증 등 항암 치료의 여러 부작용을 들어 항암 치료가 싫다고 말한다. 일단 환자의 "자기 결정"은 분명하다. 그렇다면 환자의 "최선의 이익"은? 의료진은 항암 치료라고 생각할 것이다. 환자의 기대 여명을 획기적으로 늘리고 암세포를 완전히 사멸시켜 '완치'에 이를 수는 없을지언정, 항암 치료는 암세포의 수를 줄여 넓게 보았을 때 환자의 삶의 질을 높이고 기대 여명을 안정적으로 누릴 수 있도록 한다. 이외 비슷한 수많은 사례에서 법은 이중적인 요구를 한다. 한편으로 환자의 최선의 이익을 보장하고(항암 치료를 하라) 다른 한편으로 환자의 자기 결정을 존중하라(항암 치료를 하지 말라)고 한다. 대체 어떻게 하라는 것인가?

전통적인 윤리 이론으로 접근하면 이런 법 조항의 이중성은 어떻게든 해소되어야 한다. 전통적인 의학적 접근처럼 환자의 최선의 이익을 우선하거나 최근의 견해를 반영하여 환자의 자기 결정을 다른 것보다 선행하는 권리로 보아야 한다. 이후에 살필 서구 윤리학의 여러 접근은 최선의 이익보다는 자기 결정이 우선한다는 결론을 냈었다. 이러한 관점들을 고려한다면 법 조항을 "환자의 자기 결정을 우선하는 가운데 환자의 최선의 이익도 살펴" 정도로 수정해야 한다고 주장할 수도 있다.

그러나 나는 이 조항이 이도 저도 못하는 내용으로 정해진 이유를 이해할 수 있다. 현실에선 최선의 이익도, 환자의 결정도 모두 중요하다. 초월적인 법이나 윤리가 환자의 결정만을 무조건 우선하라고 말한다면, 현실의 복잡한 문제를 고르기아스의 매듭처럼 단칼에 끊어내는 결과를 낳을 수 있다. 이는 복잡한 문제를 복잡하게 다루는, 사려 깊은 접근은 아니다. 그렇다면 복잡한 문제에 복잡하게 접근하는 사려 깊은 대안이 있는가. 그 대안으로 "대화의 윤리", 또는 관계적 윤리를 살펴보려 한다.

두 가지 윤리를 맞대다

우리가 마땅히 해야 한다고 말하는 행동들이 있다. 자녀를 사랑해야 한다, 부모를 공경해야 한다, 다른 사람에게 피해를 끼쳐선 안 된다…. 의료적 환경에는 '마땅히 해야 할 것들'이 규정으로 명시된다. 의료인은 환자의 뜻을 존중해야 한다. 환자는 의료적 수행에 지장을 초래하여 다른 환자들의 치료를 방해해선 안 된다. 우리나라에서 국가보험 수가가 적용되는 필수 진료들에 한해서는 같은 질병에 같은 치료가 주어져야 한다.

이런 규칙들의 나열이 의료윤리라고 생각했던 시절에는 규칙을 아는 것으로 충분하고 깊이 공부할 필요는 없다고 생각했다. '의료법으로 충분한데 굳이?'라는 의구심을 가졌다. '의료윤리'가 다분히 의료 전문직의 행동을 규제하기 위한 논의로 보여 별로 흥미롭지 않았다.

그때 가졌던 생각들을 지금은 거의 다 버렸다. 의료윤리를 포함하여 윤리에 관한 내 관점이 바뀌었기 때문이다. '주어진 사회 규범을 내면화하여 마주한 상황에서 옳은 답을 찾는 것'이라는 윤리에 대한 관점이 이제는 '어떤 상황으로 만난 두 사람이 서로의 좋음을 찾아가는 시도'로 새롭게 정리되었다. 이는 전통적인 윤리 이론에 부합하는 관점은 아닌데, 여기선 전통적인 윤리 이론들을 일별하고, 이를 관계적 윤리로 보완하는 것이 지닌 의미를 살피고자 한다.

좋음과 옳음은 모두 내 손으로 완성된다: '독백'의 윤리들

서구 윤리학을 대표하는 이론으로 보통 세 가지 정도를 꼽는다. 훨씬 다양한 이론이 있고 다른 이론을 더 중요하게 생각하는 분도 계시겠지만, 여기에서는 주류 윤리학이라고 여겨지는 것들만 검토하려 한다. 바로 칸트적 의무론, 벤담과 밀의 공리주의, 매킨타이어의 덕윤리다.

의무론deontology은 무엇보다 의무deon를 강조하기에 그런 이름을 얻었다. 이런 의무는 좋은 결과를 가져오기 때문이 아니라, 그 자체로 선한 것으로 간주되기 때문에 따라야 하는 것이다. 예컨대 칸트는 윤리와 관련하여 오로지 선의지善意志, 즉 선한 것을 바라는 것만이 그 자체로 선하다는 전제에서 출발한다. 다른 평가나 결과로 인해 선한 행동, 이를테면 여러 사람에게 이득을 가져오기 때문에 어떤 행동이 선하다고 말하는 것은 기준의 변화나 관점의 차이 때문에 무조건 선하다고 말할 수 없기 때문이다. 여기에서 선한 것을 바란다는 말은 결국 보편 규칙이 될 수 있는 자기 원칙(준칙)에 따라 행동한다는 의미이므로, 의무론에선 모두를 위한 규칙을 세우고 그 규칙에 따라 행동하는 것이 무엇보다 중요하다. 물론 '모두를 위한 규칙'을 정립하는 방식이 학자마다 다르다. 칸트는 정언명령, 로스는 일응─應 의무, 스캔론은 '합리적인 사람이 거부할 수 없음' 등 서로 다른 기준을 제시하지만 의무 정립과 그 준수라는 측면에서 동일하다.

공리주의는 그 유명한 명제 "최대 다수를 위한 최대 행복"을 기준으로 삼는다. 다만 이론가에 따라 마지막 항의 내용은 다르다. 공리주의의 주창자인 벤담은 '쾌락', 밀은 '행복'을 말했고 현재 가장 유명한 공리주의자인 싱어는 '선호'를 오랫동안 강조했다. 어떤 행동이 낳을 결과에 따라 그 행동의 선악이 결정된다고 보는 공리주의의 정식은 그 명료함과 경제성 덕분에 여전히 선호되는 이론이다. 공리주의에는 미리 결정된 의무 같은 것은 없고(매번 계산할 필요성을 없애도 된다고 생각하는 일에 관해, 또는 계산해도 항상 같은 결과가 나오는 행동들에 관해 '의무' 비슷한 것을 설정할 수 있지만) 윤리적 판단에서 행동이 낳을 결과를 가장 중시한다.

마지막으로 덕윤리는 의무 준수나 그 결과처럼 행동에 초점을 맞추는 대신, 윤리적 행위자에 집중한다. 어떤 행동이 윤리적인가 따지는 대신 어떤 사람이 윤리적인가를 말해야 한다는 것이며, 그러한 사람을 유덕한 사람이라고 부른다. 그렇다면 '어떤 상황에서 무슨 행동을 할 것인가'라는 질문에 답하는 방식은 의무나 결과에 대한 계산 없이도 가능해진다. 유덕한 사람은 이 상황에서 어떻게 행동할 것인가를 생각해보고, 그것을 따라 하면 되니까.

군자의 덕을 강조해온 동양적 도덕관과 통해서인지 아니면 의무론과 공리주의의 한계를 우리 문화권에서 분명하게 느껴서인지는 모르겠으나, 덕윤리는 처음 소개될 때 우리나라에서 상당한 주목을 받았다. 특히 의무론이나 공리주의는 법칙 수립이나 결과에 대한 이득-손해 계산을 강조하는 측면이 있다 보니, 윤리 교육이라는 면에서 매력적인 부분을 찾기 어렵다. 반면 덕윤리는 덕함양을 내세우기에, 그 자체로 교육의 틀을 제시한다는 이점을 지니고 있다.

그러나 이들 이론은 각각 장점과 한계를 지닌다. 먼저 의무론은 일반적인 도덕적 직관에 들어맞으며 초과의무(의무에 속하지는 않지만 선한 것으로 여겨지며 타인의 칭찬을 받을 만한 행동)의 자리를 마련할 수 있다. 그러나 의무론은 너무 형식에만 치중한다는 단점이 있다. 에컨대 '살인하지 말라'나 '거짓말하지 말라'라는 대표적인 의무를 생각해보자. 그렇다면 군인은 모두 비도덕적인 행동을 하는 것일까. 우리를 침범한 적에게 항복하는 것만이 선한 일인가. 우리는 상대의 기분, 감정, 정신 건강을 고려하지 않고 오로지 진실을 말해야 하는가. 상대방에게 피해가 가는 상황에서도 '선의의 거짓말'조차 해서는 안 되는가.

공리주의는 언제나 가장 좋은 결과를 추구한다는 점에서, 행동 지침을 결정하기 위한 좋은 방향을 제시하는 것으로 보인다.

공리주의는 선한 의도는 선한 결과로 이어져야 하며 그때에만 그 행동을 윤리적이라고 말한다. 선한 의도로 시작했지만 끔찍한 결과로 끝난 역사 속 비극들을 생각하면 와닿는 점이 있다. 하지만 의무론과 달리 공리주의에선 모든 것이 의무처럼 다가온다(즉 초과의무를 설정하기가 애매하다). 결과적으로 다수에게 이득이 가는 방향으로 행동해야 한다면, 모든 일이 의무 조항이 된다. 또한 공리주의를 엄격히 따르려면 모든 행동의 결과를 계산하며 살아가야 하는데, 그 자체로 너무 큰 부담이 된다. 더불어 최대 다수의 이득을 계산할 때 개인이나 소수 집단에게 피해를 몰아주는 편이 전체 이득이 극대화된다면, 공리주의는 그들을 '희생양'으로 삼을 수 있다.

덕윤리는 행위자에게 집중함으로써 이전 윤리 이론들이 얻지 못하는 두 가지 이득을 얻는다. 첫째, 유덕한 사람이 어떻게 행동할지 알려면 구체적인 상황을 살펴야 한다. 삶에서 윤리적 결정을 내릴 때 추상적인 결정은 도움이 되지 않거나, 엉뚱한 답으로 우리를 이끌 수 있다(의무론의 문제이기도 하다). 대신 덕윤리는 구체성에 집중한다. 둘째, 문제의 복잡성을 인정하고 문제 해결에서 중요한 부분에 집중한다. 문제 상황에서 항상 전체 이득만이 가장 중요한 요소가 아닐 수 있으며(이로써 덕윤리는 공리주의의 문제를 피한다) 지혜로운 결정을 따져볼 수 있게 된다. 그러나 덕윤리는 문제 상황에서 어떻게 해야 하는지 명확한 답을 주지 못할 수 있으며, 문제 상황에 적용되어야 할 미덕(또는 피해야 할 악덕)에 관한 질문을 남겨 놓는다. 유덕한 사람이 어떻게 행동할지 어떻게 알 수 있는가. 어떤 상황에서 어떤 종류의 덕이 적용되어야 하는가. 무엇보다 유덕한 사람을 정하는 것은 누구인가.

물론 각 이론은 그들의 한계에 대한 저마다의 개선 방향을 내놓았다. 그럼에도 나는 이들이 지닌 공통의 문제가 하나 있다고 생각한다. 바로 '나'에 의한 '독백의 윤리'라는 점이다. 세 이론은 모두 어떤 주체가 집단의 이름을 빌려 행동의 선악과 옳고 그름을 따진다. 의무론에서 법칙을 정립하는 것도, 공리주의에서 다수의 이득을 계산하는 것도 '나'다. 덕윤리에서 유덕한 사람이 되고자 하는 것도 '나'다. 이 이론들은 타인에게, 그리고 나와 너를 포함한 우리에게 좋은 방향을 꿈꾸지만, 그 꿈을 꾸는 사람은 결국 '나'다.

대화의 윤리, 나와 너의 좋음을 소망하며

내가 더 좋은 삶을 꿈꾸는 것이 결코 잘못됐다는 것은 아니다. 하지만 나와는 다른 생각을 가진 사람을 만났을 때 어떻게 해야 하는지를 결정해야 하는 의료윤리에서 나만의 꿈은 완전한 답은 아니다. 예컨대 생을 마감하고 싶은 환자가 있다면, 기존의 이론에서 말할 수 있는 최대한은 그의 뜻을 존중하는 것이다. 상대방의 뜻을 존중하는 것은 물론 중요하며, 그런 존중이나 인정조차 받기 힘든 사회에서 그것만이라도 하는 게 어디인가 싶다. 하지만 거기까지만 생각해도 괜찮을까. 상대방이 나와 다른 견해나 상황에 대한 이해를 보일 때, '당신의 뜻을 존중하겠습니다'라고 말하는 것이 최선일까.

연명의료에 관한 문제처럼 환자가 생각하는 종결과 의료진이 생각하는 종결이 완전히 다를 때, 혹은 가족은 어떤 치료라도 하길 원하지만 환자와 의료진은 지금은 무엇을 해도 무용하다고 여길 때 한쪽이 다른 한쪽의 의견을 그냥 따르기만 하면 모든 일이 해결될까. 보다 일상적으로 가족끼리 의사결정을 하는 경우를 생각해보아도 좋다. 가령 아이를 어떤 학원에 보낼지 논의할 때, 나는 더 학원을 늘리지 않았으면 좋겠지만 아내는 아이가 더 확실히 배웠으면 좋겠다고 생각할 수 있다. 이때 한쪽의 뜻을 '존중'하여 내 뜻만, 또는 아내의 뜻만 관철되면 문제는 정리되는가.

나는 그렇게 정리되어선 안 된다고 생각한다. 연명의료의 경우라면 왜 가족은 아무리 어렵고 힘든 치료라도 진행하기를 원하는가. (의료적 사실과는 별개로) 왜 환자는 더 이상의 치료는 무용하다고 느끼는가. 의료진은 현재 의견과 관련해 어떤 것들을 느끼고, 무엇에 가치를 부여하고 있는가. 자녀 문제의 경우, 나는 무엇에 가치를 부여하길래 학원을 더 늘리지 않았으면 좋겠다고 생각하고, 아내가 학원을 더 보내야겠다고 느끼는 이유는 무엇인가. 이런 이유와 정서, 가치를 무시한 채 어떤 결정이 내려진다면, 선택되지 않은 쪽은 좌절과 무시를 경험한다. 그들의 결정이 인정받지 못했다는 사실은 그들의 요구가 정당하지 않았거나 그들의 발언이 충분히 고려되지 못했음을 함의한다.

　그것이 윤리적 결정이라면, 그 윤리에는 어딘가 문제가 있다. 한쪽이 옳고 다른 쪽이 그른 경우와는 다르기 때문이다. 예컨대 가부장주의적 의료인이 환자의 의사를 무시하고 치료를 진행하려 한다면, 그렇게 하면 안 된다고 거부해야 한다. 어떤 정치인이 이해충돌이 있는 사안을 숨기고 개인의 이익에 따라 정치적 결정을 좌우하려 한다면, 그 결정을 비판하며 윤리적·법적 제동을 걸어야 한다. 하지만 앞선 경우는 다르다. 나름의 가치와 정당함을 지닌 주장이 부딪친다면 어떻게 해야 할까.

　물론 다른 곳에서도 그런 일이 벌어지겠지만, 의료적 상황은 이런 결정으로 넘쳐난다. 환자는 병원에서 지내는 게 너무 힘들어서 퇴원하고 싶은데, 의료진은 집에서 관리하기엔 환자의 상태가 심각하다고 판단한다. 환자 가족은 안전한 치료를 원하고, 환자와 의료진은 실험적이지만 치료 가능성이 조금 더 높은 치료를 해보고 싶다. 나는 치과의사로서 환자가 비싸지만 조금 더 좋은 치료를 하면 좋겠는데, 환자는 경제적 사정으로 어렵다고 말한다.

　이런 상황에서 의무론, 공리주의, 덕윤리가 어떤 답을 줄 수 있다고 해도 그것은 어느 한 사람의 생각에서 나온다. 그는 '보편'의 이름을 빌려 어느 한쪽을 선택하는 평결을 내릴 것이다. 하지만 다른 쪽을 버리는 것이 적절하지 않을 때 나는 다른 윤리를, 이를테면 '대화의 윤리'를 생각한다. 당사자들이 함께 이야기하여 서로에게 좋은 방향을 상상해보는 것. 그렇게 결정을 내리는 것.

그것을 가능케 하는 것이 돌봄이다. 돌봄은 어느 쪽이 옳다고 말하는 대신 돌보는 이와 보살핌받는 이 모두의 성장과 성취를 생각한다. 항상 가능하지는 않을지라도 돌봄은 모두를 위한 방향을 소망한다.

돌봄윤리는 앞서 나온 윤리 모두를 종합하는 것이기도 하다. 돌보는 이의 의무, 보살핌받는 이에게 주어지는 결과, 그 바탕이 되며 돌봄의 결과로 주어지는 당사자들의 성품이 '우리' 모두를 위한 결정에서 빼놓을 수 없는 요소이기 때문이다. 공평무사한 제삼자의 위치에서 결정 내리는 대신, 나와 네가 함께 좋을 수 있는 방향을 바라는 것이다.*

앞의 예시를 다시 생각해보자. 아이의 학원 문제를 놓고, 나는 아이에게 쉼과 여유가 조금 더 주어지길 바란다. 아내는 지금 아이가 받는 교육을 충분히 소화하지 못하니, 그를 위한 안배가 이루어지길 바란다. 두 바람이 완전히 배치되는 것은 아니다. 특정 분야에 조금 더 집중하는 쪽을 택하는 것으로 둘 모두의 결정을 껴안을 수 있다. 연명의료의 경우 먼저 서로가 원하는 것을 솔직하게 들어야 한다. 가족은 환자와 조금이라도 더 시간을 보내기 위해 치료받길 원하고, 환자와 의료진은 치료로 인한 고통이 너무

---

* 이 관점에 대해 보편성을 결여되어 있으므로 당사자와 무관한 이들을 고려하지 못한다고 비난할 수 있다. 그러나 돌봄은 단지 나와 너만 고려해서 완성될 수 없다. 나와 멀리 떨어진 이들, 환경을 포함한 비인간을 돌보는 것 또한 우리의 좋음에 포함되며, 그렇기에 돌봄은 추상적인 보편성 대신 구체적인 상호주관성을 말한다.

커서 치료가 무용하다고 여긴다. 그렇다면 환자가 완화의료 시설로 이동하여 환자의 고통을 관리하면서 가족과 더 많은 시간을 보낼 수 있도록 하면 당사자들 모두의 생각을 포함한 결정을 내릴 수 있다. 그런 결정들은 서로를 돌보기 위한 결정이다. 돌봄이 관계적이기에, 돌봄을 위한 선택과 그를 떠받치는 윤리 또한 관계적이어야 한다.

3장 돌봄은 보살핌받는 이의 관점에서 이루어진다

돌봄,
보편적이면서 개별적인

고등학교 1학년 때 이과반을 간다고 했을 때, 제일 놀랐던 것은 같은 반 친구들이었다. 별로 친하지 않던 친구들까지 정말이냐고 물어봤을 정도였으니까. 아마 나를 걱정해주었던 것 같다. 친구들이 보기에 나는 문과에 맞는 사람이었지 싶다. 문예반과 교지 편집반을 하고, 교내 신문에 시를 투고하며, 문학과 음악을 좋아했으니까. 친하게 지냈던 친구의 말은 아직도 기억난다. "음, 한의대 같은 곳도 있으니까."

한편 나는 어릴 때부터 컴퓨터를 끼고 살았다. 부모님도 일하시고 누나들도 일찍부터 자기 공부에 바빴던 집이다 보니 혼자 지내는 것이 익숙했고, 그때 친구가 되어 주었던 것이 컴퓨터였던 탓이다. 지금처럼 인터넷이 발달한 시대가 아니었으므로, 컴퓨터로 할 수 있는 일은 매우 제한적이었고 부모님은 컴퓨터를 최신형으로 바꾸거나 컴퓨터 학원에 아들을 보내는 데에 관심이 없었다. 나도 그저 컴퓨터를 이래저래 손대 보고, 조그마한 결과라도 얻어 내는 것이 즐거웠을 뿐이다. 그래서 자연스럽게 컴퓨터공학을 전공하게 될 것이라고 어릴 때부터 굳게 믿었다. 이과에 가는 것은 나에게 당연한 일이었다.

지금 생각하면 당연한 일은 아니었다. 이렇게 책을 읽고 쓰며 살아가고 있으니 문과를 가는 게 맞는 일은 아니었을까. 하지만 이과에 온 것이 다행이라는 생각도 든다. 그 선택 덕분에 다른 사람이 보거나 살피지 못하는 부분을 챙길 수 있는 것 같다. 예컨대 지금 이야기하고 있는 돌봄이 대표적인 예시다.

'돌봄이 왜?'라고 물으신다면 돌봄은 '이과 더하기 문과'이기 때문이다. 특히 건강이나 질병과 관련된 돌봄 문제를 생각할 때 그렇다. 전통적인 의과학적인 지식만으로는 돌봄이 필요한 환자를 충분히 보살필 수 없다. 돌보는 이는 보살핌받는 이를 이해해야만 하고, 과학은 개인을 이해하는 데는 별로 소용이 없다. 한편 전통적인 문과적 지식, 이를테면 환자의 개인적·사회적 상황에 관한 이해(심리학, 사회학)나 의사소통에 관한 논의(커뮤니케이션학), 환자와 돌보는 이의 세계관(철학)이나 우리의 돌봄이 놓인 자리(역사학), 돌봄의 표현에 관한 이해(문학)는 돌봄에 있어 중요하지만, 그것만으로는 돌봄이 이루어지는 데 한계가 있다. 아무리 상황이나 관계를 잘 이해하더라도, 아무것도 해줄 수 없으면 돌봄이 아니기 때문이다.

물론 실천을 꼭 이과의 언어로 표현할 필요는 없다. 이론을 꼭 문과의 지식으로 표현할 필요도 없다. 돌봄의 이론과 실천은 다분히 삶에 밀착되어 있으며, 굳이 명시적으로 표현하지 않아도 암묵적으로 알고 익힐 수 있는 내용이기 때문이다. 하지만 암묵적인 지식이라고 해서 그 영역을 파악할 수 없는 것은 아니다.

돌봄 말하기의 어려움

앞서 이야기했듯 나는 치과의사로서 해온 모든 행위를 돌봄으로 여긴다. 환자를 만나고, 아픔의 이야기를 듣고, 여러 장비의 도움을 받아 진단하고 치료하며, 환자가 건강한 구강 상태로 살아갈 수 있도록 돕는 모든 일은 분명 돌봄이다. 물론 치료는 돌봄이 아니라고, 치료라는 전문 노동과 돌봄 노동을 구분해야 한다는 의견도 있다. 의사는 돌보는 방법도 모르고, 돌보는 사람도 아니라고 말이다.

그런 구분 또는 비판을 수용하는 한편, 그런 입장들이 당위적인 것인지 기술적인 것인지 고민하게 된다. 간단히 말해 치료가 돌봄이 아니어야 한다는 것인가, 아니면 지금의 치료는 돌봄이 아니라는 것인가. 나는 현재 병원 중심, 치료 중심, 의사 중심의 의료에 실망한 이들이 치료와 돌봄을 구분하는 것이라고 보기에, 사람들의 치료와 돌봄의 구분은 기술적인 것이라고 생각한다. 지금 우리의 치료에는 돌봄이 빠져 있거나, 돌봄이라고 말하기엔 그 질이 떨어진다는 것이다. 반면 내가 말하는 치료와 돌봄의 동등성은 당위적인 것이다. 치료는 돌봄이 되어야 한다. 또는 치료의 각 요소는 보살핌받는 이의 돌봄을 위해 움직여야 한다.

나는 오랫동안 내 진료에 대해 고민해왔다. 나름 좋은 진료를 한다고 믿었지만, 계속 무언가 빠져 있다고 느꼈다. 지금은 돌이켜보면, 나는 진료했지만 돌보지는 않았다. 나의 부족함 때문이기도 하지만, 우리 의료 체계가 개별 의료인의 돌봄을 막고 있어서이기도 하다. 나는 의료적으로 환자의 삶에 개입할 수 없다. 내가 할 수 있는 것은 약을 처방하거나 행동 방식을 교육하는 것까지다. 나는 환자에게 건강을 위해 좋은 습관이나 결정을 함께 고민할 수 있는 시간과 공간을 허락받지 못한다. 그런 일을 우리 의료 제도는 의사의 일로 여기지 않는다.

제도를 바꿀 수 없더라도 주저앉지 않기 위해, 나는 다른 공부들을 하는 것을 택했다. 그런데 내 진료를 돌봄으로 만들기 위한 내용들은 '문과'에 위치해 있었다. 특히 문학을 공부하는 것이 도움이 될 수 있다는 것을 알았을 때, 이런 나라서 다행이라고 생각했다. 그런데 문학이라니. 문학이 돌봄과 무슨 상관이 있는가.

돌봄을 위해선 보살핌받는 이의 개별성에 접근하기 위한 눈과 귀가 필요하다. 철학이나 과학은 개별에서 보편을 뽑아내는 대표적인 학문이므로, 개별성에 접근하는 것과는 거리가 멀다. 현대 의과학도 마찬가지여서 의과학에 기초한 보편적 의료는 돌봄에 계속 실패하고 만다. 사실 많은 학문이 보편 법칙을 찾아내고자 하며, 따라서 개별성에 접근하는 방법을 제공하는 분야는 얼마 없다. 하지만 개별성을 다른 무엇보다 드높게 여기는 분야가 있다. 바로 문학이다.

보편화와 추상화를 통해 이론을 만들어내는 다른 분야와 달리, 문학은 보편을 개별로 보여주려 운동한다. 작가가 세계사의 흐름을 보여주려 한다고 할 때, '절대정신'을 말하는 철학과 달리 문학은 그런 세계사의 흐름 속에 놓인 개인을, 그가 그 흐름을 주도하든 그에 끌려가서 바스러지든 세계 앞의 개별자를 그려낸다. 문학은 개인과 그가 처한 맥락을 구체적으로 제시하여, 개별자의 상황을 독자가 이해하고 그에 공감할 수 있도록 한다. 이런 개별성의 구현은 보편을 제시하는 다른 학문과 문학을 구분하는 주요한 특징이다. 그렇다면 보살핌받는 이의 개별성에 접근하려는 노력에 문학은 무엇보다 중요한 학문이다.

의료에서, 돌봄에서 문학의 의미

문학을 공부하고 비평적으로 고민하는 훈련을 통해 내 진료에서 빠진 것을 알게 되었다. 나는 내 관점에서 좋은 건강과 치료를 정의하고, 그것을 제공하기 위해 최선을 다했다. 그 자체로 나쁜 선택은 아니다. 환자와 가족이 건강과 치료에 대한 나의 정의에 명시적이든 암묵적이든 동의하는 경우에는 (환자가 "선생님이 좋은 쪽으로 해주시면 되지요"라고 말할 때 그것은 그가 건강과 치료에 대한 나의 정의에 암묵적으로 동의한다는 것을 의미한다) 굳이 다른 선택을 고민할 필요는 없다. 그러나 환자가 자기 치료에 관한 생각이 나와 다르거나 가족이 환자의 건강에 대한 다른 관점을 가지고 있을 때 문제가 발생한다.

만약 돈과 시간이 넉넉히 주어진다면 고민은 쉽게 해결될 것이다. 환자와 가족에게 원하는 것이 무엇인지 충분히 물어보고 같이 답을 찾아가면 되니까. 하지만 우리에겐 그만큼의 시간도, 그럴 수 있는 공간도 허락되지 않는다. 환자와 가족은 자신이 원하는 것이 무엇인지, 무엇을 할 수 있는지, 현 상황에서 그려볼 수 있는 미래는 무엇인지 잘 알지 못한다. 이런 상황은 서로에게 상처와 좌절을 남긴다. 의사는 환자에게 무언가 잘못한 것 같은데 무엇을 잘못했는지 모르고, 환자는 자신이 원하는 것이 성취되지 않았기 때문이다.

그때 문학이 기능할 공간이 생긴다. 독자는 책에서 등장인물의 생각과 상황을 파악해내야 하며, 주어진 진술과 설명을 통해 그 물리적 세계와 도덕적 작동을 직관해야 한다. 초보 독자와 숙련된 독자를 구분하는 지점 중 하나는 똑같은 작품을 읽었을 때 그가 글에서 얼마나 많은 것들을 길어낼 수 있는지다. 숙련된 독자가 지닌 힘을 의료적 상황에 발휘할 수 있는 의료인은 환자와 가족이 원하는 것이 무엇인지, 그들의 고민과 갈등은 어디를 향하고 있는지, 치료의 과정을 통해 우리가 어디로 나아가야 할지 빠르게 파악하고 선명하게 그려볼 수 있다. 그 도움을 통해 진료는 돌봄이 될 수 있다. 보살핌받는 이가 원하는 것을 세심하게 살피며, 둘 사이의 관계가 이뤄낼 결말을 상상할 수 있다.

보살핌받는 이를 이해하는 진료, 돌봄을 위하여

비록 내가 이과를 선택했던 것에는 나의 취미 때문이었지만, 이렇게 '문과적'인 내가 이과에 와서 의료인이 되었기에 문학을 가지고 진료를, 돌봄을 생각해볼 수 있게 되었다. 책과 영화를 분석·비평하는 기술을 환자가 발하는 의미들을 파악하는 데 활용할 수 있다. 지금은 가르치고 연구하는 데 바빠서 진료를 안 하고 있지만, 얼마 전까지 해왔던 나의 진료는 문학을 활용하면서 더 나아졌다고 생각한다. 그것은 진료 기술이 나아지거나 최신의 과학적 지식을 적용해서가 아니다. 환자와 내가 원하는 것을 함께 고려하게 되었기 때문이다. 내가 처한 환경적 제약 속에서도 돌보는 일을 할 수 있었기 때문이다.

물론 이를 위해 꼭 문학이 필요한 것은 아니며, 문학만이 정답인 것도 아니다. 다만 모든 진료는 윤리적인 것이며 윤리적이어야 한다고 믿는 나는 매번 고민에 빠지곤 했는데, 이를 이해 필요한 여러 지식과 분야를 어떻게 종합해야 할지 알 수 없었다. 주어진 상황에서 의학과 윤리학이, 신학과 사회학이 말하고 좇는 정답이 다르고 어찌 보면 당연한 일이기도 하다. 어느 한쪽을 택할 수는 없고, 건강과 질병의 문제라고 의학의 방식을 따르는 것도 정답이 아니었다. 이미 '윤리'를 말한 순간 답은 여러 개가 주어진 것이다. 이러한 상황을 깊이 있게 파악하여 효과적으로 정리할 기술을 제공하는 것이 나에겐 문학이었다. 문학은 여러 상충하는 인물들의 성격과 목적, 경합하는 상황과 갈등을 마지막에 해소와 종결로 끌어내고자 한다. 물론 작품마다 그것이 명확한지 암묵적인지, 작품 안에서 끝나는지 바깥까지 연장되는지, 어떤 수준에서 종합되는지 등에 차이가 있으나 작품은 어떠한 해결을, 종막을 꿈꾼다. 나는 그것이 앞서 이야기한 치료적 의사결정의 상황을 포함하여 우리가 마주한 의료적 조건과 맥락 모두에서 필요하다고 본다. 우리는 건강과 의료의 문제를 놓고 충돌하는 견해들과 이론들을 모아, 환자를 포함한 모두가 받아들일 수 있는 결말로 나아가야한다. 그렇기에 우리에겐 문제와 상황과 사건과 인물을 알려주는 이야기도 필요하지만 문학적 기술도 요청된다.

이런 이해는 돌봄에도 같이 적용된다. 내가 소설, 영화에서, 또는 현실에서 마주할 수 있는 돌봄 '이야기'를 살피고 분석하는 것은, 그 작업이 좋은 돌봄으로 나아가기 위해 갖춰야 할 역량이라고 생각하기 때문이다. 그런 경합의 상황이 의료에서 더 극적으로 드러나긴 하지만, 돌봄의 상황도 매번 그렇지 않은가. 예컨대 아이를 낳고 기르며, 장애를 가진 이와 나이 든 이를 보살피고 그 필요를 채우는 일에는 다양한 생각과 견해, 관점과 노력, 접근이 끼어든다. 어느 하나만 맞다고 말할 수 없는 상황이 매번 벌어진다. 돌보는 이와 보살핌받는 이는 그 가운데에서 여러 이야기를 모아낼 수 있어야 한다. 그렇기에 문학이 필요하다.

나에게 의료 공간에서 나와 환자의 행동을 다시 이해하고 해석하는 눈을 준 것은 문학이었다. 물론 내가 문학을 읽는 방식이 문학자의 그것과 동일하지는 않을 것이다. 나는 의학과 돌봄의 눈으로 문학을 읽으니까. 이 작업을 어떤 이름으로 불러도 좋겠지만 (나는 '서사의학'이라고 부른다), 치료와 좋은 돌봄을 고민하는 일에 여러 작품을 호명하는 것은 바로 이런 이유에서다.

이제야 가끔은 이과에 온 것도 괜찮았다고 생각한다.

장애의 도전 앞에 서는 일

나는 직업상 장애를 자주 접하는 편이다. 소아치과를 전공했다 보니, 장애인 환자를 진료한 적도 많았다(소아의 치과 치료와 장애인의 치과 치료가 기본 접근에서 같다). 하지만 장애인 환자를 볼 때마다 참 어려웠는데, 어떻게 처신해야 할지 알 수 없었다. 치료야 잘하면 되지만, 그 앞에서 어떻게 반응해야 하나? 장애가 만든 조건으로 고통받는 이들에게 뭐라고 말할 것인가? 미안함을 느껴야 하는가, 아니면 당사자와 부모의 노력에 감탄해야 하는가? 그도 아니면, 장애의 경험에 어떤 가치를 부여해야 하는가?

생각이 여기에 닿을 때마다 장애의 가치에 대해 고민할 수밖에 없었다. 모든 사람은 빼앗길 수 없는 권리를 가지므로 장애인도 동등한 권리를 지닌 고귀한 존재라고 말하는 것과 장애 자체가 가치 있다고 말하는 것은 별개의 일이기 때문이다. 다른 사람이 어떻게 보는가와 별개로 장애는 개인에게 상당한, 엄청나기까지한 불편을 안긴다. 그 불편마저 긍정할 것이 아니라면 장애의 가치라는 것이 성립할 수는 있는 걸까?

그러나 그럴수록 장애가 지닌 가치를 말해야 한다는 쪽으로 생각이 기울었다. 그래야 장애를 교정(장애는 치료의 대상이다)이나 시혜(장애인은 '정상인'의 도움을 받아야 하는 존재다)의 시각 바깥에서 볼 수 있기 때문이다. 장애는 두 가지 가치를 지닌다. 첫째, 장애는 문제임에도 사회 다수가 문제인지 알지 못하던 지점을 드러낸다. 둘째, 장애는 공동체성을 잊어가는 사회에서 그 회복을 요청하고, 함께함을 실천하도록 이끈다. 굳이 이름 붙이자면 전자를 장애의 인식론적 가치로, 후자를 장애의 윤리적 가치로 부를 수 있을 것이다.

이런 점에서 장애는 (타인에게) 불편하다. 다수가 잊으려 하는 것을 공론장으로 소환하기 때문이다. 그렇기에 장애는 소중하다. 우리가 앞으로 나아가기 위해서 잊어선 안 되는 것들을 일깨우기 때문이다. 그 일깨움을 나는 발전으로 이해한다. 발전이 삶의 높아짐이라면 앎과 실천을 넓히는 것이야말로 발전이 아닌가.

차이, 혹은 질병

장애가 불편하다고 말하는 이유는 무엇일까? 진료하면서, 이후 의료윤리와 인문학을 공부하면서 내 마음속엔 짐 같은 것이 하나 있다. 나는 이를 '장애 대하기의 문제'라고 부른다. 장애학과 장애 운동의 여러 주장은 장애를 그 자체로 가치 있는 것으로 여기는데, 이는 장애를 치료할 필요가 없음을 함의한다. 하지만 나는 의료인으로서 신체 기능의 제한과 그로 인한 생활의 문제들을 해결할 수 있는 방식을 제안하고 실현하는 일을 해왔다. 두 주장은 충돌한다. 장애가 그 자체의 가치를 지닌다면 치료할 필요는 없다. 장애가 치료의 대상이라는 말은, 장애가 문제 상태이므로 해결해야 한다는 뜻이며 비장애 상태가 장애 상태보다 낫다는 것을 함의한다. 특히 장애의 의학적 개념과 사회적 개념(전자는 의학적 관점에서 장애를 정의하여 신체와 정신에 '있는' 기능 제한과 그에 대한 치료적 접근을, 후자는 그런 기능 제한의 발생이 사회와 환경의 구성 때문에 나타나므로 원래 있는 '장애'와 같은 것은 없음을 강조한다)을 배우고 가르치면서 머리는 더 복잡해졌다.

예컨대 신체에 나타나는 어떤 기능 제한으로서 유전되는 조건을 없앨 수 있는 유전자 치료 방법이 개발되었다고 생각해보자. 중세시대 여러 초상화에 잘 표현된 것으로 유명한 합스부르크 가문의 하악전돌증(우리가 흔히 주걱턱이라고 하는, 위턱에 비해 아래턱이 많이 성장하는 경우)의 사례를 예로 들어, 유전되는 아래턱의 심한 편측 성장(한쪽으로 치우쳐서 자라는 것)을 유전자 치료로 치료할 수 있게 되었다고 상상해보자. 이때 치료법이 있는 것은 선택지가 늘어난다는 점에서 일단 좋다고 생각할 수도 있다.

하지만 이런 치료법이 있다면 해당 조건을(또는 '장애'를) 가진

베른하르트 스트리겔, 〈막시밀리안 황제와 가족의 초상〉

아래쪽 가운데에 그려진 인물이 "합스부르크 턱"으로 유명한 카를 5세. 어릴 때부터 이미 뽀족하고 한쪽으로 치우쳐 있는 아래턱이 그의 인상에서 특징적으로 나타나고 있음을 확인할 수 있다.

이는 반드시 치료를 받아야 할까? 치료를 받는 것은 개인의 선택이지 꼭 의무처럼 생각할 필요가 있겠냐고 물을 수 있다. 그러나 이런 치료법이 있는 편이 '좋다'고 생각하기만 해도, 치료를 받아야 한다는 생각에 어느 정도 동의한 셈이다. 예컨대 기후위기를 예방할 수 있다면 후속 세대에게 부정적 영향을 줄 것을 고려해 그 전 세대는 이를 위해 노력해야 한다. 비록 그 노력이 실패할 수는 있을지언정, 노력도 기울이지 않는 것은 정당화되기 어렵다. 유전질환도 마찬가지의 관점으로 본다면 이런 질환을 가진 이는 치료를 받아야 할 의무가 있다는 주장이 성립되게 된다.

그러나 왜 '굳이' 그래야 하는가. 애초에 한쪽 턱이 길어진 것이 문제이며 이를 추하다고 여기는 미적 기준이 존재하는 사회가 잘못된 것 아닌가? 이런 조건을 가진 누군가는 아무런 불편함도 불만도 없이 잘 살고 있다고 주장할 수 있다. 오히려 그 신체적 특징이 나의 정체성에서 중요한 부분을 차지하며, 그런 특징을 타고나서 좋다고 말할 수도 있다. 나에게 좋은 것이니 당연히 나의 후세대에게도 좋을 것이며, 나와 가족을 이루어 함께 살 자녀가 이런 조건을 타고나는 것도 환영한다. 그에게는 치료를 받아야 할 당위가 어디에도 없을 것이다.

이 두 견해 중 한쪽만 긍정할 수가 없다는 것이 내가 처한 어려움이다. 전자를 옹호하자니 장애인의 삶을 무시하는 셈이 된다. 후자를 옹호하자니 의료인으로서 나의 전문성과 고유성을 부정해야 하는 상황에 놓인다. 물론 우리 사회는 오랫동안, 그리고 여전히 전자에만 초점을 뒀다. 한국만의 특징은 아니지만 한국 사회에서 강하게 드러나는 경향이다. 의학적 관점에서 볼 때, 그것은 전쟁의 상흔을 미국을 통해 들여온 재건 수술을 통해 극복한 탓이기도 하고, 사회적 관점에서 볼 때 '한강의 기적', 그 전의 모든 것을 뒤엎고 다 새로이 재건한 결과물이기도 하다. 나는 이것을 우리의 '재건주의'라고 부른 바 있으며,[58] 그것은 우리 사회가 망가지고 상한 것은 다 지우고 치운 다음 새로 만드는 것이 더 좋다고 믿는 경향을 가리킨다. 장애에 대해서도 덮어놓고 고쳐야 한다는 주장이 더 큰 이유다. 그런 한국 사회에서는 장애의 가치를 긍정하며 장애는 그저 환경적으로 구성된 것일 뿐 그 실체는 없다는 목소리에 힘을 실어야 한다는 사실을 나는 반복적으로 깨닫는다.

하지만 그것만이 답일까. 이런 고민은 결국 우리가 서로 떨어져 있기 때문에 발생하는 것이라고 생각한다. 장애를 대할 때 의료인 중심으로만, 또는 장애인 중심으로만 보아야 하기 때문에 어느 쪽이 맞는지를 따져야 한다고. 여기에서 벗어나, 두 관점을 동시에 취하거나 서로 보완·보충할 수 있는 방법은 없는가.

장애, 연립聯立하는 영웅이 되다

김초엽과 김원영이 함께 쓴 《사이보그가 되다》는 장애와 기술의 만남을 장애 당사자의 관점에서 살핀다.[59] 그 접점이 인간과 기술이 뒤섞인 사이보그이기에 둘은 자신을 사이보그로 여기며, 자신이 접한 기술을, 그 기술의 변화를 통한 인간의 변화를 살펴보고자 한다. 그 여정 중간에서, 김원영은 청테이프의 역할을 곰곰 생각해본다.

청테이프의 조상인 덕트 테이프는 제2차 세계대전 중 베스타 스타우트라는 여성이 손쉽게 틈을 막아 안에 물이 들어가지 않게 하려는 용도로 개발한 물건이다. 하지만 쓰기 쉽고(섬유를 따라 뜯으면 쉽게 찢어진다) 어디에나 잘 붙으며(방수까지 된다) 튼튼한(처음에는 고무와 실, 이후 폴리프로필렌과 나일론 섬유로 만들어진 이 테이프는 상당한 내구성을 자랑한다) 이 테이프는 활용 범위가 대단히 넓다.

덕트 테이프는 우주선을 임시 수리하는 데 사용되며, 아폴로 13호와 17호도 덕트 테이프 덕에 임무를 무사히 마쳤다(이 덕인지 드라마 〈시지프스〉도 주인공이 덕트 테이프로 비행기에 난 구멍을 막아 승객들을 구하는 장면으로 시작한다). 전쟁에서도 헬리콥터 등을 긴급 수리하는 데 사용되었고, 치료 물자가 없을 때 붕대 대용으로 쓰이기도 했다. 영화 〈마션〉에서 식물학자 마크 와트니(맷 데이먼 분)의 화성 생활을 지탱하는 것도 덕트 테이프다.

우리는 덕트 테이프의 친척 격인 청테이프를 일상에서 자주 활용한다. 붙이고 막고 잇는 데 청테이프만큼 용이한 물건이 또 있을까. 물론 청테이프가 완벽하진 않다. 하지만 우리 일상도 완벽을 요하진 않는다. 김원영은 이 청테이프의 역할에 장애인의 삶을 비긴다. 이름하여 '장애의 청테이프 존재론'이다.

그는 친구에게 다른 친구가 차를 양도한 경험을 사례로 든다. 현재 학업 중인, 휠체어를 이용하고 청각장애와 여러 만성질환이 있는 한 친구가 차를 필요로 하자, 건축사이자 청각장애가 있는 다른 친구가 그에게 타던 차를 저렴하게 넘기려 한다. 이 양도 과정에 여러 사람이 개입한다. 일단 김원영은 인수자의 친구이자 휠체어 사용자로서, 그가 오토박스(차량에 휠체어를 자동으로 싣는 장치)가 필요하다는 것을 알고 돕는다. 그들은 함께 소아마비를 지닌 정비사를 만나는데, 정비사는 본인의 상황 때문에 오토박스나 지체장애인용 차에 관해 빠삭하다. 차를 정비사에게 가져온 것은 인계자의 아버지다. 그는 자녀가 건축사 시험을 보는 과정을 뒷바라지하면서, 그 삶을 이해하는 사람이다.

이들은 각자 역할을 맡아 기술을 중계한다. 이들 중 한 명이라도 없으면 자동차의 양도 과정이 수월하기는 어려웠을 것이다. 그리고 김원영은 이들의 모습에서 청테이프를 떠올린다. 그 자신이 완벽하진 않으나 어디에나 붙어 서로 연결하는 존재. 이들은 장애를 극복하지 않았으나(그러므로 휴머니즘의 영웅은 아니다) 그럼에도 김원영은 이들을 영웅이라고 부른다. "연결을 지탱하고 견딘다는 점"이 그들을 새로운 차원으로 이끌기 때문이다.

현대 사회는 자존·자립하는 이를 이상적인 인간형으로 그린다. 부모에게서 독립하여 자신의 삶을 스스로 개척하는 존재가 진정한 성인이라 말하고 스티브 잡스가 이룬 혁신의 원천을 그의 개별성에서 찾는다. 홀로 모든 일을 해내야 한다고 여기며, 그것이 우리에게 근대적 영웅의 역할을 부여한다.

장애는 (김원영의 표현을 빌려) 청테이프적 영웅을 그에 맞세운다. 이들은 자립해 있을 때보다 서로 연결되었을 때 많은 일을 할 수 있다. 그 연결을 견딤으로써, 그들은 공동체가 무엇이어야 하는지 보여준다. 우리가 점차 잃어버리고 있는 연결과 연합을 우리에게 당위로 제시하기에, 그 연결은 윤리적이다. 자립하는 영웅이라는 20세기의 이상이 가져왔던 많은 고통과 슬픔을, 연립하는 영웅이 치료할 수 있을 것이기 때문이다.

돌봄의 청테이프 기능론

이런 청테이프의 비유에서 나는 돌봄을 생각한다. 김원영이 그렸던 장애인들 사이 상호 보완 또는 연결은 그 자체로 서로에 대한 돌봄이며, 서로 연결되어 각자가 자신의 역할과 필요를 부각할 수 있을 때만 돌봄이 가능함을 잘 보여준다. 돌봄은 연결하여 붙이는 방식으로 기능하며, 서로 연결된 이들은 자신의 구체성을 드러낸다. '장애의 청테이프 존재론'이었으니, 이를 '돌봄의 청테이프 기능론'이라고 이름 붙여본다. 여기에서 중요한 것은 연결 그 자체이자, 연결된 각자의 고유성이다. 각자 할 수 있는 일이, 필요가 다르지 않다면 연결되는 것이 크게 득을 줄 것이 없을지도 모르겠다.

우리 각자가 다른 역할과 기능, 요구와 필요를 가졌다는 사실이 연결으로서의 돌봄에 의미를 부여한다. 이런 관점은 유기체적 접근과 정면으로 부딪치는데, 개별자가 연결되는 것과 달리 유기체적 접근은 전체의 조망에서 각자에게 역할과 기능을 부여한다. 둘이 크게 다르냐고 생각할지도 모르겠다. 결국 함께 무언가를 이룬다는 점에서 동일한 것 아니냐는 것이다.

하지만 돌봄으로 만들어진 연결은 그때에만 존재한다. 다른 이들이 연결된다면, 그 돌봄은 질적으로 완전히 다른 것이 된다. 개별적인 돌봄은 모두 다르며, 따라서 돌봄의 구체성이 강조된다. 그러나 집단의 관점에서 본다면 돌봄은 모두 같은 것, 누군가는 돌보는 이, 누군가는 보살핌받는 이의 역할을 충실히 수행하는 것이다. 여기에서 돌봄은 보편적이며 추상적인 것이다. 그리고 오랫동안 우리는 돌봄을 후자로 이해해왔다. 그 이해가, 나로 하여금 장애 앞에서 어쩔 줄 모르게 만들어왔다. 돌봄이 추상적이기에 장애를 치료해야 하는지, 아니면 있는 그대로 받아들여야 하는지 고민한 것이다.

나는 이제 둘 다라고 말한다. 나는 각각의 장애를 가치 있는 것으로 여길 것이다. 한편으로 나는 요청 앞에서 치료하는 손길을 더할 것이다. 돌봄의 구체성에서, 이 둘은 모두 수용하고 양립할 수 있는 생각이 된다.

망가진 것들의 애도,
새로운 것들의 피어남[60]

　앞서 언급한 장애의 불편함에 관한 이야기를 더 파고 들어가
보자. 나는 짧은 시간이나마 치과대학 학생들에게 질환과 장애를
가르친다. 짧은 시간인 이유는 본격적으로 해당 주제를 다룰 만큼
의 강의 시수를 대학에서 허락받지 못하기 때문이다. 물론 학생들
은 질병을 치료하고 장애를 가진 환자를 대하는 의학적 방법을 배
우게 될 것이다. 그러나 그들은 생물학적 질병이 개인에게 미치는
경험인 질환을, 신체적·정신적 손상이 사회적 조건과 맞물려 개
인에게 강제하는 장애의 우환을 배우지 못한다. 그래서 나는 학생
들이 질환과 장애라는 단어에라도 익숙해지길 바라는 마음으로
한순간도 쉬지 않고 강의를 이어간다.

　그런데 학생을 가르치는 나는 질환과 장애에 관해 제대로 알
고 있는가? 아픔의 경험, 질환은 여러 경우를 통해 감내해왔고 지

금도 견디고 있으므로 어느 정도는 말할 수 있다. 그러나 장애에 관해 내가 이야기해도 괜찮은가? 나에게 그럴 자격이 있는가?

솔직하게 내겐 자격이 없다. 나는 장애 경험을 오롯이 이해할 수 없다. 나는 장애로 인하여 발생하는 문제와 배제, 멸시와 모멸, 무시와 한계를 경험한 적이 없다. 나는 언제나 장애를 의학적 응시로 바라보았을 뿐, 그것이 나의 삶의 조건이 되리라고 진심으로 믿은 적도 없다.

그럼에도 장애를 돌본다는 것에 관한 생각은 내 머릿속에 깊이 새겨져 있다. 수련의로 장애인 환자를 처음 만났을 때, 전문의가 된 후 여러 번 장애를 가진 아이의 치과 치료를 맡아야 했을 때, 그들의 부모를 상담하고 내가 할 수 있는 것들의 한계와 부족함을 인정해야 했을 때, 연구자이자 교사로서 장애학의 질문들에 부딪칠 때 내가 내릴 수 있는 최선의 답이 돌보는 이로서 나의 정체성이기 때문일 것이다.

그 마음은 언제나 불편하다. 마치 일라이 클레어의 《눈부시게 불완전한》을 읽을 때처럼.[61] 이 책은 곧 그 불편함의 정체다.

장애는 나쁜 것인가?

일라이 클레어는 뇌성마비를 가졌으며 자신을 젠더퀴어(생물학적 성별과 젠더 정체성이 일치하지 않으며, 젠더 정체성을 남녀가 아닌 다른 상태로 정의하는 상태)로 정체화하는 작가, 활동가다. 그는 1999년에 쓴 《망명과 자긍심》(2020년 전혜은과 제이의 번역으로 국내에 출간되었다)으로 이름을 알렸다. 《망명과 자긍심》은 '교차하는 퀴어 장애 정치학'이라는 부제가 말해주듯 성소수자 인권 문제와 장애 인권 문제가 서로에게 영향을 미치는 상황을 어떻게 다룰 것인지를 다룬 글로, 많은 사람을 끌어들였다.

그다음으로 소개된 그의 책이 《눈부시게 불완전한》이다. 이 책은 우리가 당연히 선하고 좋은 일이라 가정하는 '치유'라는 개념을 문제 삼는다. 그 작업은 이 책의 해제를 쓴 김은정의 《치유라는 이름의 폭력》을 통해서도 다루어진 바 있으나, 아직 사람들에게 널리 알려진 관점은 아니다. 대신 '질병이나 장애는 그 당사자에게도 괴로운 것이므로 치유는 당연히 좋은 것'이라는 관점이 지배적이다. 의사로서 처음 사회적 정체성을 형성한 나 또한 치유는 좋은 것이라는 생각을 지우기 어렵다.

나는 이 책의 개념들을 쉽게 설명하기 위해 도식적으로 나누려 하는데, 아마 클레어 본인은 이런 설명을 잘못되었다고, 얽혀 있는 것을 그렇게 나누면 안 된다고 말할 것 같다. 그러나 다소 무리한 접근이라도 시도할 필요가 있다고 생각한다.

이 논의의 출발점에 있는 장애부터 살펴보자. 장애는 나쁜 것인가? 그렇지 않지만, 한편으론 그렇기도 하다. 흔히 우리가 상정하는 장애의 나쁨은 장애가 만들어내는 차이가 나쁜 것이라고 상정하는 데서 나온다. 그러나 농인의 듣지 못함은 청인의 들을 수 있음에 비해 나쁜 것인가. 척추 손상으로 인한 걷지 못함은 걸을 수 있음에 비해 나쁜 것인가. 그렇지 않다. 인간은 생활을 영위하고 활동하기 위해 자신의 특성에 맞는 다양한 방법을 취한다. 너무 사소한 예일지 모르나 나는 키가 작고(160센티미터를 겨우 넘는다) 민첩함과는 거리가 먼 데다, 땀을 많이 흘리고 체력이 쉽게 고갈되는 탓에 구기 종목을 제대로 해본 적이 없다. 최근에는 피부 문제로 햇빛 아래 오래 있을 수도 없다. 그로 인해 나는 비슷한 지위의 비장애인 남성이 그들의 사회생활을 위해 택하는 일반적인 교류의 방식을 취할 수 없으므로, 어떤 장애 상태에 있다고 말해도 틀리지 않는다(어릴 때는 축구와 농구, 40대인 지금은 골프를 왜 하지 않냐는 이야기를 자주 듣는다). 그로 인하여 놓친 것도, 잃은 것도 상당히 많다. 그러나 그것이 나의 나쁨은 아니다. 나는 어떤 잘못도 하지 않았고, 어떤 문제도 없다. 그저 다른 삶을 살 뿐.

한편 장애는 나쁘기도 하다. 내 말보다는 일라이 클레어의 말을 빌리는 편이 낫겠다. "그건 사실입니다. 우리는 우리의 몸이 잘못되었고 망가졌다는 전제에 저항해야 하죠. 하지만 나와 함께 사는, 사람 미치게 하는 이 망할 놈의 만성통증은 건강의 변주도, 자연스러운 신체적 차이도 아니에요."[62] 그의 집중력을 깨뜨리고, 어떤 활동도 못 하게 만드는 극심한 만성통증은 나쁘다. "저는 제 몸과 전쟁을 하고 있는 게 아니었어요. 그렇다고 해서 암세포들이 자기 뜻대로 하도록 내버려 두지도 않았죠."[63] 자신을 끝없이 불려나가며 시시각각 몸을 위협하는 암세포는 나쁘다. "휠체어는 포기할 수 없는 내 몸의 일부야. 하지만 감기에 걸릴 때마다 나를 죽일 수도 있는 이 폐 두 짝은 할 수만 있다면 당장이라도 어디서 바꿔 오고 싶어."[64] 이렇게 말한 사람의 폐는 분명 나쁜 상태다.

따라서 무디게나마 이렇게 구분할 수 있을 것이다. 타인과의 차이를 만드는 장애는 나쁜 것이 아니다. 그것은 다른 삶에 관한 이정표로, 새로운 경험의 통로로 "눈부시게" 다가올 수 있다. 그러나 그가 삶을 살아낼 수 없도록 만드는 장애는 나쁜 것이다. 문제는 장애는 하나이며, 이렇게 나누어서 생각할 수 있는 경우가 별로 없다는 것이다.

치유는 어떻게 돌봄이 될 수 있는가

치유에 대해서도 같은 구분을 적용해보자. "인간의 모양과 형태, 크기, 기능의 다양성을 축소하고 인간을 정상화하는 도구"로서 치유,[65] 그것은 나쁜 것이다. 그것은 의학이라는 지식/권력을 통해 삶을 특정한 형태로 고정하고, 그에 맞지 않는 형태는 억압하거나 도려낸다. 그것이 "자연스럽고 정상적인 것의 그림자에 불과한 희망"을 키워내는 역할을 할 때,[66] 치유는 폭력이자 비난받아야 마땅한 나쁜 것이 된다. "생명을 살리고, 생명을 조작하고, 어떤 생명을 다른 생명보다 우위에 두고, 수익을 창출하는" 치유는 악의 한 형태다.[67] 이미 치유라는 이름으로 자행된 수많은 악행이 있다. 우생학 또한 치유의 다른 이름이 아니었던가.

많은 경우 치유는 불가해한 희망과 연결되어 있으며 비장애 중심주의를 통해 작동한다는 진단 역시 옳다. 따라서 '장애가 나쁘지 않다고 말하는데, 왜 우리를 고치려 하는가?'라는 질문은 언제나 타당하다.

그러나 그것만이 치유는 아니다. 우리 몸과 마음은 취약하며 삶은 우리가 꿈꾸는 것처럼 안온하지 않다. 우리는 언제나 위험 속을 살아가며 삶을 지키기 위해 몸부림친다. 생은 삶이 할퀴고 찢은 흔적들을 치유하며 어떻게든 버티는 것 아닌가. 그렇다면 치유 없는 삶은 없으며, 치유는 생에 없어서는 안 되는 실천이다.

따라서 필수적인 치유와 나쁜 치유를 구분해야 한다. 나쁜 치유는 특정한 상태를 "원래", "자연", "이상"으로 상정할 때 이루어진다. 우리는 치유를 원래 상태로 돌아가는 것이라고 가정하곤 한다. 상처, 외상, 감염이 치유된다는 것은 그것이 생기기 전의 상태로 돌아가는 것이라고. 그러나 치유 과정은 그렇게 이루어지지 않는다. 피부가 아무는 과정은 새로운 세포들이 자라 상처 부위를 채우는 것이다. 미생물이나 바이러스에 의한 감염과 싸우는 과정에서 많은 면역 세포들은 죽고, 자신의 흔적을 남겨 이후 다시 같은 적을 상대할 준비를 한다. 치유 전과 치유 후에 우리 몸은 다르다. 겉모습이 같아 보일 뿐이다. 문제는 겉모습의 유사성을 동일성으로 가정한 다음, 치유가 마치 어떤 순수함으로의 회귀라고, 이전의 깨끗한 상태로 돌아가는 것이라고 여기는 태도다. 이때 장애를 '치유'하는 것은 장애 없는 어떤 '깨끗함'을 가정하여 그것을 말소하는 방식으로 작동하게 된다.

그런 '치유'를 당사자가 원한다면 그나마 낫지만, 당사자가 거부할 때도 돕겠다며 치유를 말할 때 치유는 어그러진다. 더구나 우리에겐 아직 해결할 수 없는 수많은 질병과 장애가 있다. 그런 상황에서 억지로 치유를 말할 때, 치유는 도움이 아닌 삶을 억압하는 기제가 된다.

치유는 그런 것이 아니다. 이미 없어져버린 원래 상태로 돌아가는 것이 아니라, 망가진 것들을 애도하고 새로운 것들이 피어날 수 있도록 돕는 것이 치유여야 한다. 클레어가 생태계의 손상을 보면서 말하는 것처럼. "그러나 훼손은 비가역적인 것이다. 어떤 생태계는 무엇으로도 대체할 수가 없다. 회복하는 데 몇 세기가 필요한지 알 수 없고, 어쩌면 벌어진 상처에 반창고를 붙이는 일에 불과할지도 모른다."[68] 치유에 대한 환상을 버릴 때, 치유는 삶의 필수적인 것으로서 다시 다가온다.

이를 통해 나는 불편함을, 내 안에 남은 재건의 환상을 넘어선다. 우리는 의학적인 접근으로 장애를 도울 방법을 찾을 수 있다. 그러나 이 '의학'은 치료를 꼭 받아야 한다고 주장하거나 장애의 소멸을 꿈꾸지 않는다. 지금 우리에게 필요한 의학은 당사자의 목소리에 귀를 기울이는 것이며, 다른 방식으로 짜인 새로운 세계로 옮겨가는 의학이다. 의학은 설계 도면을 그려 환자의 몸에 새로운 건물을 세우는 일이 아니라, 지어진 건물을 보수하는 일이 되어야 한다. 얼핏 상충하는 것처럼 보이는 이 두 접근은 사실 하나다. 의학은 새로운 세계를 직조하지만, 이전 것을 말소하고 완전히 새로운 것을 만들어내거나 지금 있는 것을 부정하는 방식으로 작동하지 않는다. 오로지 그전에 있던 것을 보수할 뿐이다. 오래된 건물을 모두 폭파하여 밀어버리고 새로운 건물을 짓는 것이 아니라, 옛 건물을 개축하여 지금의 상황에 맞추는 것처럼. 당연한 이야기처럼 들릴지 모르나 의학을 생각하는 다수가 앞의 환상을 떠올린다. 그렇기에 의학은, 치유는 장애의 적이 된다. 그러나 의학과 치유가 장애의 반대항일 이유가 없다. 의학이, 치유가 돌봄임을 다시 떠올릴 때 나는 쉽게 치유의 문제를 '치유'할 수 있다고 생각한다. 우리는 이전에 있던 것을 돌보며 우리가 다시 거주할 수 있는 환경으로 보듬어나갈 뿐이다. 돌봄으로서의 치유는 장애 앞에서 불가해한 희망이나 비장애중심주의를 떠올리지 않는다. 그저 손상된 몸들을 돌보고 보듬기 위해 노력하는 것이다.

유전자 조작이나 여러 인체-컴퓨터 인터페이스 기술은 마치 우리가 새로운 신체를 만들어낼 수 있을 것처럼 호도한다. 그러나 그것 또한 황무지에, 어떤 완전한 폐허에 새로운 것을 짓는 일은 아니다. 의학과 치료는 애초에 보수하고 돕는 일이지, "객관적인" 좋음의 기준을 상대방에게 강요하는 일이 아니다. 그렇다면 우리가 장애에 대해 접근하고 말하는 방식 또한 바뀌어야 한다.

돌보기 위해
거짓말을 해야 한다면[69]

미국 오하이오 샤그린 밸리Chagrin Valley에 위치한 치매 전문 요양 시설 랜턴The Lantern은 오래된 미국 근교 풍경을 연상시킨다.[70] 시설에는 버스 정류장이 있는데, 신기하게도 시설에서 생활하는 가족을 만나러 온 방문객을 위한 것이 아니다. 이 버스 정류장은 시설에서 지내는 치매 환자를 위한 것이다. 환자가 자신이 집이 아닌 시설에서 지낸다는 것을 불현듯 깨닫고 집에 가고 싶다고 호소하면, 보조인은 환자를 버스 정류장에 데리고 간다. 사뮈엘 베케트의 《고도를 기다리며》에 나오는 장면처럼 아무리 기다려도 버스는 오지 않는다. 괜찮다. 시간이 조금 지나면 환자는 자신이 무엇을 기다렸는지 잊어버릴 테니까. 그때 보조인은 환자를 다시 찾아가 방으로 들어오라고 말한다.

시설에서는 가장假裝 존재 요법Simulated Presence Therapy이라는

치료법도 활용한다. 먼저 환자 가족이나 친구가 환자와 전화를 하는 것처럼 대본을 읊고 이를 녹음한다. 대본은 환자와 나눈 소중한 기억, 일화, 관심이 있는 주제 등으로 구성하고, 대사는 질문형으로 끝나 환자가 응답하도록 유도한다. 대사 하나가 재생된 다음에는 환자가 대답할 수 있도록 휴지 기간을 설정한다. 전화기처럼 생긴 장치 앞에 환자가 앉으면 녹음테이프가 재생되고 환자는 자신이 어떤 대화를 나누고 있는지 금방 잊어버리기 때문에 몇 시간이고 반복해서 전화 건너편에서 들려오는 목소리와 통화를 나눈다.

여전히 요양시설에서 환자를 결박하는 문제가 발생하는 우리나라에선 먼 나라 이야기인지도 모르겠다.[71] 그러나 2014년 전남 장성 요양병원 화재 참사에서 환자 두 명이 침대에 묶여 사망한 이후 신체를 구속하는 것에 꾸준히 문제 제기가 이루어지고 있으니 그 이후를 고민해야 한다. 미국 또한 과거 요양시설에서 환자를 결박하여 신체 손상을 막다가, 1987년 연방법에서 이를 제한하자 대신 향정신성 약물 사용 빈도를 늘렸다. 안정 약물에 취한 환자의 증세가 급속도로 악화하는 모습은 이 시기에 환자와 가족이 감내해야 했던 아픔이다.[72] 이 불편하고도 가혹한 광경에 대한 해결책으로 등장한 것이 앞서 설명한 인지·정서적 개입cognitive/emotion-oriented interventions이다.[73] 매일 밤 비명을 질러대어 진정제를 상시 투약받던 환자가 가장 존재 요법 도입 이후 약을 처방받지 않아도 평안한 밤을 보낸다는 보고도 있다고 하니 실제적·실천적 관심이 생기는 것은 어쩔 수 없다.

치매 환자에게 도움이 된다면 이 치료법을 도입하는 것에는 아무 문제도 없어 보인다. 환자 구속이나 약물 사용에 따르는 부작용이 이 방식에는 존재하지 않는다. 환자가 문제를 제기하지 않는다면 버스가 오지 않는 버스 정류장에 데려가거나 통화를 가장한 녹음테이프를 틀어주는 것이 무슨 문제가 되겠는가. 이런 지지적supportive 접근법(환자가 지닌 현실 인식을 부정하지 않거나 심지어 긍정하는 방식)이 사용된 역사는 길지 않다. 20세기 중엽 미국 재향군인병원에서 일하던 간호사 루실 타울비와 정신건강의학과 의사 제임스 폴솜은 치매 환자들을 위해 현실감각훈련Reality Orientation이라는 프로그램을 개발했다. 그들은 치매 환자가 반복적으로 현실을 깨우치면 환자가 인지 능력을 회복하거나 조금이라도 나아질 것이라고 믿어 환자들을 아침마다 모아 교육했다. 날짜, 시간, 식사, 시설 이름, 위치 등을 하나하나 알려주고, 본인 이름, 나이, 현재 상황을 다시 일깨워주었다. 흔히 과거로 돌아간 것처럼 보이는 치매 환자가 정신을 다시 일깨우도록 인도하는 이 방법은 타울비와 폴솜이 제시한 성공 사례와 함께 보급되었으며, 서구 치매 요양시설 대다수가 이 프로그램을 일과에 포함시켰다.

하지만 현실감각훈련이 장기 요양 환자에게 아무런 효과가 없거나 심지어 환자가 느끼는 고통을 증가시킨다는 보고가 이어졌다. 이런 방침을 거부한 사회복지사 나오미 페일은 1982년 정당화치료validation therapy를 개발했다. 환자가 느끼는 감정이 비이성적이라고 여겨져도 그 감정을 인정하고 환자에게 정당성을 부여하는 것을 골자로 하는 이 접근법은 치료자가 거짓말을 하는 것도 적절하지 않지만, 그렇다고 환자의 말을 고치려드는 것도 옳지 않다고 보았다.[74] 더 중요한 것은 환자가 느낀 감정이며 그것이 드러내는 인간성이다. 알츠하이머병 환자가 그 원인을 잊어버렸음에도 불구하고 감정은 계속 남아 있다는 사실을 보인 2014년 연구를 참조할 때 페일이 주장한 접근법은 타당성을 지닌다.[75]

하지만 이런 연구 결과가 아직 나오지 않았던 1980년대에도 정당화치료는 지지를 받았고, 현실감각훈련을 약화시킨 정당화치료가 점차 치매 요양시설 운영을 주도하게 되었다. 그러나 진실을 부정하는 듯한 인상을 주는 정당화치료는 치료 과정에서 진실을 말할 것을 강조하는 이들에게 반발을 사기 시작했다. 한편 1990년대 영국의 페니 가너는 더 급진적인 접근법을 주장했다. 그는 환자가 지닌 인식이 현실과 동떨어져 있더라도 환자의 말에 맞춰줘야 한다고 보았다. 가너는 치매에 걸린 어머니를 간병하며 이런 생각을 갖게 되었다. 가너의 어머니는 실수나 오류를 지적받으면 무척 힘들어했다. 가너가 발견한 어머니를 행복하게 만들 방법은 어머니가 바라보는 현실을 인정하고 그에 맞추는 것이었다. 젊은 시절 여행을 많이 다닌 어머니는 병원에서 순서를 기다리는 일을 공항에서 비행기를 기다리는 일과 혼동하곤 했고, 가너는 눈앞의 현실 대신 어머니와 함께 다른 세상에 빠져들었다.

어머니가 돌아가신 후 가녀는 어머니를 돌본 경험에서 배운 것을 활용하기로 했다. 그는 의료인이 아니었기에, 요양시설에서 자원봉사를 하는 것부터 시작했다. 그는 환자를 돌본 경험을 쌓아가며 접근법을 다듬어 이를 스페칼SPECAL 방법이라는 이름으로 제시했다.* 이 방법은 세 가지 원칙에 기초한다. 첫째, 환자에게 직접 질문하지 말라. 둘째, 치매 환자의 말을 듣고 그들에게 배우라. 셋째, 결코 환자의 말을 거스르는 것을 말하지 말라.[76] 환자를 자신의 세계 안에 온전히 놓아두기 위해 치료자, 간병인, 가족은 적극적으로 환자가 경험하고 있는 세계를 배워야 한다. 예컨대 환자가 최근에 사망한 아들을 찾는다면, 환자에게 "아드님은 얼마 전에 돌아가셨어요"라고 말해 환자를 좌절에 빠뜨려선 안 된다. 그 사실을 잊어버렸다가 다시 떠올릴 때마다 좌절을 반복할 것이기 때문이다. 대신 환자가 얼마나 과거로 돌아갔는지 주의 깊게 살펴야 한다. 만약 환자가 아들이 대학교를 다니던 시절로 돌아갔다면 "아드님은 시험 기간이잖아요"라고, 아들이 회사 다니던 시절을 떠올리고 있다면 "아드님은 회사에 중요한 일이 있대요"라고 말하는 것이다. 아들이 초등학교 다니던 때로 돌아간 환자에게 "아드님은 손자 돌보느라 바쁘대요"라고 말하는 것은 실수다. 치료자는 마치 즉흥연기를 하는 배우처럼 환자를 대한다.

* '알츠하이머병을 위해 특화된 조기 돌봄Specialized Early Care for Alzheimer's'의 약자이다.

환자에게 거짓말을 한다는 것

이 접근법에 대해 영국에서 장기 연구가 진행되고 있다고 하니 그 성과는 더 지켜볼 일이나, 가너가 주장한 접근법이 지닌 함의는 살펴봐야 한다. 환자에게 거짓말을 (그가 거짓말을 들었다는 사실조차 잊는 치매 환자라 해도) 하는 것은 괜찮은가? 의료윤리는 의사-환자 관계에서 의료인이 정직할 것을 요구한다. 그것은 환자의 최선이나 정의의 이름으로, 때로는 의료인의 온전성integrity이나 진실에 대한 요청으로서 제기된다. 정직이 어떤 당위로 제안되든 간에, 다음 질문은 의료인을 괴롭힐 수밖에 없다. "환자가 고통받지 않도록 배려하기 위해 거짓말을 해도 될까?"[77] 만약 다른 정당한 이유가 있다면 환자의 자율성을 존중하기 위해 정직하라는 명령을 고수할 필요가 없으니 거짓말을 해도 문제가 되지 않으리라고 생각한다면, 한 발짝만 더 디뎌보길 권한다.

환자에게 진실해야 하는 이유는 환자를 존엄한 인격체로 존중하기 위함이다. 한 인격체가 자신과 관련된 사실을 바르게 파악해야만 올바른 판단을 내릴 수 있다고 가정한다면, 환자는 진실을 들을 권리가 있다. 이때 진실을 말할 필요가 없다고 생각한다면, 이유는 두 가지일 것이다. 하나, 환자가 스스로 판단을 내릴 수 있는 능력을 상실했기 때문에 그에게 진실을 말하는 것은 의미가 없다. 둘, 환자가 진실을 듣기 원하지 않는다(즉 환자가 '알지 않을 권리'를 행사한다).

치매 환자는 정상적인 판단 능력을 상실했기 때문에 그에게 진실을 말할 필요가 없다는 주장은 일견 옳지만 위험하다. 예컨대 우리 사회는 청소년을 자율적 판단을 내릴 수 있는 주체로 인정하지 않는다. 그렇다면 청소년은 정상적인 판단 능력이 부족하므로 그에게 진실을 말할 필요가 없을까? 중병에 걸려 심신이 취약하고 허약해진 환자 역시 정상적인 판단 능력을 상실했다고 보아 그에게 진실을 말할 필요가 없을까? 물론 여기에 작위와 부작위act and omission를 구분하는 것이나 인지 능력에 대한 선 긋기 등을 해결책으로 제시할 수도 있다. 하지만 그것은 환자의 자율성을 무시한 일방적인 결정이라는 점에서 여전히 위협적이다.

그다음은 환자가 진실을 듣기 원하지 않는다고 판단할 경우다. 물론 사전 연명의료 의향서*와 비슷하게, 환자가 병에 걸리기 전에 미리 "나는 내 질환에 관한 진실을 알기 원하지 않으며, 내 감정을 위해 타인이 거짓말하는 것을 허락한다"라는 문서를 남겨

---

* 사전 연명의료 의향서란 사전에 연명의료 중단 결정(예를 들어 인공호흡장치 제거)과 호스피스 치료에 관한 의사를 밝힌 문서를 등록된 기관에 보관하는 것을 말한다. 법철학자 로널드 드워킨은 사전 연명의료 의향서를 치매에도 적용할 수 있으며, 환자가 행복한 삶을 살고 있으며 이전에 내린 결정을 잊었다 해도 만약 환자가 연명의료 중단 결정이나 의사조력자살에 관해 사전에 명기했다면 이에 따라야 한다고 주장한다. 그러나 몇몇 학자는 드워킨의 주장에 반론을 제기했으며, 특히 이후에 자신이 따를 의사결정을 미리 결정해놓는 선행 자율성precedent autonomy은 주체가 어떤 사건 전후에 동일하다는 가정을 요구한다는 점을 지적한다. 치매 환자와 과거의 그가 같은 인격이라고 보기 어렵기 때문에 선행 자율성이 적용될 수 없다는 것이다.

두었을 가능성도 있다. 이런 극히 드문 경우를 제외하면, 환자가 진실을 듣기 원하지 않는다는 것은 의료진이 내보이는 후견주의(타인의 이득을 위해 대신 결정을 내리는 것)에서 비롯한 간섭일 가능성이 크다. 더구나 인지 능력을 상실하고 있거나 이미 상실한 치매 환자가 진실을 듣길 원한다고, 또는 원치 않는다고 말할 때 그 의견을 어디까지 존중해야 할지 난감해진다. 이 글에서 살핀 '치료적 거짓말' 접근법에 따른다면 치매 환자와 교환한 의견은 한시적·피상적인 것, 언제든 바뀔 수 있는 어떤 것이니 말이다. 그렇다면 진실을 듣는 것을 원치 않는다는 치매 환자가 어떤 판단을 내리더라도, 그것은 그저 그림자에 불과해지지 않는가.

무엇보다 의료윤리가 진실을 요구하는 것은 환자와 의료인 사이 신뢰를 확립하기 위해서다. 거짓말을 하는 의료인을 신뢰할 수 있는가? 의사가 거짓말을 할 것이라 여기는 환자를 신뢰할 수 있는가? 환자와 의료인이 맺는 관계 사이에 거짓말이 끼어들면 서로 고통스러워진다. 거짓말을 통해 구축한 치매 환자와 의료인의 관계는 치매 환자가 느끼는 감정을 상하게 하진 않을 것이다. 이는 소수의 헌신, 혹은 어떤 서비스일 수는 있다. 그러나 모녀 관계였던 가녀와 어머니 사이에 이루어진 돌봄의 형태를 타인인 환자와 의료인 사이에 일반화하기에는 어려움이 있다. 내 앞에 있는 환자가 나를, 내가 환자를 믿을 수 없을 것이라는 좌절을 느끼면서도 치매 환자를 위해 거짓말을 하고 환자를 계속 의심하는 고통을 감수해야 하는 의료인은 슬프다.

의료인의 거짓말이 환자와 의료인 사이의 신뢰를 부수는 결과를 가져온다면, 안 그래도 이 땅에서 부서져 흩어진 환자와 의료인 간 신뢰는 어디에서 다시 쌓을 수 있을까. 아직 치료법이 없는 치매라는 질환 앞에서 신뢰를 말하는 것이 무슨 의미가 있냐고 반문할 수 있다. 하지만 환자에게 의도적으로 거짓말을 하겠다는 선택은 치료 불가능성에 또 다른 슬픔을 얹는 일이다.

이것은 가너와 그의 팀이 제시한 스페칼 방법이 틀렸다는 말이 아니다. 치매 환자를 고려하면 의료진이 그의 상황에 맞추어 연기를 하고, 때로 거짓말도 필요한 일이지 싶다. 그러나 노인의학을, 심지어 의료가 제공되는 여러 환경을 생각해보면 환자에게 거짓말을 하는 시스템이 존재한다는 사실은 그에 따른 잔여를, 의료진의 슬픔과 사회의 신뢰 하락을 남길 것이다. 우리는 어느 쪽을 선택함으로써 그에 따른 반대급부 또한 받아들여야 한다. 그리고 이 경우, 나는 둘 다를 받아들여야 한다고 주장한다. 치매 환자에 대한 거짓말이 지니는 양면을 우리가 끌어안아야 한다는 것이다.

이것은 내가 나중에 받고 싶은 대접이 스페칼 방법에 가깝다고 생각하여 그를 옹호하려는 것과는 다르다. 오히려 나는 몸에 남은 흔적들을 믿는다. 당사자가 원래 생활대로 살다가 임종하실 수 있도록 최대한 지원하는 노인요양시설 "요리아이의 숲"을 운영하는 무라세 다카오는 《돌봄, 동기화, 자유》에서 인지 능력을 잃어가는 노인들을 돌보며 그들의 행동이 지니는 의미를 생각한다.[78] 뇌의 연결은 나이 들수록 어긋나게 된다. 그 또한 하나의 장기이기에 약해질 수밖에 없다. 그러나 몇십 년을 걸쳐 몸에 새겨진 여러 흔적이 사라지는 것은 아니다. 그렇기에 그는 일상적이지 않은 행동을 하는 것이다.

그것을 뇌가 현실을 잊자, 몸이 과거를 내보이는 현상이라고 나는 생각한다. 그런 그에게 현실을 들이민다고 해서 해결될 리가 없다. 끊어지고 엉키고 있는 뇌의 연결이 충격을 준다고 다시 회복되는 것은 아니니까. 오히려 몸의 흔적을 자꾸만 부정하는 것은 그의 존재 자체를 부정하는 일이다. 따라서 우리가 여기에서 생각해보아야 하는 것은 거짓말을 할지 말지가 아니라, 거짓말을 함으로서 초래되는 문제들을 어떻게 다루어야 할지다.

이 장을 돌봄의 관점을 이야기하며 시작했다. 보살핌받는 이의 관점에서 주어지는 것이 좋은 돌봄이라면, 치매 환자를 돌보는 데 있어서 좋은 돌봄은 환자 본인의 인식에 맞추는 것일 테다. 하지만 이것이 지속되려면 하나 더 생각해야 한다. 이런 실천이 의료진에게 감정적인 잔여를 남기거나 사회적 신뢰를 저해할 염려가 있다면, 이들을 돌볼 방법 또한 필요하다는 것이다. 의료진은 환자 앞에서 연기를 하고 거짓말을 하며 얻는 감정들을 토로할 공간이 필요하다. 사회는 이런 실천이 있음에도 의료진을, 병원을 믿을 수 있음을 다시 확인해야 한다. 그때에야 돌봄은 진정으로 보살핌받는 이의 관점에서 주어질 것이다.

예정된 죽음 앞의 돌봄

중병에 걸린 환자에게 의사는 진단명을 밝혀야 할까. 사실 이 것은 환자에게 불쑥 찾아온 죽음을 전하는 일이기에, 의료인과 가족을 고민에 빠뜨리는 아주 오래된 질문이다. 독립과 자기 결정을 강조하는 서구에선 환자에게 진단명을 밝히지 않고 둘러대거나 다른 진단명을 제시하는 일은 거짓말이므로 해서는 안 된다고 정리되었다. 환자에게 삶을 정리할 시간을 주어야 하며, 치료와 관련한 최종 결정을 내리는 사람은 본인이어야 한다는 것이다.

한편 동아시아에는 여전히 다른 전통이 남아 있다. 예컨대 2021년 영화 〈페어웰〉은 어릴 때 미국으로 이민 간 중국 출신 주인공이 중국에 남은 할머니의 폐암 발병 사실을 알고 겪는 갈등을 중심에 놓는다. 당연히 환자에게 질병 관련 내용을 다 알려주는 미국과 달리, 중국은 본인에게 이를 알려주지 않는 것을 당연하게 여기기 때문이다.

　우리나라는 어떨까. 환자 본인에게 알려주어야 한다는 생각이 널리 퍼진 것 같지만, 알려주면 안 된다는 입장도 남아 있다. 여전히 의사는 환자에게 병명이나 진행 정도를 알려주지 말라는 요청을 듣곤 한다. 중병으로 인해 환자가 겪을 정신적 충격을 염려하기 때문이다. 이면에는 질병을 인정하기 싫은 마음도 있다. 환자에게 '최종 선고'가 내려지는 일을 최대한 미루고 싶은 것이다.

　이 문제를 소설의 핵심 갈등으로 다룬 작품으로 박완서의 소설 《아주 오래된 농담》이 있다. 작품이 쓰인 지 20년이 지났으므로 소설이 그리는 한국 사회와 지금은 사뭇 다른 부분들이 있지만, 중병에 걸린 환자를 둘러싼 돌봄의 모습을 살펴볼 수 있는 중요한 작품이다. 등장인물인 송경호의 폐암 진단을 둘러싸고 본인에게 진단 사실을 알릴지 여부에서 출발해 진단을 인정하는 가족과 거부하는 가족, 치료 과정에 관한 결정을 누가 내리느냐의 문제까지 다룬다. 이를 둘러싼 갈등은 그저 의학적 사실에 문제를 넘어 가족에서 누가 어떻게 해결방안을 결정할 것인지, 즉 통제와 배제를 정하는 권력을 지닌 자는 누구인지의 문제로 확장된다. 이 갈등이 가족 역동에서 그치지 않고 돈의 문제와 연결된다는 점에서 《아주 오래된 농담》은 치료를 통해 가족을, 가족을 통해 자본을, 다시 자본을 통해 돌봄을 돌아보는 강력한 통로가 된다.

　〈페어웰〉이나 《아주 오래된 농담》에서 문제가 되는 것은 치료에 관한 의사결정과 환자에게 진단명을 알려주느냐의 여부다.

이때 치료를 결정하는 것과 '나쁜 소식 전하기'(의료에서 중병 등의 '나쁜' 정보를 환자에게 전달하는 것을 뜻한다)는 돌봄 또는 돌봄의 한 형식일까? 나는 그렇다고 생각하지만 서구에선 다를지도 모르겠다. 서구적 접근에서 치료 결정은 오롯이 개인의 영역, 자율성과 사생활의 일이기 때문이다. 우리도 점점 서구의 이해에 다가가고 있는 듯하다. 병도, 치료도 환자 개인의 일이고 남이 참견할 부분은 아니라는 식의 이해 말이다. 혼자서 알아서 할 일이라면 그것을 돌봄이라고 말하긴 어렵다('자기 돌봄'이라고 말할 수는 있겠지만, 이 책의 주제는 아니다).

하지만 우리의 전통적인 관점은 다르다. 우리에게 질환과 치료는 가족의 일이었고, 개인이 알아서 결정할 일이 아닌 '집안의 대소사'였다. 여전히 강하게 남아 있는 이 전통을 연민으로, 또한 나름의 긍정으로 바라보고 있는 것이 〈페어웰〉이라면, 그 가부장제의 부정적인 부분을 극대화하여 다루는 것이 《아주 오래된 농담》이다. 나는 여전히 건강과 질환의 문제를 환자, 가족, 의료진이 함께 결정하는 것이 타당하며 그것이 돌봄의 한 양식이어야 한다고(또는 그렇게 다루어져야 한다고) 생각한다. 치료 계획을 결정하고 이후의 계획을 밟아 나가는 것은 환자, 가족, 의료진이 힘을 모아 노력해야 할 돌봄의 과정이며, 여기에서 누구도 배제되어선 안 된다. 하지만 이런 과정은 힘이 센 누군가에게 휘둘리기 마련이며, 그때 의사결정은 돌봄이 아닌 독단이 된다. 《아주 오래된 농담》은 돌봄과 독단 사이를 잘 그려낸다.

돌봄, 혹은 독단

《아주 오래된 농담》은 세 남매, 영준, 영빈, 영묘의 이야기다. 주요 화자는 내과 의사인 영빈이지만, 돌봄 이야기의 관점에서 중점적으로 다룰 인물은 여동생 영묘다. 영락한 가정에서 아버지의 별세 후 늦둥이로 태어난 영묘의 가족 내 위치는 집안의 경제력과 연결된다. 영묘를 짐스럽게 여기는 영준의 태도도 마찬가지다.

첫째 영준은 미국에서 사업가, 둘째 영빈은 대학병원 호흡기내과 교수가, 막내 영묘는 재벌 송씨 가문의 맏며느리가 된다. 영묘는 호된 시집살이를 견디다가 남편 송경호와 아들 둘을 키우며 살고 있다. 갑자기 호흡곤란을 느낀 송경호는 송씨 가문을 좌우하는 시할머니의 뜻으로 가족 주치의 역할을 하는 인애병원에 가는데, 나이 든 의사는 별것 아니라며 그냥 두라고 말한다. 그러나 남편의 상태가 심상치 않다고 생각한 영묘는 영빈에게 송경호를 진단해달라고 몰래 부탁하고, 영빈은 그가 폐암임을 알게 된다.

문제는 송씨 가문이다. 이들은 송경호의 폐암 진단을 인정하지 않는다. 영묘의 시아버지인 송 회장은 영빈에게 폐암에 걸렸다는 사실은 송경호 본인이 절대 알면 안 되고, 자신들이 알아서 손쓸 것이니 손을 떼라고 한다. 결국 송경호는 간단한 흉강경 수술만 받고 퇴원한다. 송경호의 할머니는 자신이 의지하던 무속신앙이 송경호의 지독한 폐렴을 낫게 하리라고 믿는다. 한편 송 회장은 온갖 약재와 쑥뜸 등 대안적 치료 요법에 매달리며 아들을 자신의 방법으로 치료할 수 있으리라 생각한다.

그러나 이들의 노력에도 속절없이 폐암은 진행된다. 송경호는 자신이 점점 낫고 있는 것 같다고 말하고 그의 얼굴은 부해졌지만, 영묘는 그의 노인처럼 주름진 엉덩이, 비척대는 몸 사위와 바싹 마른 몸, 가위눌림과 음산한 신음소리를 보며 상태가 악화되었음을 안다. 둘째 상국의 돌잔치에서 송경호는 피를 토하며 쓰러지고, 다시 아내를 보지 못한 채 병원 응급실에서 사망한다.

소설은 질병 치료 과정에서 몇 번이나 졸부인 송씨 가문의 태도를 비난한다. 그들은 아들의 상태보다 병문안 손님이, 병문안과 상과 장례를 치르는 과정과 형식이, 아들에게 영향을 끼치는 자신들의 힘이 더 중요하다고 여긴다. 그렇게 힘을 자랑하던 영묘의 시댁은 소설 말미에 별것 아닌 것으로 그려지는데, 송씨 가문의 Y 그룹이 IMF를 거치며 호텔밖에 남지 않았음이 드러나기 때문이다. 이 가문에 대한 외적 심판은 성공한 사업가로 돌아온 영준이 송 회장에게 권하여 영묘를 유학 보내는 것으로 끝난다. 그들의 힘은 실체가 있었는지도 의심스러운 것으로 쪼그라든다.

작품은 송경호가 가문에서 벗어나길 소망했으나 그럴 수 없었음을 제시하며, 죽음으로만 벗어날 수 있는 질서에 포획된 것으로 그린다. 영묘 역시 남편이 죽은 다음에야 유학을 떠나 가문에서 벗어난다. 송경호와 영묘는 폐암을 통해 가문의 질서에서 벗어나지만, 남은 것은 눈을 감지 못하고 죽는 송경호의 후회와 영묘의 원망, 자신과 남편을 박제하려든 시댁에 대한 적대감이다.

수용되지 못한 돌봄

작품을 읽으며 두 질문을 떠올린다. 하나는 영묘의 시댁을 적대하는 영빈의 태도다. 집안의 경제력 차이나 송씨 가문의 태도 탓이겠지만, 영빈은 송씨 가문을 노골적으로 적대한다. 이 적대가 가장 강하게 드러나는 장소는 병원이다. 바깥에선 사회·경제적 격차를 극복하지 못하는 영빈이 병원에선 대학병원 의사로서 송씨 가문과 대등한 위치에 서기 때문일 것이다. 이때 영빈이 송 회장에게 송경호의 폐암 진단을 설명하는 장면은 송 회장의 고집과 노골적인 부의 과시를 드러내는 부분이기도 하지만, 한편 영빈이 얼마나 차갑게 송 회장에게 진단을 설명하는지를 보여준다.

> "의사로서 말씀드리겠습니다. 이해해주십시오. 고통을 덜어주면서 생존할 수 있는 날을 최대한으로 연장해보자는 것밖에는 드릴 말씀이 없습니다. (…)"
> "8개월쯤 보는데 어디까지나 평균적으로 그렇다는 얘깁니다. 사람에 따라 다 다르다는 얘기죠. 2년씩이나 생을 즐기면서 산 사람도 있고 한 달 만에 죽은 사람도 있습니다. 그래서 평균이라는 겁니다."[79]

이후 환자 가족이 질병 사실을 받아들이지 않는 것에 대해 진저리치는 영빈의 모습이 그려지긴 하지만, 이 상담 과정에서 영빈이 취하는 태도를 의사로서 좋게 봐주기는 어렵다. 다만 이 태도는 현대 의학에 대한 작가의 견해를 반영한 것이다. 예컨대 영묘는 송경호의 퇴원을 "영빈의 영향권을 벗어나"는 것으로 해석하며 말한다. "영빈을 벗어났다는 건 친정과 시집 사이뿐 아니라, 과학과 신비, 저항과 복종 사이의 갈등에서 놓여난 것을 의미하기도 했다. 죽음을 확실히 내다보는 의사는 아무리 명의라 해도 벗어나는 게 수였다."[80] 영빈이 대표하는 현대 의학의 과학적 예측은 아무리 정확하다 해도 달갑게 받아들여질 수 없다.

영빈의 태도는 현대 의학 일반의 태도이면서 물질적 권력에 상응하는 의학적 권력을 의미한다. 어느 쪽도 환자에겐 달갑지 않다. 영묘는 시댁으로 상징되는 돈에서도, 영빈으로 상징되는 현대 의학에서도 벗어나야 한다. 어느 쪽도 선택할 수 없는 상태가 다음 질문으로 이어진다.

두 번째 질문은 송씨 가문이 취하는 행동을 어떻게 해석할 것인가이다. 비록 천박해 보여도 송 회장이나 시할머니 모두 송경호를 위해 민간요법과 무속신앙에 매달리며, 송 회장과 가족은 송경호 본인과 시할머니에게 폐암 사실을 숨긴다. 영빈으로 상징되는 현대 의학이 치료를 약속하지 않을 때, 이들은 비록 거짓일지라도 치료를 약속하는 다른 방법들에 매달린다. 그렇다면 송 회장과 시할머니의 행동을 그저 잘못이라고 비난할 수 있는가. 또는 이들에게 어떻게 문제를 제기할 수 있는가.

이들이 송경호와 영빈을 얽어매어 자기결정권을 허락하지 않았기 때문에 잘못이라고 비난하기는 쉽다. 작가 또한 영빈의 생각을 빌려 신체 자기결정권을 옹호하는 발언을 한다. "내 몸은 무언가? 이 세상의 하나밖에 없는 가장 확실한 나의 것이기도 하고 내가 일생 받들어 모신 나의 주인이기도 하다. 내 몸을 가지고 비록 자식이라도 나를 속여먹으려 든다면 결코 용서할 수 없을 것 같다."[81] 그러나 이들에게 자기결정권이 무엇을 의미하는지 생각해봐야 한다. 부부는 경제적으로 독립하지 못한 채 어린아이 둘을 키우고 있다. 이들이 가문이나 배경과는 무관한 자유로운 결정을 내리도록 허락받는다 해도, 그 결과가 부부에게 좋은 것이 될 수 있을까? 그럼에도 두 사람이 자기 뜻대로 하는 것은 여전히 중요하며, 그것이 현시대의 핵심 정서 중 하나임을 부정하지는 않는다. 그러나 마지막에 영빈이 쟁취하는 유학이라는 자유도, 가문의 경제적 지원 아래 이루어지고 있는 것 아닌가. 부부에게 아무것도 없었다면, 이들은 조금의 치료라도 받을 수 있는 조건을 요청하고 간병 상황에서 아기들의 돌봄을 해결할 수 없음을 불평하면서 결국 경제적 어려움으로 인한 고통을 호소하지 않았을까.

한편 송 회장과 시할머니의 행동은 분명 돌봄이다. 방식은 문제라도 그들은 송경호를 위해 최선을 다한다. 죽음을 예견하는 현대 의학을 불신하고 어떻게든 살려보려고 지푸라기를 잡는 이들의 행동을 비난하기는 어렵다. 그렇다면 송씨 가문이 잘한 것인가. 그럴 리 없다. 필요한 것은 이들의 돌봄이 어디에서 잘못되었는지에 대한 잣대다.

그들이 송경호를 위하지 않은 것은 아니다. 송경호도, 영묘도, 송 회장이나 시할머니도 모두 송경호의 치유와 생존을 원한다. 그들이 부부를 보살피지 않은 것도 아니다. 자신들의 방식으로 노력했을 뿐, 부부에게 집과 생활에 필요한 모든 것, 약과 치료법까지도 충분히 제공한다. 문제는 이런 행동들을 영묘와 송경호는 돌봄으로 받아들이지 않았을 것이라는 점이다. 송 회장과 시할머니의 돌봄은 보살핌받는 이가 수용하지 않는 돌봄이므로, 그것을 완성된 돌봄이라고 말할 수 없다.

불치의 상황을 인정했더라도 당시 이들에게 말기 돌봄과 호스피스가 주어지진 않았을 것이다. 항암제로 치료를 시도하고 그 과정에서 죽음을 인정하고 수용하며 준비하는 것이 다른 선택지였으리라. 현대 의학이 치료를 약속할 수 없는 상태이므로, 항암제로 접근하는 것과 대체 의학의 접근이 그렇게 다르리라는 생각이 들지는 않는다(대체 의학과 무속신앙에 의지했으나 송경호는 영빈이 예고했던 시한까지 살아간다).

문제는 그들이 죽음을 받아들이고 준비할 기회를 빼앗겼다는 것이며, 그로 인해 송 회장과 시할머니의 돌봄은 그저 강압과 강제로 끝나버렸다. 보살핌받는 이가 돌봄을 어떻게 수용할지 고려하지 않았기에, 두 사람의 돌봄은 돌봄이 아닌 통제가 되었다. 앞서 언급한 트론토와 피셔는 돌봄이 네 가지 단계로 이루어진다고 말했다.[82] 첫째 단계는 마음 씀이다. 돌보는 이는 보살핌받는 이의 필요와 요구에 집중해야 한다. 둘째 단계는 떠맡음이다. 보살핌받는 이의 필요와 요구를 알았다면, 돌보는 이는 그것을 자신의 책임으로 떠맡아야 한다. 셋째 단계는 돌봄 수행이다. 책임으로 떠맡았으니, 이제 직접 움직일 때다. 보통 여기까지를 돌봄의 단계라고 생각하지만, 트론토와 피셔는 그다음 단계를 말한다. 바로 수용의 단계다. 보살핌받는 이가 돌보는 이의 돌봄을 돌봄으로 수용해야 한다. 그때에야 돌봄은 완성된다.

송 회장과 시할머니의 돌봄이 완성되지 못한 것은 그들이 돌봄 과정을 자신의 관점에서만 바라보았기 때문이다. 돌봄은 한쪽에서만 이루어지고 끝날 수 있는 성질의 것이 아님을 몰랐기 때문이다. 돌봄은 관계 속에 있으며 받는 쪽이 수용해야 한다는 전제를 지닌다. 따라서 돌봄 상황에서 자기결정권이 모든 상황을 판단하는 단일한 기준이 되기도 어렵다. 돌봄에선 누구 한 명이 단독으로 결정권을 지니지 않는다. 물론 가장 중요한 것은 보살핌받는 이의 필요와 요구다. 그것을 위해 돌보는 이는 자신의 마음을 보살핌받는 이에게 맞추어야 한다. 그러나 이런 상황을 자기결정권은 해석할 수 없다. 그것은 남의 의견에 상관없이 자기 뜻을 관철하는 독자성의 발로이기 때문이다. 만약 자기결정권을 내세운다면 돌보는 이도 자기결정을 할 수 있어야 하는 것 아닌가.

이것이 돌봄을, 돌봄의 완성을 참 어렵게 만든다. 하지만 그 어려움이 우리에게 돌봄의 자리를 알려준다. 돌봄은 두 사람 사이에 놓인다. 돌봄은 주고받는 것이며, 양쪽 모두가 해야 할 일이 있다. 한쪽이 줄 때, 다른 한쪽은 받는다. 둘 중 하나가 이루어지지 않으면, 그것은 돌봄이 아니다.

자율성을 존중하는
돌봄은 가능한가

 돌봄에 관한 논의를 꺼내기 조심스러운 것은 돌봄을 제공하기가 어렵기 때문만은 아니다. 돌봄받는 이들, 예컨대 장애인이나 환자들도 돌봄에 대해 부정적인 견해를 표출한다. 돌봄이 자신들의 독립을 얽맨다고 생각하기 때문이다. '돌봄=의존=부적격'의 등식에 의거하여 장애나 질환 당사자를 바라보는 일은 한국에서 무척 자연스러운 일이며, 따라서 이들이 타인의 도움을 벗어나는 일은 적절하지 않거나 심지어 잘못된 일이라고 여겨진다. 그들은 타인의 손에서 벗어날 수 없는 이등 시민, 열등한 존재로 표상된다.

 이를테면 2024년 7월 9일 〈조선일보〉 기사를 보자.[83] 열악하고 폭력적인 시설에서 장애인을 벗어나게 하려는 운동을 탈시설 운동이라고 부르는데, 이 기사는 '탈시설' 장애인 55명에 관한 서울시의 조사를 왜곡하여 시설이 없으면 장애인은 살아갈 수 없는 존재인 것처럼 그린다. 2023년 서울시는 한 장애인 거주시설 퇴소자 55명(전원 중증장애인으로, 다수가 발달장애인이었다)을 추적 조사했는데, 이 중 6명이 사망했으며 나머지 중 의사소통이 가능한 것은 9명뿐이었다는 것이다. 기사는 이들의 퇴소 결정 과정을 문제삼으면서, 자립 여부의 판단이 제대로 이루어지지 않았고 누군가 대리로 이들의 서류를 작성한 것이라는 의심을 제기한다. 기사는 탈시설 정책을 개선하라는 국민권익위원회의 권고 요청이 실은 탈시설이 잘못된 정책이라고 주장한 것이라는 인상을 주며 마무리한다.

시설 퇴소 절차에 문제가 있었다는 기사의 주장을 전면 수용하더라도, 문제는 장애인 본인에게 있는 것이 아니라 미비한 퇴소 결정 과정과 이후의 생활 지원에 있다. 더 큰 잘못은 탈시설은 그저 시설을 없애기만 하면 모든 문제가 해결된다는 입장이라고 오해하는 이들에게 있다. 탈시설은 현재의 시설 구조가 어떻게 해도 장애인의 권익과 생활을 보장할 수 없기에, 권익 및 생활의 보장 구조를 다른 곳에서 만들자는 주장이지 시설만 없애면 모든 문제가 해결된다는 주장이 아니다. 탈시설과 자립은 자기결정권에 기반을 둔 장애인 생활의 보장이며,[84] 그를 위해선 지역사회에 장애인들이 생활할 수 있는 기반이 마련되어야 한다. 따라서 서울시의 조사 결과는 여전히 열악한 우리의 지역사회 환경에 대한 지적이지, 장애인들은 결국 시설에서 살아야 하는 존재임을 증명하는 근거가 아니다. 그런데 왜 기사는 그런 해석을 자연스러운 것으로 여기는가? 장애인을 의존할 수밖에 없는 존재로 여기기 때문이며, 의존은 예속의 동의어로 쉽게 표상되기 때문이다.

이러한 상황을 다시 결정의 언어로 살펴보면, 타인의 필요와 요구를 충족하는 돌봄과, 타인의 이득을 위해 대신 결정을 내리는 후견주의와 연관 지어 생각하는 것이 자연스럽다. 후견주의는 기본적으로 타자의 독립적인 결정을 어느 정도 부정하고 그에 개입하는 것을 정당화하므로, 독립을 추구한다면 후견주의는 절대적으로 기피해야 한다. 후견주의를 끌어들이는 돌봄은 매한가지로 부정되어야 한다.

그중 돌봄을 포기할 수 없다면, 남는 선택지는 세 가지 정도다. 첫째, 돌봄을 필요악으로 상정한다. 장애학의 관점에서 종종 볼 수 있는 이런 이해가 나에겐 달갑지 않다. 물론 돌봄 상황에서 벌어진 많은 해악과 고통이 누적되어 역사로 남았기 때문에 나온 답이다. 하지만 필요악이라면 다른 것으로 대체해야 할 텐데, 문제는 돌봄을 대체할 수 있는 것은 없다. 우리는 돌봄 없이 생을 영위할 수 없다.

둘째, 독립을 강조하는 현대 문화를 비판하고 부정적으로만 그려지는 의존이 그 자체로 가치를 지닐 수 있음을 주장한다. 이를테면 "타인은 지옥"이라며 나와 타인과의 관계를 끝없는 시선의 투쟁으로 설정하는 사르트르 대신, 나의 시선보다 먼저 존재하는 타인들의 시선에서 나의 위치를 끌어내는 메를로퐁티나 레비나스, 라캉과 같은 이의 철학을 통해 '내가 여기 있음'의 의미를 다시 생각해보는 방식이 있을 것이다.[85] 타자 없는 나는 없으며, 자존하는 독립자라는 현대적 주체는 허구라고 말하는 것이다. 독립의 문화적 가치를 비판하며 의존의 가치를 주장하는 철학자 키테이를 살펴보는 것도 도움이 된다.[86] 설득력 있는 접근이자 중요한 논의지만, 과연 사람들에게 와닿을수 있을까. 자율과 자립을 최상위에 놓는 사회의 도도한 흐름에 저항할 수 있을까. 저항은 그 자체로 힘을 요구하는 일이다.

셋째, 후견주의를 세심하게 살펴 보살핌받는 이들이 부당하거나 불편하게 여기지 않는 방식을 찾거나, 후견주의가 아닌 돌봄의 방식을 찾는 것이다. 바로 이 글에서 다룰 방식이다. 후견주의가 단순하고 확고한 견해지만 그 틈을 비집어볼 필요가 있으며, 후견주의와 돌봄 사이의 연상에도 다르게 접근할 부분이 있다. 이를 통해 좋은 돌봄이 무엇인지 더 구체화할 수 있을 것이다.

후견주의란 무엇인가

먼저 후견주의를 다시 검토해보자. 후견주의와 가부장주의를 같은 것으로 두는 경우도 있지만, 나는 두 개념을 구분한다. 먼저 후견주의는 다음과 같이 정의된다.[87]

A가 B 대신 결정을 내린다.

이때 A는 B의 동의를 받지 않았으며, A는 B의 이득을 위해 그렇게 행한다.

반면 가부장주의는 다음과 같이 정의된다고 생각한다.[88]

A가 B 대신 결정을 내린다.

이때 A는 B의 동의를 받지 않았으며, A는 A와 B를 포함한 전체 집단의 이득을 위해 그렇게 행한다.

　　대표적인 가부장주의인 부권주의는 가족의 이득을 위해 아버지가 다른 가족 대신 결정권을 행사하는 것을 의미한다. 이런 가부장주의는 점차 설 자리를 잃고 있으며, 어떤 식으로도 정당화되기 어렵다. 반면 후견주의에서 결정은 가족을 위해 내려지는 것이 아니라 대상자를 위해 내려진다.* 이러한 후견주의적 결정은 여러 상황에서 정당화될 수 있다.

　　예컨대 안전벨트 착용을 의무화하는 정책을 우리가 수용하는 이유는, 안전벨트를 매지 않으려는 사람은 올바른 선택을 내리는 것이 아니고 그런 이를 포함해 모두가 안전벨트를 매는 것이

---

*　따라서 가부장주의를 향한 비판과 후견주의를 향한 비판은 구분되어야 할 필요가 있다. 가부장주의는 전체주의의 한 형식으로써 배격되어야 한다. 그러나 후견주의가 무조건 부정되어야 한다고 생각하진 않는다.

모두에게 이득이 된다고 믿기 때문이다. 어린 자녀가 위험한 것을 만지려고 할 때 그를 막아서는 것은, 아직 자녀는 제대로 된 결정을 내리는 능력에 '손상이 있는be impaired' 상태이므로** 자녀 대신 부모가 결정을 내리는 것이 정당하기 때문이다. 코로나19 상황에서 마스크 착용 강제나 사회적 거리두기와 같이 개인의 자율성을 침해하는 정부 시책이 받아들여진 것 또한, 사람들이 자신을 위한 결정을 내리기 어려운 상황에서 포괄적인 관점을 지닌 정부가 그들을 위해 대신 결정을 내리는 것이 정당하다고 믿기 때문이다.

우리는 특정한 상황에서 후견주의를 받아들이고 있다. 물론 후견주의가 언제나 정당화되는 것은 아니므로, 후견주의를 살펴보며 받아들여질 수 있는 조건을 정리해보려 한다.

약한 후견주의

법철학자 조엘 파인버그는 '약한 후견주의weak paternalism'를 제안했다.[89] 그는 타인이 충분한 정보 없는 상황에서 행동하는 경우, 또는 그가 정말 동의했는지 확인하기 어려운 경우 타인의 이득을 위해 후견주의적 행동을 할 수 있다고 보았다.

** '손상이 있다'라는 표현은 어떤 외력으로 인하여 해부학적·구조적 이상이 초래된 것만을 가리키는 것이 아니라, 아직 성장 과정에 있어 판단력이 미성숙한 상태, 인지적 제한으로 인하여 전체 상황을 파악할 수 없는 상태 등을 모두 포함하는 표현이다.

예컨대 내가 호수 주변에 거주하고 있으며, 꽁꽁 얼어붙은 듯 보이는 호수의 얼음이 실은 얇다는 사실을 알고 있다고 하자. 어떤 사람이 호수를 걸어서 건너려고 하면 나는 그를 말릴 것이다. 그는 호수의 얼음이 보기보다 얇아 발을 내딛는 순간 빠져 죽을 수 있다는 걸 모르기 때문이다.

또 어떤 사람이 술에 많이 취한 상태에서 자신에게 큰 손해가 발생하는 일을 약속했다고 해보자. 그가 명시적으로 동의했음을 알더라도 그 일을 그대로 실행하지 않거나 이를 저지할 수도 있다. 그의 동의가 진짜 동의라고 할 수 있는지 불확실하기(사실 동의한 것이라고 말하기 어렵기) 때문이다.

물론 이 조건이 모든 후견주의적 행동을 정당화하지 않는다. 누군가가 호수의 얼음이 얇아 목숨이 위험함을 분명히 알고 있음에도 호수에 발을 들이려 할 때, 약한 후견주의는 그를 저지하지 않는다. 술에 취한 상태에서 한 약속을 다음 날 아침 완전히 깬 상태에서 알게 된 누군가가 그것은 약속이니 지켜야 한다고 말하면 약한 후견주의는 그 약속의 실현을 막지 않는다.

자유주의적 후견주의

후견주의가 받아들여질 수 있는 다른 방식으로는 넛지가 있다. 책 제목으로도 유명하고 행동경제학에서 말하는 그 넛지다.

후견주의와 넛지가 무슨 상관인가?《넛지》의 저자이자 관련한 여러 책으로 유명한 캐스 선스타인과 리처드 탈러는 2003년 논문에서 말한다.[90] "자유주의적 후견주의는 모순어법이 아니다." 자유주의는 개인의 자유로운 선택을 우선하며, 후견주의는 그런 개인의 선택에 대한 개입을 정당화한다. 그런데 자유주의적 후견주의가 모순이 아닐 수 있는가?

이들이 말하는 자유주의적 후견주의는 선택을 보장하되, 더 나은 선택을 할 수 있도록 선택지 설계choice architecture를 하는 것을 가리킨다.《넛지》로 유명해진 사례를 검토해보자.

당신은 학교 급식실 운영자다. 급식실에는 여러 메뉴가 있고 학생들은 자신이 원하는 메뉴를 선택해서 먹을 수 있다. 어떤 메뉴는 다양한 영양소가 균형 있게 갖추어진 반면, 어떤 메뉴는 탄수화물이나 지방이 많고 여러 기초 영양소의 함유량도 적다. 그런데 빨리 밥을 먹고 놀고 싶어 하는 몇몇 아이들은 눈에 잘 보이는 메뉴, 맨 앞에 있는 메뉴를 선택할 가능성이 높다. 이때 영양소가 풍부한 메뉴를 학생들의 눈에 잘 띄는 곳에 배치하고 달거나 기름지고 영양소가 불균형한 메뉴는 잘 안 보이는 곳에 배치한다면, 학생들이 영양소가 풍부한 메뉴를 선택할 가능성이 높아진다. 이런 식으로 메뉴를 배치한 운영자는 자유주의적으로 선택지를 제공한 것(학생들은 어떤 메뉴든 선택할 수 있다)이지만 후견주의적으로 선택지를 제공한 것(영양소가 풍부한 메뉴를 잘 보이는 곳에 배치하여 선택될 가능성을 높인다)이기도 하다.

선스타인과 탈러는 어떤 식으로든 선택지가 주어지기 때문에 이런 식의 선택지 설계는 문제가 되지 않는다고 말한다. 다시 급식실로 돌아가자. 위에서 설명한 방식 대신 임의적으로 메뉴를 배치할 수도 있다. 이때 운영자는 아이들의 선택에 개입하지 않았다고 말할 수 있지만, 결국 아이들은 잘 보이는 메뉴를 많이 선택한다. 그런데 그 자리에 치킨과 감자튀김이 놓여 아이들의 비만율이 증가한다면, 아이들의 건강한 식생활을 책임지는 운영자는 자신의 책임을 방기한 셈이다. 그렇다고 건강한 식단을 제외한 다른 메뉴를 모두 빼는 것은 자유주의적 후견주의에서는 과도한 개입이자 자율성을 침해하는 제한이다. 따라서 이런 넛지 또는 자유주의적 후견주의를 택하는 것이 낫다는 것이다. 이런 접근은 또 다른 후견주의의 정당화 가능성을 제시한다.

역능강화

앞의 두 가지 접근, 약한 후견주의와 자유주의적 후견주의는 개인의 자율성을 침해하지 않으면서도 더 나은 선택을 위한 개입의 방법을 제공한다. 두 접근이 자율성을 정당화하는 방식은 개인이 결정을 내릴 때 개인의 합리성이나 판단에 한계가 있음을 인정하는 것이다. 약한 후견주의가 정보 부족이나 판단 능력의 일시적 손상으로 개인이 자율성을 발휘하기 힘든 조건에서 작동한다면,

자유주의적 후견주의는 개인의 결정에 영향을 미치거나 그 선택을 야기할 수 있는 상황과 맥락의 힘을 강조한다.

그러나 둘은 자율성의 한계를 지적할 뿐, 자율성에 대한 관점은 동일하다. 약한 후견주의든 자유주의적 후견주의든 개인의 선택에 개입해선 안 된다고 본다. 단지 행위자에게 정보를 제공하거나(약한 후견주의) 행위자의 선택에 영향을 미치는 맥락과 상황을 조작할(자유주의적 후견주의) 뿐이다. 즉 개인의 선택 자체를 재검토하거나 논의를 통해 함께 선택하는 일을 두 후견주의 모형은 지지하진 않는다.

반면 후견주의의 대안으로 역능강화를 생각해볼 수 있다. 역능이란 개인에게 내재한 구현의 힘 또는 에너지이며,* 이것이 구체화되면 역량, 즉 목표 달성을 위한 기능으로 표출된다. 쉽게는 잠재력이라고 표현할 수 있는 역능의 인정과 확장을 통해 개별 주체는 수동적 대상에서 벗어나 자신의 세계를 빚어내는 존재자로 자리매김한다.

후견주의가 대상자의 동의 없이 개입자가 대상자를 위해 어

---

* 이는 들뢰즈의 니체 해석에서 나온 것으로, 그는 니체의 힘 또는 권력에의 의지를 '차이를 생성하는 역량의 의지'라는 의미로 다시 이해했다. 이런 해석은 정치에서 개별 주체의 활동과 현실의 변화를 추동하려는 노력으로, 한편으로 물질들이 지닌 구성과 변화의 힘을 살피는 것으로 나타난다. 예컨대 조정환이 "이데올로기/과학의 시대가 노동의 역능에 주목했다면 정보 시대는 이미지의 역능에 주목했다"라고 설명할 때, 역능은 사물의 변혁 가능성을 의미하고 있다. 조정환, 《개념무기들》, 갈무리, 2020, 103쪽.

떤 결정이나 행동을 하는 것이라면, 이때 대상자는 무력한 자로 설정된다. 대상자가 자신에게 좋은 결정이나 행동을 할 능력이 결여되어 있기에 후견주의가 정당화된다. 대상자가 충분한 능력이 있음에도 없다고 오판할 수 있기에 후견주의가 잘못되었다고 비판하는 것은 정당하다. 하지만 동등한 관계에서도 타인의 선택이나 결정을 조정하려 하면 안 되는 것일까.

예컨대 친구 관계에서 나는 친구의 선택을 진심으로 염려하거나 기뻐하고, 그에 관한 의견을 개진할 수 있다. 친구와 어떤 결정을 함께 내릴 수도 있다. 그 결정이 반드시 나만의 생각으로 내려져야 하는 것은 아니다. 수직적 관계로 구성된 가족이 아니라면, 가족 또한 어떤 선택을 함께 살피고 결정할 수 있다. 다른 관계에서도 마찬가지다.

현실에서 우리는 누구 한 명의 단독 결정과 단독 책임이 아닌, 함께 선택하고 결정하는 경우를 자주 마주한다. 내가 아내와, 딸과 함께 어떤 결정을 내릴 때, 나는 그것이 공동의 결정이라고 생각한다. 책임의 영역이 조금 다르지만 나는 진료할 때도 환자나 보호자와 내린 결정이 공동의 결정이라고 생각하여, 이를 위해 주변의 눈치를 받으면서도 조금이라도 더 상담하고 상의하기 위해 노력했다. 이상하게도 이를 설명할 수 있는 언어가 우리에게 부재한데, 서구식 법과 제도, 학문이 단독자의 이성적인 판단을 보편화하고 그에 따른 단독적 책임만을 강조했기 때문인지도 모른다.

물론 한쪽이 다른 한쪽보다 힘이 세거나 더 많은 것을 알고 있는 경우, 그가 책임을 지고 결정을 내리는 편이 나을 수도 있다. 여전히 세상에는 더 힘이 센 사람들이 있고 이들에게 결정 권한이 있다고 여기는 통념이 존재한다. 하지만 힘의 문제가 아닌 경우들이 있다. 의료가 그렇고 돌봄이 그렇다.

의사가 환자보다 더 많은 권력을 지녔다고 여겨진 시대가 있다. 사회학자 패터슨은 의사의 권력 출처가 되는 세 가지의 권위를 지혜의 권위, 도덕적 권위, 카리스마적 권위로 분류했다.[91] 의사는 환자보다 지식이 많고, 도덕적으로 우월하며, 알 수 없는 질병의 세계를 통제하는 어떤 "신적인" 힘을 갖기에 권위와 권력을 지닌다는 것이었다. 그러나 지금 이런 권위들은 흔들리고 있다. 도덕이나 카리스마가 보편적으로 힘을 발휘하지도 못하며, 의사가 의학적 지식을 독점하는 주체라는 인식도 사라지고 있다.

그렇다면 환자가 더 큰 권력을 지녀야 할까. 한때 의료 서비스를 시장과 동일하게 보아 환자를 소비자의 위치에 두어야 한다는 주장도 있었다. 환자 단체 등이 일시적으로 옹호했던 이런 관점은 환자의 관점과 가치를 우선하는 방향은 옳았으나, 반대로 환자에게 너무 큰 책임을 지운다는 문제가 있었다. 소비자는 구매한 물건 자체가 명백한 결함을 지닌 것이 아니라면, 구매 행위 일반에 책임을 진다. 그런데 환자가 이전보다 많은 의료 지식을 알 수 있다고 해도, 의료인의 전문성까지 확보하는 것은 불가능하다. 심지어 질병의 풍랑 속에서 환자가 자신의 치료와 관련된 모든 것을 챙기고 살피라는 것은 무리한 요구다. 따라서 환자와 의료진이 동등하게 만날 필요성이 생긴다.

돌봄에서도 상황은 비슷하다. 오랫동안 보살핌받는 이, 의존하는 이가 돌보는 이 '아래' 있다는 생각은 유지되었고 돌봄을 억압과 같은 개념으로 이해하는 사람도 생겼다. 예컨대 장애 운동에서 돌봄은 장애인의 자립을 부정하고 억지로 의존의 틀에 얽어매는 것으로 이해되기도 했다. 장애인 자립생활 운동은 장애인의 생활 전반에 걸친 자기결정권을 강조하며, 기존의 억압적인 돌봄의 방식에서 벗어나려 했다.[92]

장애를 다른 삶의 양식이나 조건으로 받아들이는 대신 열등한 것, 혹은 치료의 대상으로만 여기는 사회문화적 장치 아래에서 이런 시도는 필연적이며 정당하다. 그러나 이런 주장이 장애인에게 이득만을 가져오는 것은 아니다. 오히려 장애인을 고립에 빠뜨리거나 장애인 복지 예산을 줄이는 근거로 오용될 수도 있다. 따라서 《장애학의 도전》의 저자 김도현은 장애인과 비장애인 사이의 분리를 강조하는 자립 대신 장애인과 비장애인이 함께 서는 "연립"을 말한 바 있으며, 키테이는 의존의 조절 개념을 가져와 돌보는 이들이 제공하는 삶의 범위 안에서 보살핌받는 이가 선택의 자유를 누릴 수 있음을 살필 것을 권했다.

이런 연립이나 의존의 조절이 가능하려면 돌보는 이와 보살핌받는 이가 대등하게 만나야 한다. 환자와 의료진, 돌보는 이와 보살핌받는 이의 동등함 또는 대등함은 역능강화를 통해 가능하다. 환자의, 보살핌받는 이의 역능이 강화되어 그들의 내재적인 힘이 발현될 수 있을 때 둘은 대등한 관계에서 만날 수 있다. 필요한 것은 이들의 역능을 강화하기 위한 지지와 지원이다.

예컨대 의료적 맥락에서 환자와 시민들을 위한 의학 개념 공부나 의료 정책 교실 같은 것을 열 수 있다. 협동조합을 만들어서 시민들이 스스로를 돌보는 방식을 생각하는 것 또한 자신들의 의료적 역능을 강화하는 실천이다. 의료적 선택을 지원하기 위한 여러 방식과 자료, 프로그램 등을 만드는 것 또한 역능강화의 방법이 될 것이다. 돌봄의 맥락에서 의존의 조건이나 사회 제도에 대해 공부하고 함께 나누는 것은 보살핌받는 이의 역능을 강화하고, 더 나아가 돌보는 이와 보살핌받는 이가 함께 어떤 돌봄을 누리고자 하는지를 말하는 직접적인 실천이 될 것이다.

돌봄과 관련해서 이런 조건들이 어떻게 영향력을 미칠 수 있을지, 구체적인 사례를 들어 검토해보자.

공유의사결정의 정당화

공유의사결정shared decision making은 의료적 의사결정에서 환자와 의료진이 함께 상의하여 결정을 내리는 것을 의미한다. 환자가 폐암 수술을 받을지, 혹은 다른 치료법을 택할지 환자와 의료진이 함께 상의해서 결정한다는 것이다. 개념은 간단하고 당연히 이렇게 해야 한다 싶지만, 생각보다 여러 문제가 있다.

　우리에게 익숙한 의료적 결정 방식은 이와 다르다. 오랫동안 전통적 의료는 후견주의적 결정을 고수해왔다. 의학 전문가인 의사가 환자 대신 결정을 내리는 것이다. 현대 의료의 복잡성과 질환에 대한 불안과 공포 때문에 우리에겐 여전히 이런 방식이 익숙하다. 지금 윤리적·법적 표준인 '충분한 설명에 의한 동의informed consent'는 환자에게 의료인이 치료받지 않을 경우까지 포함하여 모든 가능성에 관한 내용을 충분히 설명하고 결정 사항에 관한 동의를 받을 것을 요구하지만, 현실에선 서면 동의서의 내용에 더해 몇 가지를 의사가 추가로 설명하고 환자는 동의 여부를 표명하는 것만 가능하다는 점에서(다른 치료법을 요청하거나 결정할 권리가 없다는 점에서) 후견주의적 방식을 완전히 벗어났다고 하기는 어렵다.

　다른 방식을 요구하는 목소리도 계속 있었다. 환자 단체는 환자가 스스로 의료적 의사결정의 주체가 되어야 함을 강조했다. 미국을 포함해 여러 국가에서 진행된 1970년대 정신질환자 해방 운동이나 1980년대의 의료 소비자 권리 운동이 그 대표적인 사례다. 의학 권력이 환자의 선호나 가치를 무시하고 오로지 의학적이득만을 우선하여 결정하는 것에 제동을 걸기 위한 노력들이었으며 그 방향성은 타당했지만, 앞서 말한 것처럼 환자에게 모든 책임이 부여된다는 문제가 있었다.

　이런 문제를 해결하기 위해 제시된 개념이 공유의사결정이다. 공유의사결정은 의학적 정보를 소유하고 많은 수행과 실천을 통해 통계적으로 더 나은 결정을 이해하고 있는 의료인과, 지금 나에게 문제가 되는 것과 나에게 중요한 것이 무엇인지 알고 있는 환자가 함께 결정을 내릴 것을 요청한다. 이는 환자의 생명을 살리기 위해서 어떤 치료든 할 준비가 되어 있는 현대 의학의 경향성이 낳은 의료비 폭증을 제어하는 한편, 환자의 선호를 의료적 선택에 반영하여 환자 만족도를 높이는 장점을 지닌다.

하지만 구체적으로 어떻게 하는 것인가? 우리는 누구 한 명이 결정을 내리고 그 책임을 지는 것에 익숙하다. 의료적 의사결정이라면, 의사든 환자든 누군가가 최종 의사결정자가 되어야 한다. 그렇다면 '함께' 결정을 내린다는 것은 수사일 뿐이지 않은가. 게다가 전통적인 방식이 후견주의이고 환자-소비자 방식이 자유주의라면(앞서 우리가 검토한 내용을 일단 제쳐둔다면) 둘이 화해한다는 것은 어불성설이다.

그래서 앞서 살핀 방식들이 필요하다. 의료적 상황에서 어느 정도의 후견적 접근(의사의 전문성을 살리기 위한 개입)이 필요하다면, 환자의 자율성을 해치지 않는 접근 방식을 고민해야 한다. 그렇다면 약한 후견주의, 자유주의적 후견주의, 역능강화에 기초한 공유의사결정을 각각 살펴보면 그 해답을 찾을 수 있을 것이다.

먼저 약한 후견주의에서 문제 삼는 것은 환자가 충분한 정보를 얻지 못하거나 진정한 동의를 할 수 없는 상태에서 결정을 내리는 것이다. 이를 위해 약한 후견주의는 환자에게 치료 결정을 위한 정보를 충분히 제공하는 한편, 환자의 동의에 영향을 미칠 수 있는 상황들을 통제 또는 제거하여 환자가 자발적인 동의 아래 의료적 결정을 내리게 할 것을 요청한다. 앞서 이야기한 충분한 설명에 의한 동의와 크게 다르지 않지만, 환자에게 여러 선택지를 같이 설명하고 환자가 다른 요인들 때문에 제대로 동의를 할 수 없는 상황들을 피하기 위한 여러 장치들(여러 번의 의사결정 상담, 의사결정 지원 도구, 결정 영향 요소 조사 등)을 활용하여 충분한 설명에 의한 동의를 확장한다. 단, 여전히 최종 의사결정권자는 환자다.

　　자유주의적 후견주의는 환자에게 더 좋은 선택지를 의사가 먼저 제시하거나 권한다는 점에서 환자와 의료인이 함께 의사결정을 내린다는 의미에 조금 더 가까워진다. 의료인은 환자에게 의학적으로 더 나은 선택지를 먼저 설명하거나(카페테리아 전략), 기본 선택지로 제공하거나(옵트인 전략), 설명의 방식을 바꾸는(프레이밍 전략) 등 행동경제학의 통찰을 활용하여 환자가 의학적으로 더 나은 선택을 하도록 도울 수 있다. 한편 환자 자신이 의료적 의사결정에서 더 중요하게 생각하는 것이 무엇인지, 여러 우선순위 앞에서 취사선택할 것이 무엇인지 함께 이야기할 수 있으며, 이 과정에서 의료인은 환자의 이야기를 듣고 더 나은 선택지가 있을지 함께 검토하고 설득할 수도 있을 것이다. 하지만 약한 후견주의나 자유주의적 후견주의는 여전히 최종 결정권자를 환자로 둔다는 점에서(자유주의적 후견주의에는 함께 결정함이 인정되지 않으며, 넛지는 명백히 자유주의의 선을 유지한다) 공동의 선택이라고 말할 수는 없다.

마지막으로 역능강화에 기초한 공유의사결정이다. 여기에서 의료 제도, 의료 기관, 의료인은 모두 환자, 가족, 시민이 자신이 마주할 수 있는 의료적 상황에 대해 쉽게 이해하고 접근할 수 있는 자료, 내용, 접근 방법, 함께 논의하는 자리 등을 마련하기 위해 노력하고, 시민들은 함께 의학 지식과 의료 체계를 검토하고 이해하기 위해 시도하여 자신의 의료적 역능을 증대한다. 이들이 환자가 되었을 때 이런 증대된 역능을 바탕으로 환자들은 의료진과 대등한 관계를 형성하여 자신에게 주어진 가능성들을 함께 논의하고 검토할 수 있으며, 의료진의 의학적 전문성과 환자의 경험에 관한 전문성(환자는 자신의 삶과 신체·정신의 변화 이후 자기 생활에서 나타난 일들에 관한 전문가다)이 만나 서로의 이야기에 귀를 기울일 수 있다. 그렇다면 환자와 의료진의 진정한 '공동의사결정'*은 역능강화 아래에서 가능할 것이다.

---

* 공유의사결정이 의사결정을 공유하는 것이라면 공동의사결정은 의사결정을 함께 내리는 것이다. 전자는 의료진이 환자와 가족에게 결정 사항을 공유하고 동의를 받는다는 의미로 협소하게 해석될 수 있으며, 지금도 어느 정도 이루어지고 있다고 말할 수 있다. 공유의사결정은 지금의 결정권을 환자 쪽으로 조금이라도 이양하기 위한 노력이다. 우리의 법적·제도적 요건이 단일 결정권자를 전제하는 한, 두 당사자가 함께 결정하는 '공동'의사결정은 아직 요원한지도 모르겠다. 용어 표현에 관해서는 한양대학교 유상호 교수님의 방식을 빌렸다.

돌봄과 후견주의

이상의 검토를 돌봄에 확장한다면, 돌봄과 후견주의의 관계를 다르게 이해할 수 있다. 결국 문제는 돌봄 실천에서 보살핌받는 이의 자율성을 확보하는 것과 돌보는 이의 개입이 서로 충돌한다는 점이다. 돌봄은 그 자체로 다분히 후견주의적인 양태를 지닐 수밖에 없지만, 보살핌받는 이의 자율성을 저해하거나 배제하는 것은 그 자체로 윤리적인 문제가 된다.

나는 돌봄 문제에서도 약한 후견주의, 자유주의적 후견주의, 역능강화의 통찰을 활용해야 한다고 생각한다. 돌봄 상황에서 돌보는 이와 보살핌받는 이의 뜻이 합치한다면 괜찮겠지만, 돌보는 이와 보살핌받는 이의 뜻이 다르다면 어떻게 해야 하는가?

의사가 더 많은 지식을 가졌다고 전제하는 공유의사결정의 상황과 달리, 포괄적인 돌봄 상황에서는 돌보는 이의 지식이나 권력이 더 크다고 전제하지 않는다. 심지어 의료적 돌봄이라고 해도, 내 병의 상황과 경험에 대해 더 잘 아는 것은 나이지 의료인이 아니다. 이는 노화나 장애로 인한 요양에서도 마찬가지다. 따라서 돌보는 이와 보살핌받는 이가 다른 방향을 원할 때, 그것은 지식 대 가치의 충돌이라기보다 다른 두 가치의 충돌일 가능성이 높다. 그렇다고 하여 어느 한쪽만의 뜻이 존중되어야 하는 것은 아니겠지만 말이다.

지금까지 돌보는 이의 뜻만이 우선시된 경우가 너무 많기에 이런 논의가 어색할 수 있다. 양육에선 부모의, 교육에선 선생의, 의료에선 의료인의, 요양에선 보조인이나 돌봄 노동자의 돌봄 방식과 실천이 우선시되었기에 보살핌받는 이의 뜻을 앞에 놓는 환경을 만드는 것이 시급하다고 생각하는 것은 당연하다.

하지만 보살핌받는 이의 뜻만을 최우선으로 두면 보살핌받는 이의 이득을 저해하는 선택도 돌보는 이가 따라야 할뿐더러, 보살핌받는 이의 고립을 초래한다. 돌봄이 혼자 이룰 수 있는 일이라면 타인의 의도나 고려를 살필 필요가 없겠으나, 우리가 전제하는 것처럼 돌봄은 관계 속에서 함께 실천하는 것이며 이는 돌보는 이와 보살핌받는 이의 생각을 모아야 한다는 의미이기도 하다.

좋은 돌봄은 보살핌받는 이가 그것을 돌봄으로 인정할 때 가능하다. 그렇다면 보살핌받는 이가 돌봄을 수용할 수 있는 한편, 돌보는 이가 그 과정에 함께할 방법을 생각해보아야 한다. 약한 후견주의를 따라 돌보는 이가 보살핌받는 이에게 충분한 정보와 진정한 동의 요건을 제공하는 방식, 또는 자유주의적 후견주의를 따라 보살핌받는 이의 더 나은 선택을 위한 결정의 맥락과 상황들을 돌보는 이가 제시하고 조절하며 설득하는 방식, 마지막으로 역능강화를 따라 보살핌받는 이와 함께 지금 주어지는 돌봄을 검토하고 같이 돌봄을 공부하며 서로 이해한 돌봄을 함께 이행해나가는 방식을 그 대안으로 놓고, 구체적인 돌봄 실천의 방식들을 마련해볼 필요가 있다.

그런 방식들은 분야와 맥락에 따라 다양할 것이기에, 여기에서 다 나열하기는 어려울 것 같다. 하지만 여기에서 출발한다면 이후의 논의들을 더 풍성하게 만들 수 있을 것이다.

4장 돌봄은 피어나게 한다

타인을
피어나게 한다는 것

　내가 생각하는 돌봄의 목적은 타인을 피어나게 하는 것이다. 여기에서 '피어남'이라는 표현이 어색할지도 모르겠다. 사실 우리에게 익숙한 표현을 넓은 의미로 쓴 것이다. 어떤 선수가 오랜 훈련을 거쳐 대회에서 좋은 성적을 거두었을 때, 우리는 그를 보고 이렇게 말하곤 한다. "드디어 재능을 꽃피웠군!" '피어남'이란 바로 이 '꽃피움'이다. 다만 여기에서 사용하는 '피어남'은 그의 재능을 넘어 그의 삶 전부를 포괄하는 넓은 관점이다. 단지 누군가의 재능이나 노력이 만개했다고, 기다림이 결실을 맺었다고, 드디어 그의 생각이나 꿈을 아름답게 이뤄냈다고 말하는 '피어나다'라는 표현을 돌봄과 붙이는 일이 익숙하지 않을 뿐이다.

　보통 돌봄은 상대방의 신체적 필요를 충족하는 것으로 여긴다. 필요라면 주로 생리적인 것, 목이 마른 이에게 물을, 피곤한 이에게 쉴 곳을, 추위에 떠는 이에게 따뜻함을 제공하는 것을 떠올리지만 그 외에도 다양한 필요가 있다. 학생이 공부에 마음놓고 집중하려면, 누군가 우울감을 느낀다면 그에 맞는 정서적 지원이 필요하다. 이를 심리적 필요라고 할 수 있다. 고립되어 살아가는 누군가에게는 인간관계나 지역 공동체가 필요할 수 있는데, 이와 같은 사회적 필요 또한 지닌다. 이런 신체·심리·사회적 필요를 충족할 수 있도록 돕는 것이 흔히 생각하는 돌봄의 목적이다. 이러한 필요가 충족되면 행복을 느끼기 위한 최소 조건은 갖춰졌다고 여긴다. 필요가 충족된다고 반드시 행복을 느끼는 건 아니지만, 필요가 충족되지 않았다면 행복할 수 없다. 따라서 행복의 최소 조건으로서 필요를 충족시키는 것을 돌봄의 목표로 설정할 만하다.

필요의 충족만으로도 일반적인 돌봄 상황에선 충분하다. 오히려 이것만 신경 쓰는 것도 쉬운 일이 아니다. 하지만 이게 돌봄의 전부인가. 이로써 모두가 돌봄에 만족할까.

딸은 성장하면서 그때그때 좋아하는 것이 바뀌었다. 초등학교 3학년인 현재, 딸이 가장 좋아하는 것은 친구들과 시간을 보내는 것이다. 아이는 친구들과 놀 시간을 확보하기 위해(또는 얻어내기 위해) 미리 숙제를 하고 부모의 마음에 들 만한 행동을 한다. 아이의 목적은 공부나 칭찬이 아니라 친구다. 어느 날, 아이가 약속을 지키지 않아 친구들과 노는 대신 집에서 시간을 보내게 한 적이 있다. 아이는 화가 많이, 아주 많이 났다. 처음으로 방문을 꽝 닫고 들어가서 혼자 있었으니까. 아이에게 그토록 소중한 시간이었음을 알고 있었으니 아이가 약속을 어겼을지라도 친구와 놀게 허락해주었어야 했을까. 그 시간이야말로 아이의 심리적·사회적 필요를 충족시키는 것이니, 집에서 시간을 보내게 된 아이는 행복하지 않을 것이다. 어쩌면 아이의 심리적·사회적 필요를 꺾어 아이에겐 부정적인 영향이 남을지도 모른다.

필요와 행복의 관점에서는 아이의 놀이 시간을 반드시 보장하는 것이 돌봄이다. 행복은 삶에서 가장 중요한 일이니까. 하지만 나는 다른 돌봄이 필요하다고 생각한다.

우리는 행복하기 위해 살아가는가

이전에는 삶의 목적이 행복이라고 답하는 데 주저함이 없었다. 어른이 되어 이런저런 공부를 하면서 도달한 삶의 결론이었다. 내 생각은 기본적으로 의학에 영향을 많이 받았기 때문에, 여기에서 말하는 행복은 웰빙, 특히 객관적 웰빙의 달성에 가깝다. 잘 사는 것(또는 잘 지내는 것)으로 요약할 수 있는 웰빙은 충분히 주관적 요소로도 정의할 수 있지만, 나는 직업, 경제적 안정성, 주거, 신체 및 정신 상태와 같은 객관적인 것들까지 포함해 나의 웰빙을 정의하고자 했다. 그것은 내가 의사로서 치료를 권할 때의 기준이었고 생각의 일관성을 확보하는 방식이었다. 내가 주저 없이 개업의가 아닌 교수의 길을 택한 것도 높은 소득을 명성이 대체할 수 있으리라 믿었기 때문이다(물론 명성을 얻을 수 있다는 것은 착각이었다).

그러나 내가 마주한 현실은 생각을 바꿀 것을 요구했다. 나는 괜찮으니 당신의 '객관적' 기준을 적용하지 말라는 이들이 있었다. 연명의료를 중단해달라는 말기환자의 요청이나 내 몸을 있는 그대로 존중하라는 장애인의 요구는 당신의 잣대로 나를 판단하지 말고 내가 원하는 것을 받아들이라는 목소리였다. 나는 행복의 기준에, 내가 생각하는 웰빙의 자리에 이것을 녹여내려 했으나 실패했다. 나는 치료를 권할 수 없게 되었고, 이런 '다른' 삶을 긍정하자니 자가당착에 빠졌다. 그렇다면 모든 것을 상대적인 기준에 놓고, 우리는 서로의 삶에 관여하지 않아야 하는가.

대신 나는 삶의 목표가 행복이요 웰빙이라는 생각을 포기하기로 했다. 너무 오랜 전통에 입각한 관점이고 또 이전에 내가 한 말을 뒤집어야 하는 일이었다(나는 이전에 쓴 책에 삶의 목표는 행복이고 의료윤리란 그것을 의료적 상황에서 구현하기 위한 수단이라고 했다). 그렇다면 행복 대신 무엇을 놓아야 한단 말인가.

그렇게 찾은 것이 '피어남'이었다.

행복을 넘어 피어남으로

피어남은 'flourishing'을 번역한 말이다. 보통 번영이나 번성을 떠올리고, 여러 번역서가 이렇게 옮겼다. 긍정심리학에서는

(《마틴 셀리그만의 플로리시》 등) '플로리시flourish'가 긍정성을 통해 개인의 모든 능력을 발휘하여 번영에 이르는 것을 의미한다. 이 플로리시를 개인의 성취를 통한 웰빙의 달성이라고 봐도 무방하다. 셀리그만이 주장한 웰빙 이론과 플로리시는 내가 말하고자 하는 피어남과 용어 활용에서 겹치고, 접근이나 사유에서 상당한 유사성이 있다.[93] 그가 말한 PERMA 모형(긍정 정서Positive Emotion, 몰입 Engagement, 관계Relationship, 의미Meaning, 성취Accomplishment의 성격 강점을 발휘한 개인의 능력 발현)에도 동의하며, 객관적 웰빙 이론에서 주관적 웰빙 이론으로 넘어가 개인의 요소에 방점을 두고 있는 심리학적 접근도 매력적이라 생각한다. 그러나 내가 말하고자 하는 피어남은 아마르티아 센에서 출발하여 마사 누스바움을 포함한 여러 철학자가 인용하고 있는 개념 쪽에 더 방점을 둔다.[94] 새로운 표현을 만든 것도 이것 때문이다.

먼저 키테이가 들었던 식물의 비유에서 출발하려 한다.[95] 식물의 씨앗이 발아하여 땅을 뚫고 나와 줄기와 잎을 뻗고, 자신의 충만한 상태에 도달한 다음 후속 세대를 만들기 위해 꽃을 피우고 열매를 맺는 과정을 거칠 때, 우리는 그 식물이 만개했다고, 오롯이 피어났다고 말한다. 우리의 삶도 그와 같다. 여러 가능성을 담은 채로 태어나 여러 돌봄들(과 돌봄 관계들), 양육, 교육, 가족과 친구 관계, 사회에서의 인정 등을 받으며(맺으며) 자라나 자신의 가능성을 펼치고 다음 세대를 준비하는 것까지를 삶의 과정이라고 할때, 이 과정을 오롯이 누리는 것이 바로 피어남이다. 그것은 개인의 경제적·사회적 성취만을 가리키는 것은 아니며, 개인의 성공, 많은 쾌락, 행복감의 달성에 국한되지 않는다. 남들이 보기에 별것 아닌 작은 가능성이라도 그가 외적인 제한이나 억압, 폭력 등에서 벗어나 그것을 온전히 펼쳐낼 때 우리는 그가 피어났다고 말한다. 그렇게 다음 세대의 삶이 오롯이 자기 것이 될 수 있는 여건과 토대를 구축하는 데 기여할 때, 그것은 누군가의 피어남을 위한 돌봄이다.

다시 식물의 비유로 돌아가면, 이전에 내가 머물던 웰빙의 관점, 또는 번영과 행복의 철학은 분재 키우기와 같다. 분재는 분명 아름답게 자라난다. 분재의 멋진 모습을 보며 분재가 번영과 행복을 누리고 있다고 생각할지도 모른다. 그러나 나는 분재가 피어난 것은 아니라고 생각한다. 분재는 돌보는 손이 없으면 바로 시들어 버린다. 내적인 힘이 없는 것이다. 내가 생각하는 피어남의 모습은 해풍을 견디며 뒤틀어진 모습으로 자라난 소나무다. 피어남은 세상에서 자신의 자리를 만드는 과정이고, 그렇게 그늘이 되어 다음 세대가 자랄 수 있도록 하는 노력이다.

그렇다면 피어남이란 각자의 의미와 가치를 실현하기 위한 바탕을 마련하려는 시도이며, 피어남은 돌봄을 통해 이루어진다. 나와 너의 바탕을 만드는 작업이 돌봄이므로, 나는 피어나는 삶을 위한 돌봄을 다른 무엇보다 중요한 자리에 놓는다.

피어남을 위한 돌봄

삶을 피어남의 관점으로 보면서, 나는 내 삶과 노력들을 정리했다. 조금씩 성취와 인정에 대한 집착과 추구를 내려놓으려 노력한다. 무언가를 이뤄내고 또 남들만큼 성취해야 한다고 말하는 동시에 당신에게 번영의 자유가 있다고 말하는 것에는 왜곡이 있다. 그것은 결국 모두 끊임없이 경주하다가 한 명씩 떨어져 나가는 삶을 가리킨다.

그런 삶의 질서에 저항하는 방식으로 나는 돌봄을 택한다. 돌봄을 통해 피어남을 이루는 것은 아이를 돌보아 대단한 성취를 이뤄내게 하는 것이 아니다. 내 가족이나 나의 목표를 달성하는 성공 지향적 삶을 좇는 것도 아니다. 의미와 가치로 풍성한 삶을 함께 누릴 수 있기를 바라고 그것을 위한 자리를 마련하여 서로에게 감사의 조건이 되는 생을 만들어가는 일이다. 피어남이라는 말이 그 역할을 해줄 수 있다고 믿기에 나는 피어남을 택한다.

다시 내 아이의 이야기로 돌아가서, 때로는 아이의 당장의 필요에 따르지 않아야 한다고 생각한다. 장기적인 관점에서 보았을 때 그 선택이 아이의 의미와 가치를 더 자라나게 하는 일이라면 지금의 필요와 행복을 잠깐 유예할 때도 있어야 한다. 아이가 우리와의 약속을 지키는 것은 아이의 생에 중요한 가치들을 만들어주는 일이므로 아이의 피어남에 이바지한다. 그러니 지금은 슬프더라도 놀이 시간을 제한하는 것이다.

철학에는 '오토바이 운전자 사고실험'이라는 것이 있다. 우리는 그의 안전을 위하여 오토바이 운전자가 헬멧을 쓰길 바란다. 그래서 법으로 강제하고, 쓰지 않으면 벌금을 물린다. 운전자가 헬멧을 쓰면 오토바이를 탈 때 느끼는 행복감이 심대하게 낮아진다고 항변해도, 우리는 그에게 헬멧을 쓰라고 요구할 것이다. 심지어 타인을 위한 일이 아닌데도 말이다. 왜 그럴까? 일단 사고 발생 시의 안전을 위해 객관적으로 필요한 일이라고 말할 수 있다. 하지만 나는 이렇게 말하고 싶다. 사고가 났을 때, 헬멧을 쓰는 것이 쓰지 않는 것보다 운전자의 의미와 가치를 더 많이 보존하는 방향이라고. 후향적으로 보았을 때(이를테면 사고가 나고 한참 뒤에) 그는 자신에게 헬멧을 쓰도록 강제한 정책이나 방향에 동의할 것이다. 그러므로 피어남의 관점에서 나는 그에게 헬멧을 쓸 것을 간청하는 일이 바람직하다고 생각한다. 그것이 내가 운전자를 돌보는 방식이라고 믿으며 나는 헬멧을 쓰라고 말할 것이다.

돌봄에서 피어남이란 지금의 필요만을 충족하는 것을 넘어 장기적인 관점에서 상대방의 삶을 검토하는 것을 말한다. 그 돌봄은 결코, 즉각적인 쾌락이나 행복의 달성이 아니다.

다음 세대의
피어남을 위하여

한 트렌드 분석 서적이 유행시켰다는 "MZ세대"에 대한 염려는 내가 일하는 치과대학에서도 마찬가지다. 학교 일을 하면서 여러 교육 관련 회의에 참석하면 교수님들은 요새 학생들을 걱정한다. 우리 학교만의 일은 아니라서, 다른 대학의 교수님들도 요즘 세대 학생들을 어떻게 대해야 하는지에 대해 관심이 있다(그리고 그런 이야기를 할 사람이 별로 없다 보니, 한번 검토·분석해보라는 요청이 가끔 나에게 떨어지곤 한다).

MZ, 밀레니얼과 Z 세대를 합친 세대 구분이라면 밀레니얼이 80년대생을 가리키므로 나 또한 여기에 포함되는데 내가 무슨 말을 할 수 있을까, 하는 생각을 처음에는 했었다. 그러다가 선배 교수님들이 염려하는 문제가 무엇인지, 이 문제는 우리나라의 젊은 세대에만 고유하게 나타나는 건지, 그 원인과 해결책에는 어떻게 접근해야 하는지에 대해 진지하게 고민하게 되었다. 도 대체 왜 MZ세대가 문제라는 걸까.

시대마다 반복적으로 등장한다는 말, 심지어 고대의 문헌에 도 등장한다는 "요새 젊은 것들이 너무 버릇이 없다"라는 문제만 은 아닐 터였다. 그렇다기에는 학생들의 태도나 자세에 상당히 열 려 있는 교수님들도 어렵다고 생각하고 있는 모양이다. 게다가 '버릇'이 문제라면 내가 학생 시절에도 마찬가지였을 것 같은데 유독 요새 학생들이 더 큰 문제라고 이야기하고 있으니 다른 일이 벌어지고 있는 모양이긴 한 것 같다.

주로 MZ세대*를 겨냥하는 비판 담론은 주로 이들의 개인주 의, 조직과의 불화, 과도한 평등의 요구 등을 문제로 삼는다. 한 논 문[96]은 이를 두고 MZ세대의 문제가 아니라 새로운 세대의 특성을 받아들이지 못하는 윗세대의 권위주의를 문제라고 지적한 바 있 는데, 수긍할 만한 문제 제기다.

그러나 흥미로운 것은 비슷한 문제 제기가 외국에서도 이루 어지고 있다는 것이다. 세대 연구자 진 트웬지의 《#i세대》[97]부터 범죄학자 케이스 헤이워드의 《유아화: 우리 문화가 성인을 죽인 다Infantalised: How Our Culture Kill Adulthood》[98]까지 몇몇 저서는 최근 세대 가 특히 나약함을 내보이고 있으며, 이것이 사회적 문제라고 주

---

*   이 세대 구분이 부적절하다는 논의는 당연한 것이라서 굳이 다루지 않았다. 사실 MZ세대론이 겨냥하고 있는 것은 밀레니얼과 Z 전체가 아니라 후기 밀레니얼, 그것 도 그들 중 거의 마지막 몇 년과 Z 세대다.

장한다.** 예컨대 헤이워드는 최근 젊은이들이 이전에 '어른이 되어가는 표지'로 여겨졌던 것들을 회피하고 있으며(부모에게서 독립하지 않고, 결혼도 미루며, 아이를 갖지 않는 것 등) 이것은 젊은 세대의 유약함(또는 유아화)의 증거라고 말한다.

　이런 주장을 지지하거나 비판하기 전에, MZ세대론이 의미하는 바를 다시 생각해 볼 필요가 있다. "MZ는 기성세대와 잘 섞이지 못해" 또는 "MZ는 왜 이렇게 참지를 못하지"라고 누군가 투덜거릴 때, 그것은 젊은 세대의 무엇을 잘못이라고 지적하는 것인가. 그것은 개인주의나 대면 소통에 대한 어색함이 문제라고 말하는 것과 거리가 있다. 개인주의자라고 해서 다른 사람과 잘 섞이지 못하는 것이 아니며, 참는 것과 개인적 성향 또는 소통은 아무런 상관이 없기 때문이다. 이런 'MZ 비판'들을 보면서(예컨대 여러 연구가 MZ세대론을 '개인주의, 탈권위주의, 공정한 평가 선호, 높은 이직 의도, 수평적 커뮤니케이션 선호, 일과 삶의 균형, 평등' 등의 키워드로 정리할 때) 외국의 논의를 다시 생각한다. 우리 또한, 젊은 세대가 나약하다고 비난하고 있는 것이라고. 실제로 젊은 세대가 이런 태도를 갖고 있을지라도, 그것을 비난하는 것이 아니라 그런 태도를 만드는 원인을 개선해야 한다고.

　세대 담론의 검토는 돌봄의 문제로 연결되어 있으며, 최근의

**　트웬지는 나약함이 문제라기보다는 그런 상황을 만든 기술적 변화에 문제를 제기하는 것이라서, 헤이워드의 책과는 결이 상당히 다르다.

MZ 담론 역시 돌봄의 관점에서 검토할 때 그 원인을 쉽게 도출할 수 있다고 생각한다. 물론 MZ 담론 자체의 문제도 지적할 수 있을 것이다. 그러나 여기에서 살피고자 하는 것은 그런 문제의 원인이며, 나는 단일한 돌봄의 방향을 그 원인으로 제시하고자 한다. 그렇다면 해답 역시 손쉽게 도출될 것이다. 지금과는 다른 방식의 대상에 따른 돌봄을, 바로 피어남을 추구하는 돌봄을 좇는 것이다. 심리학자 조너선 하이트와 변호사 그레그 루키아노프가 2018년 출간한 《나쁜 교육: 덜 너그러운 세대와 편협한 사회는 어떻게 만들어지는가》는 이러한 접근법에 근거를 제공한다.[99] 다만 나는 이 책의 주장에 전적으로 동의하진 않는다. 두 저자는 다분히 미국 또는 영미권의 상황에만 골몰하다 보니 다른 국가에서 나타나는 세대의 비슷한 문제를 검토하지 못했고 안타깝게도 원인과 결과를 제대로 연결하지 못한 것처럼 보인다.* 그러나 이 책에는 지금 우리 사회를 돌아볼 수 있는 흥미로운 분석이 담겨 있다.

먼저 《나쁜 교육》이 담고 있는 내용을 소개하고 이어서 이를 한국의 상황, 특히 MZ세대론을 연결지어 이해해보려 한다. 이 작업은 결과적으로 우리에게 돌봄의 어긋난 형태가 무엇인지, 그것

---

* 한편 저자 중 한 명인 하이트는 이 책의 문제의식을 더 밀어붙여서 《불안 세대》를 2024년 출간하였다. 《나쁜 교육》이 주장하던 문제들을 더 명확하게 밀어 붙인 《불안 세대》는 어린이의 SNS 사용이 심각한 문제를 일으키고 있다고 주장하며 나는 이에 동조한다(애초에 이 책이 나오기 전에 나 또한 어린이의 SNS 사용을 제한해야 한다는 주장을 펼친 바 있다).

이 어떤 영향을 낳고 있는지를 보여준다. 하이트와 루키아노프가 걱정하는 Z 세대의 문제, 그리고 우리 사회가 MZ세대론에서 염려하고 있는 요새 세대의 문제는 "나약함"이라는 키워드로 수렴될 수 있다. 그리고 그 지점에서 우리는 해결책을 다시 검토해보아야 한다. 이것은 새 세대가 비판받아야 할 지점이 아니다. 이 세대를 취약하게 만드는 문제가 새로이 떠오르고 있으며, 우리는 이를 다루어야 한다.

젊은 세대는 '나약하다'라는 편견

두 저자는 책 앞부분에서 왜 이 책을 저술하게 되었는지를 명확하게 밝히고 있다. 그들은 대학생들이 학교에 '자신들에게 공격적인 생각을 품은 인물'이 연자로 초대되었을 경우, 해당 강연을 취소해야 한다는 압박을 넣는 일이 2014년부터 갑자기 나타났다고 회고한다.[100] 학생들은 학교 당국이 학생들의 '안전'을 확보해야 한다고 주장하기 시작했다. 2017년 봄에는 대학 교정에서 상대방의 견해를 받아들이지 못하는 시위대 간 폭력 사태가 벌어졌다.

이런 사례 분석을 통해 이들이 최종적으로 공박하려는 것은 미국에서 새로 나타난 경향성인 보호주의safetyism다. 하이트와 루키아노프는 미국의 양육과 교육이 새로운 세대를 나약한 존재라고 굳게 믿기 때문에, '세 가지 비진실'을 심어 그들을 망치고 있다고 진단한다. 첫째, 유약함의 비진실("죽지 않을 만큼 고된 일은 우리를 더 약해지게 한다"), 둘째, 감정적 추론의 비진실("늘 너의 느낌을 믿어라"), 셋째, '우리 대 그들'의 비진실("삶은 선한 사람들과 악한 사람들 사이의 투쟁이다")이다.[101]

그들은 현재 양육과 교육이 새로운 세대를 자칫하면 부서질 그릇처럼 다루어, 이들이 외부로부터 주어지는 압박을 스스로 해결하지 못하게 만들었다고 진단한다. 또한 이들에게 주어진 교육은 주변에서 주어지는 온갖 반응을 자신의 감정으로만 해석하는 것을 당연하게 여겨, 타인의 주장을 공격으로 받아들이게 만든다. 마지막으로 새로운 세대는 흑백논리를 당연하게 여기는 풍토 속에서 자랐고, 따라서 우리 편이 아닌 이들을 몰아내는 일을 정당하게 여긴다.

아이들을 최대한 보호해야 한다는 생각에서 나온 이런 양육과 교육의 방식이 오히려 새로운 세대를 나약하게 만들고 있다고 저자들은 주장한다. 그들은 타인이나 반대되는 의견을 받아들이지 못하고 감정 외의 다른 추론의 방식을 견디지 못하기 때문에, 우리와 적을 명확하게 가르기 때문에 나약하다. 그런 나약한 이들은 우리는 보호받아야 하고, 저들은 몰아내야 한다고 요구한다. 그것이 얼마나 얼토당토않은 일인지 저자들은 책 전체를 통해 강변하고 있다.

이것이 하나의 문화(안전주의)라면 그 출처는 어디인가. 이들은 여섯 가지 원인을 제시한다. 첫째, 정치적 양극화 및 다른 정당에 대한 적개심의 증가, 둘째, 십대의 불안증과 우울증 수준의 증가, 셋째, 양육 방식의 변화, 넷째, 자유 놀이의 감소, 다섯째, 캠퍼스 관료주의의 성장, 마지막 여섯째, 정의에 대한 고조된 열정이다.[102] 과거보다 매우 극단화된 지금의 정치적 지형은 모든 정치적 논의를 흑백논리로 바라보게 만들고, 이는 새로운 세대에도 그대로 영향을 미치고 있다. 디지털 환경의 빈번한 노출도 다음 세대의 불안증과 우울증을 증가시키고 있다.* 아이들을 감시하며 한순간도 떼놓지 않고 돌보는 것이 당연한 규범이 되었으나, 이는 스스로 문제를 해결할 능력을 박탈하는 결과를 낳았다. 아이에게 '놀이'는 스스로 규범을 만들고 문제를 다루는 법을 배울 수 있는 중요한 요소인데, 요새 학생들은 대입 준비에 바빠 놀이를 경험하지 못한다. 대학은 교육 사업이 되어 대학생을 소비자로 다루고, 학생들에게 다른 태도나 지향을 심어주기보다 학생 만족 서비스를 제공하는 데 급급하다. 지금 정의에 대한 논의는 동일한 결과물이 주어져야 한다는 식으로 왜곡되고 있으며, 이것이 학생들의 편향된 문제 접근 방식을 만든다.

《나쁜 교육》의 전체 논의를 다음과 같이 정리해 볼 수 있다. 다음 세대는 편협하고 자신들과 반대되는 견해를 도저히 참지 못한다는 점에서 나약하다. 그것은 부모 세대와 앞세대의 양육과 교

---

* 전술한 것처럼 《불안 세대》에서 하이트는 설명을 바꾸어 디지털 환경 자체가 문제가 아니라 SNS가 십대 불안증과 우울증 증가의 원인이라고 지목한다.

육의 잘못된 태도(안전주의에서 나온 비진실들)로 인해 형성되었는데, 이런 태도를 만든 것은 지금의 정치, 사회, 기술의 특정한 요소들(특히 정치적 극단화, 디지털화, 대입에의 몰두와 과도한 부모의 간섭)이다.

저명한 저술가이기도 한 하이트의 다른 책에 비해 《나쁜 교육》은 별로 주목을 받지 못했는데, 이런 하이트와 루키아노프의 이야기가 설득력 있게 다가오지 않았던 듯하다. 우리나라를 봐도 "안전주의에서 나온 비진실"이라고 부를 만한 어떤 교육적 경향이 나타나지 않았기 때문이다. 우리에게 안전주의, 즉 아이의 양육과 교육에서 과도하게 안전을 우선하여 심지어 일상적인 일마저 심대하게 제한하는 일들이 벌어지고 있는가? 억지로 몇몇 사례를 꺼내들 수 있을지는 모르나, 우리 환경을 안전주의로 인해 숨이 막히고 폐쇄적인 상황이라고 누군가 분석한다면 나는 그가 현실을 왜곡하고 있다고 말할 것이다.[*][103]

하지만 이들의 분석에는 주목할 부분이 있다. 정치적 흑백논리나 디지털화, 특히 부모가 자녀의 삶을 세세히 통제하려는 경향은 현실이며, 이는 미국이나 한국에서 마찬가지로 벌어지고 있는 일이다. 비록 기성세대의 편견일지는 모르지만 한국의 기성세대 또한 MZ세대가 문제를 참고 버티지 못한다는 점을 문제삼고 있다. "MZ는 기성세대와 섞이지 못한다", "MZ는 빨리 이직

---

[*] 오히려 그런 주장을 하는 사람에 대해 우리 사회는 문제가 있는 행태라고 지적한다. 예컨대 부모가 학교에서 벌어지는 사소한 문제들을 사사건건 꼬투리를 잡아 학교 당국에 개선을 요구한 사례는 언론을 통해 '문제 사례'로 보도된다.

한다", "MZ는 빨리 퇴근하려고만 한다"와 같은 말들은 결국 이들이 이전 세대의 견해를 수용하지 못하며, 조금 버티거나 견딜 수도 있는 일들을 참지 못하는 나약함을 내보이고 있다는 것이다. 나는 거꾸로, 이렇게 말해보고도 싶다. 《나쁜 교육》은 미국식의 MZ세대론이라고.

다음 세대가 나약하다고 비판하기 전에

사실 《나쁜 교육》에서 정치성만 걷어낸다면 이 책은 상당히 흥미로운 작업물이다. 책이 나왔던 2018년 당시에 미국에서 그렇게 직접적인 것처럼 보이지 않았던 사안들, 특히 정치적 극단화,** SNS의 폐해,[104] 자녀 삶에 대한 부모의 과도한 개입과 과열을 넘어 폭주하고 있는 입시에 대한 몰두***는 이미 한국 사회를 뜨겁게 달궈온 문제가 아닌가. 그리고 (적어도 《나쁜 교육》의 분석에 따르면) 이런 조건들이 학생들을 "나약"하게 만드는 데 일조하고 있다면, 우리의 MZ세대론도 그렇게 정체불명의 것, "어른"들의 악의적 왜곡은

** 멀리 가지 않아도 2024년 트럼프의 재선이 이를 방증하는 사례가 될 것이다.

*** 2019년에 불거진 바시티블루스 스캔들Varsity Blues Scandal을 예로 들 수 있다. 입시컨설턴트 윌리엄 릭 싱어는 뇌물을 받고 학생을 체육 특기생으로 꾸며 대학에 넣었다. 2021년 10월 배심원단은 학부모 30명을 포함하여 50여 명의 관련자에게 유죄 평결을 내린 바 있다.

아닐 수도 있다. 단, 문제에 접근하는 방식이 어긋났을 뿐이다.

새로운 세대를 "MZ"로 구분하여 과도하게 이해하거나 비판하는 태도는 모두 다 그들을 대상화하고 있다는 점에서 적절하지 않다. 당장 내가 "MZ세대 이해하기"라는 주제로 교수님들에게 발표해야 하는 상황을 나는 온당하지 않다고 생각하는 편이다. 오히려 이해해야 하는 것은 기성세대나 새로운 세대나 마찬가지로 처한 삶의 위기들, 그리고 이런 조건들이 만들어낸 효과들이다.

다시 정치, SNS, 입시를 생각하면서 나는 이런 것들을 지나친 돌봄의 예시로 이해해본다. 내 부모 세대가 정치에 편향된 태도를 가지는 것은(사실 다른 세대로 마찬가지라고 생각한다) 자신의 이익에 몰입해서가 아니라 자신만이 '우리'를, '우리 사회'를 올바른 방식으로 위하고 있다고 생각해서인 것 같아서다. SNS가 10대 청소년, 특히 여학생들에게 심리적 악영향을 끼치는 것이 명확함에도[105] 회사들이 SNS 서비스를 확충하는 이유는 물론 그들의 이윤 추구 동기 때문이겠지만, 한편 'SNS로 청소년들이 네트워킹하는 것이 그래도 유익을 주지 않을까?'라는 편향을 버리지 못한 탓도 있어 보인다. 무엇보다 부모들이 자녀의 삶에 과도하게 개입하는 것은, 자녀는 자신의 삶을 온당히 다룰 수 없고 자신의 개입만이 올바른 방향을 제시할 수 있다는 굳은 믿음에서 나오는 것이니까.

이런 접근도 돌봄인가? 광의적인 의미에서 돌봄이라고 부를 수 있을 것이다. 당장 부모가 자녀의 삶에 개입하는 것은 대표적인 돌봄이다. 정치에 대한 세대의 의견은 사회에 대한 돌봄으로, SNS 서비스를 제공하는 것은 기업이 서비스 대상자를 향한 어떤 돌봄의 태도를 취하는 것이라고* 말할 수 있다. 하지만 이들 돌봄이 어긋난 결과를 우리는 마주한다. 대상에게 온당한 공간과 적절한 권리, 책임을 부여하지 못한 돌봄은 그들의 삶을 더 낫게 만들기는커녕, 그들을 나약하게 만드는 결과를 초래하는 것이다.

결국 MZ세대론은 새로운 세대에 대한 비판이 아니라 기성세대에 대한 비판이다. 또한 그것은 그들의 편견이나 고정관념, 또는 권위주의에서 나온 문제가 아니라 그들이 지닌 왜곡된 돌봄에서 초래된 결과다.

여기에서 "그러니 돌봄 자체가 문제다"라는 식으로 논의가 흐르는 것을 경계해야 한다. 부모가 자녀 삶에 과도하게 개입하고 양육과 교육의 모든 노력을 입시에만 맞춘 것이 문제이지, 부모가 자녀를 양육하고 교육하는 것 자체가 문제는 아니다. 정치에서 단 하나만이 답이라고 생각하는 태도가 문제이지, 정치 자체가 문제이니 무용하다거나 완전히 뒤엎어버려야 한다는 주장은 설익었거나 진지한 고려의 결과물은 아닐 것이다(적어도 정치가 빈 자리에 언제나 더 나쁜 정치가 들어섰던 모든 역사적 사례를 고려할 때 그렇다). SNS가 문제라고 해서, 그것이 지니는 순기능도 모두 지워버리고 이런 서

* SNS가 사회 변혁의 원동력이 되었다고 주장했던 2010년 "아랍의 봄"이 대표적인 사례다.

비스 자체를 허용해선 안 된다고 말하는 것이 더 과도한, 무리한 돌봄이다.

오히려 이들 각각의 영역에 필요한 것은 다른 돌봄의 양식이다. 교육이든 정치든 SNS든 모두 피어남을 염두에 두어야 한다고 나는 주장한다. 자녀 양육과 교육의 목표는 대입이 아니라 자녀의 피어남이라고, 자녀가 성장하면서 품은 목표와 방향을 잘 북돋워 줄 수 있는 노력이라고 말해야 한다. 그때 우리는 자녀의 삶에 과도하게 개입함을, 대입만이 지상 목표라고 생각하며 자녀를 9인 승 차로 실어 나르며 학교, 학원, 과제로만 학창 시절을 가득 채우는 일을 피하게 될 것이다. 정치는 사회가 피어나기 위한 노력이다. 여러 견해가 서로 부딪히는 가운데서 폭력이 아닌 발전적인 논의를 지향할 수 있어야 한다. 나와 남, 우리 편과 적을 가르는 것이 정치의 원래 목적은 아닐 것이다. 나는 우리가 함께 피어나는 사회를 지향하기 위해 노력하는 일이 정치가 되어야 한다고 믿으며, 그것은 내 견해만이 유일한 답이 아닐 수도 있다고 인정하는 데에서 시작한다. SNS 또한, 과시욕을 부추기는 통로가 아니라 개인의 네트워크 확대를 위해서 활용될 때 개인의 피어남에 이바지하는 도구가 될 수 있다. 그러나 이미 여러 사안에서 SNS는 이미 완전히 체제에 편입하여 자본의 극단을 보여주는 폐해가 되어버렸다. 한편 월가 점령 시위나 아랍의 봄은 네트워크의 꿈이었는지 모르지만, 그것은 네트워크가 가능성을 품고 있음을 보여주는 사례로 역사에 남았다. 다음 세대를 나약하게 만드는 것도, 반대로 그들이 감당할 것을 온당하게 다루도록 만드는 것도 돌봄이다. 단지 목표와 성격의 차이에 따라, 돌봄이 완전히 다른 것을 낳을 수 있다는 점이 문제일 뿐이다.

고통을 함께
상대해야 하는 이유[106]

안타깝게도 고통은 쉽게 다룰 수 없다. 가벼운 통증은 진통제로 어찌 잊히는 것 같지만, 정도가 심해지면 신체적인 통증마저도 손쉽게 없어지지 않는다. 정신적·사회적 고통은 말할 것도 없다. 더구나 약에 호소하는 것은 고통을 해결하는 제대로 된 방식이 아니다. 고통은 연쇄를 일으키며 확산하기에 초기에 차단해야 하지만, 섣부르게 약에 매달리면 결국 중독과 통제 불능의 상황이 주어진다.

고통을 세 종류, 즉 신체적·정신적·사회적 고통으로 나눌 때 그나마 해결책이 보이는 것은 신체적 고통이다. 정신적 고통에는 그래도 여러 접근법이 마련되어 있지만, 사회적 고통은 어떤가. 개인과 사회를 괴롭히는 여러 고통들, 학교폭력에서부터 세월호와 이태원까지 사회적 고통은 쉽사리 지워지지도, 타인과 나누며 함께 해결하기도 쉽지 않다. 이러한 고통들을 다스리고 나누며 치유해가는 것이, 그리고 그 속에서 피어남을 고민하는 것이 돌봄일 텐데, 고통은 그 정체부터 제대로 알 수가 없다.

하일권이 그린 네이버 웹툰 〈병의 맛〉은 우리를 괴롭히는 고통의 특징을 예리하게 보여준다. 〈병의 맛〉은 남들에게 보이지 않는 고통을 끌어안은 소년과 소녀가 만들어나가는 이야기다.

왕따와 가정폭력이라는 '병'

소년은 혼자 마왕과 사투를 벌이는 중이다. 그러는 와중에 소년 곁에 있는 정체를 알 수 없는 '검은 것'은 시시때때로 소년을 공격한다. 소년은 숨 막혀 죽지 않기 위해 맞서 싸운다. 검은 것이 모두 소년을 공격하는 것은 아니다. 몇몇 검은 것은 소년이 통제할 수 있어, 검은 것을 이용해 맞서기도 한다. 어느 날 소년은 검은 것에게 습격당해 응급실에 가지만, 소년을 치료해준 의료진은 검은 것을 인지하지 못하고 떼어내지도 않는다. 그렇게 소년은 며칠, 몇 주씩 아무도 모르는 싸움을 끊임없이 이어나간다. 그런데 소년과 우연히 국어수행평가를 같이하게 된 쓸쓸해 보이는 같은 반 소녀 또한 말한다. 자기 역시 이상하고 검은 것이 보인다고. 소년은 소녀 역시 자신처럼 아픔을 겪고 있다고, 검은 것과 맞서고 있다고 생각해 세심히 살피기 시작한다.

소년은 집단 괴롭힘으로, 소녀는 가정폭력으로 고통받고 있음이 넌지시 제시된다. 무엇보다 이를 분명하게 전달하는 것은 검은 것이다. 작품에서 검은 것은 바로 고통을 시각화한 것이다. 고통과 검은 것 모두 남에게 보이지 않는다. 그것은 갑자기 달려들어 일상을 파괴하며 목을 조르고(상징적 의미든 문자적 의미든) 움직이지 못하게 만든다. 다른 사람들은 소년이 겪는 고통을 이해하지 못한다. 아니, 사실 우린 자기 고통도 잘 이해하지 못한다. 언젠가 버지니아 울프가 말했듯, "우리는 타인들의 영혼은커녕, 나 자신의 영혼도 알지 못한다."[107]

반면 소년은 소녀에게 붙어 있는 검은 것을 발견한다. 고통받는 자가 가진 감수성으로 소녀 또한 고통받고 있음을 알아챈 것이리라. 검은 것은, 고통은 소년을 다른 사람과 단절시킨다. 그러나 소년이 소녀에게서 검은 것을 발견할 때, 그리고 소년의 목을 조르는 검은 것을 소녀가 떼어내려 할 때 둘은 서로를 위로하는 한 걸음을 내디딘다. 아니, 둘만이 서로를 이해할 수 있음을 작품은 보여준다. 그것은 "고통이 외롭다(孤)는 것을 아는 사람만이 서로 교감하고 소통(通)"할 수 있음을, 그리하여 고통(苦痛)이 고통(孤通, 외로운 이들의 소통)이 되는 것을 보여준다.[108]

하지만 그것은 둘이 나누는 교감일 뿐, 세상은 그들에게 감응하지 않는다. 학교폭력 가해자는 말한다. 그때 이미 사과도 여러 번 하고 끝난 일 아니냐고. 고통받는 소녀를 보고 엄마는 어찌할 바를 모르고 말한다. "밥은 먹어야지." 아무도 검은 것을 보지 못하는 세상 속에서 소년과 소녀는 자신들이 엉망진창이라고 생각한다. 여기에 고통이 가져오는 문제의 핵심이 있다. 고통은 전달되지 않고 고통받는 자를 엉망진창으로 만든다. 주변 사람들이 귀를 막기 때문이 아니다. 문제는 주변에서 보려고 해도 그 고통이 보이지 않는다는 것이다. 이러한 상황을 두고 엄기호 작가는 말했다. "고통에서는 고통이 주체다." 기쁨은 기뻐하는 사람이 기쁨의 주인이고 행복은 행복해하는 사람 것이다. 심지어 고통과 맞닿아 있는 슬픔 또한 어느 정도까지는 슬퍼하는 사람에게 속한다. 그러나 고통은 고통받는 사람이 주인이 아니다. 따라서 고통받는 사람을 보는 주변 사람에게 고통은 보이지 않는다. 고통이 스쳐 지나간 자리만 보일 뿐. 그것은 아마 고통이 보이는 특수한 성질과 관계되어 있을지 모른다. 어떠한 원인에서 발생하는 다른 감각과 달리, 고통은 고통을 재생산하곤 하니까.

고통은 치유하는 것인가, 받아들이는 것인가

생물학에선 더 포괄적인 의미를 지닌 고통 대신 통증을 다룬다. 통증이란 특정 자극으로 인해 신경 반응이 나타나고 이것이 뇌로 전달되는 과정을 가리킨다. 신경생리학적으로 볼 때 통증은 두 가지로 나눌 수 있다. 급성통증acute pain과 만성통증chronic pain이다. 급성통증이란 급성자극acute stimuli이 Aδ와 C 섬유라고 부르는 구심성 신경afferents(중추신경계 쪽으로 신경 반응을 전달하는 신경 섬유)을 통해 척수로 빠르고 날카로운 통증(Aδ 섬유)과 그 뒤를 잇는 둔하고 쑤시는 감각(C 섬유)을 전달하는 것을 말한다.[109]

보통 급성통증을 일으킨 원인, 즉 조직 손상과 염증이 해소된 이후 통증은 자연스럽게 사라진다. 하지만 회복된 후에도 계속되는 통증이 있다. 이를 '만성통증'이라 하는데, 만성통증이 왜 일어나는지는 여전히 연구 중이다. 통증, 특히 만성통증은 오랫동안 환자가 주관적으로 느껴 호소하는 증상symptom으로 분류되었다. 하지만 최근 연구 결과는 신경 기능 자체에 변화가 발생한다는 가설을 지지하고 있다. 따라서 만성통증 자체를 질병으로 인식해야 한다는 주장이 힘을 얻게 되었다. 더불어 신경성통증neuropathic pain과 같이 급성통증에 이어서 나타나는 것이 아니라 그 자체로 만성적으로 통증을 일으키는 증상들을 분류해야 할 필요성도 대두되었다. 따라서 2019년 세계보건기구는 국제질병분류 11판에 만성통증을 질병으로 추가하고 그 정의 또한 "3개월 이상 지속하거나 재발하는 통증"으로 변경하였다.[110]

정리하면, 어떤 원인으로 발생했다 해도 그 회복 또는 변화와 무관하게 계속되는 통증이 만성통증이다. 그런데 통증이 만성기로 들어서면 애초에 통증을 일으켰던 원인은 중요하지 않다. 통증에 의해서건 다른 원인에 의해서건, 만성통증 환자의 뇌에선 기능적·구조적·화학적 변화가 관찰된다.[111] 통증이 신경계에서 나타난 변화에 기인하는 한[112] 만성통증은 겉에서 보아선 도저히 알 수 없

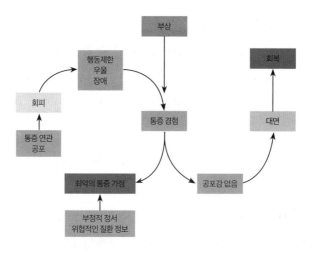

만성 통증의 공포-회피 모형[112]

공포로 인해 만성통증이 지속하는 양상을 나타낸 모형이다. 근골격계 통증을 설명하기 위한 모형이지만 다른 통증에도 비슷하게 적용할 수 있다. 통증에서 벗어나기 위해선 통증이 만들어 내는 악순환을 끊어내야 한다.

다. 마치 어떤 화학 약품이 많은 사람의 입에는 아무 맛도 없지만 어떤 사람 입에는 무척 쓴 것처럼, 만성통증 또한 누군가의 입에만 쓰디쓴 맛으로 느껴지는 "병"이다. 그리고 그 치료는 무척 어렵다. 원인을 제거한다고 해서 "자연적으로" 해소되지 않는 데다가, 지금 우리 손에 있는 것은 잠시 통증을 완화해줄 뿐인 진통제와 요법들뿐이다. 하지만 이는 모두 만성통증에 대한 해결책이 아니다.

통증이라는 "병의 맛"은 끊어지지 않는 악순환을 가져온다. 어떤 이유로 발생한 통증은 구조적 변화를 통해 다시 통증을 만들어내고, 그리하여 대상이 그 통증 주변을 계속 맴돌게 만든다. 통증은, 또한 고통은 말려든 사람이 벗어날 수 없는 덫을 파고 기다리고 있는 것인지도 모르겠다. 악순환을 끊어내거나, 고통을 받아들이고 그것을 가능한 줄이면서 살아갈 수 있도록 삶을 다시 쌓아가는 수밖에 없다.

여기에 고통을 다루는 우리 모습을 비춰보자. 우리는 인과적인 설명에 익숙하다. 무엇이 당신을 고통스럽게 하냐고 묻고, 그 원인을 해결하려고 시도한다. 몇 번 시도하다가 해결에 이르지 않으면 고통받는 사람에게 묻곤 한다. 이게 정말 원인이냐고. 학교폭력을 마주한 소년에게 사회는 그렇게 묻는다. 네가 아파하는 원인이 무엇이냐고. 가정폭력을 마주한 소녀에게 사회는 똑같이 원인을 물었을 것이다. 원인은 해소될 수도, 정리될 수도 있다. 가해자는 사과하고(심지어 진심 어린 자세로) 재발 방지를 약속할 수도 있다. 하지만 이미 고통이 만성화될 만큼 오래되었다면, "원인"을 해결했다 해도 고통은 사라지지 않을 수 있다. 2014년 진도 앞바다에서 벌어진 비극도, 2022년 이태원에서 발생한 참사도, 그리하여 우리가 느낀 고통에 대해서도 마찬가지인지도 모른다. 국가는 누군가를 원인으로 지적했고 처벌했지만(그 "원인"이 그저 면피용일지도 모른다는 의심은 여전히 가시지 않았지만) 희생자 가족들은, 지켜보고 있는 사람들은 이해할 수 없었다. 그들에게, 우리에게 주어진 고통은 사라지지 않았다. 이미 모두 고통의 악순환에 빠져 있기 때문인지도 모른다.

고통은 나뉘지 않는다. 고통을 말할 수 없기 때문이고, 고통을 듣고자 하는 사람 또한 고통에 빠져 결국 견디지 못하게 되기 때문이다. 고통을 견디는 사람들이 만드는 연대는 우리에게 대항의 가능성을 준다. 그러나 고통이 순환을 만들어낸다면, 그 순환이 모래 지옥처럼 사람들을 허우적거리게 만든다면, 고통 앞에서 연대하고 함께 견디는 것만으로는 부족하다. 그 순환을 적극적으로 끊어내려고 시도해야 하는지도 모른다. 그것이 지난한 일이며, 아무런 소용도 없어 보일 때가 많더라도 말이다. 같은 자리를 맴돌지 않으려면 매인 끈을 풀어내야 한다. 그 중력에서 벗어나야 한다. 그것은 고통받는 자에게 고통을 잊으라고 강요하는 것과는 전적으로 다르다. 잊으라고 잊히는 것이었다면 얼마나 쉬운 일일까. 그것은 고통을 그대로 받아들이고, 고통이 있음을 알면서 그 위에 다시 집을 지으려는 노력이다. 학교폭력을 당한 이에게, 가정폭력으로 밤마다 소스라치는 이에게 사과 한마디나 주변에서 던지는 위안으로는 부족하다. 그 고통을 일으킨 원인은 더 일어나지 않을 것이라고, 또한 그 고통이 있어도 우리는 함께 살아갈 수 있다고, 앞으로 걸어갈 수 있다고 말해야 한다.

고통, 특히 학교폭력이나 참사와 같은 사회적 고통은 해결을 위해 고통과 직접 관여한 이들을 넘어 사회 전체의 관심과 노력을 요청한다. 그것은 개인의 돌봄을 넘어 사회 전체의 돌봄으로 접근해야 할 일이다. 그것은 혼자서 할 수 있는 일은 아니다. 고통을 마주한 이들이 이룬 연대로도 힘에 부친다. 그러나 사람들은 그것이 우리의 책임이라고 말하는 것을 부담스러워할 것이다. 나는 그 고통에 아무런 연관 관계가 없으니까, 내가 일으킨 일이 아니니까.

그러나 그렇지 않다. 이런 고통을 만드는 것은 우리다. 직접적으로 관여하고 원인을 제공하지 않았더라도 말이다. 이러한 종류의 책임을 설명하기 위해 정치학자 아이리스 영은 '스웨트숍sweatshop'을 이야기했다.[114] 우리는 매장에서 아무런 생각 없이 저렴한 티셔츠를 고른다. 구입하는 행위에는 아무런 잘못이 없다. 그러나 이런 티셔츠는 대부분 아동과 이주민을 부당한 노동 조건으로 고용하는 공장이나 노동력을 착취하는 타국의 하청 공장에서 생산된다. 그렇다면 싸게 티셔츠를 샀다고 좋아하는 나는 사실 공장에서, 타국에서 벌어지고 있는 부정의에 기여하고 있는 것은 아닌가.

학교폭력도 마찬가지다. 학교폭력의 해결에 대한 논의는 '비행'을 저지르거나 폭력으로 문제를 해결하는 청소년들에 대한 비난에 그치는 경우가 많다. 그러나 학교폭력은 결국 학교를 돌봄 기관이 아닌 학력 경쟁 기관으로 만들었기에 발생하는 일이 아닌가. 왜 학교폭력이 발생하였을 때 학교는 아이들을 보호하기 위한 선택을 내리기 어려운가. 우리는 알고 있다. 우리가 학교를 돌봄 기관으로 인정하지 않고, 학교에서 학교폭력을 예방하거나 해결할 수 있는 교사의 권위를 부정하였으며, 그저 좋은 성적만 받으면 된다는 식으로 학교를 대했기 때문임을. 그렇다면 학교폭력은 우리 모두의 책임이다. 그럼에도 학교폭력에 고통받는 이들에게 관심이 없는, 고통 바깥에 있는 '우리'가 있기에 학교폭력은 지속된다. 〈병의 맛〉은 결국 소년과 소녀를 둘러싼 사회를, 책임을 회피하고 나서지 않는 우리를 고발하는 것이다.

우리 모두의 책임임을 인식하고 각자가 노력하지 않는 한, 사회적 고통은 해소되지 않는다. 고통 바깥에 있는 사람들이 고통을 해결하는 데 함께해야 하며, 우리는 그 책임을 나누어서 져야 한다. 그때에만 고통을 함께 상대한다고, 그 고통을 돌보기 위해 노력한다고 말할 수 있을 것이다.

우영우에겐 장애가 없다?[115]

태어나서 읽은 책을 모두 기억하고 대학교에서 한 번도 일등을 놓친 적이 없지만, 건물 회전문은 통과하지 못하는 변호사 우영우. 자폐 스펙트럼 장애로 다른 사람과 원활한 소통을 하는 데 어려움을 겪는 그는 사건에서 다른 사람들이 보지 못하는 부분을 파고들어 사람들을 돕는다. 0.9퍼센트에서 출발하여 10퍼센트를 넘는 시청률을 기록하고 회마다 선풍적인 인기를 끌었던 드라마 〈이상한 변호사 우영우〉 이야기다.

이 드라마가 이렇게까지 인기를 끌 것이라 예상한 사람은 별로 없었던 것 같다. 주인공이 지닌 한계는 언제나 극을 이끌어가는 동력이지만, 한국 사회에서 장애는 그렇게 환영받는 주제는 아니기에 그렇다.

한편 주인공은 영화 〈레인 맨〉, 드라마 〈굿 닥터〉 등에 등장한

'서번트 증후군', 즉 자폐 스펙트럼 장애로 사회적 측면에서 어려움을 겪으나 암기나 계산 등 '지적' 측면에서 엄청난 능력을 발휘하는 인물로 그려지기에 어느 정도 익숙한 인물형이다. 시청자들에게 우영우라는 캐릭터는 그리 낯설지 않았던 듯하고 법정 드라마를 기본으로 휴머니즘, 로맨스 등을 가미한 탄탄한 구성을 통해 깊은 호소력을 가질 수 있는 요소로 작용했던 것 같기도 하다.

작품이 왜 성공했는지 말하는 것은 나무에서 물고기를 구하는 격이기에 그만두자. 주인공 우영우와 같은 능력을 지닌 사람은 극소수이며, 이런 고기능 자폐 스펙트럼 장애를 지닌 사람만을 서사의 중심인물로 내세우는 것은 장애를 바라보는 왜곡된 시선을 만들어낼 수 있다는 우려도 접어두자. 우영우와 같은 천재가 존재한다는 것은 이상하지 않다. 우리나라 방방곡곡을 찾아보면 저런 능력을 지닌 사람이 분명히 있을 테니까.

오히려 현실에서 눈을 씻고 찾아보아도 만나지 못할 것 같은 사람들은 우영우를 둘러싼 사람들이다. 법무법인 '한바다'의 시니어 변호사로 우영우에게 기회를 주고 상사로서 그를 돕는 정명석(강기영 분)이나 우영우를 편견 없이 대하는 친구 동그라미(주현영 분) 같은 사람. 아니면 우영우의 로스쿨 동기로 질투와 관심을 동시에 보이는 최수연(하윤경 분) 같은 사람 말이다.

이들 없이 우영우가 변호에 성공할 수 있을까? 아니, 로스쿨을 다니고 법무법인에 취업은 할 수 있을까? 어쩌면 가능할 수도 있다. 하지만 그 확률은 우영우와 같은 '서번트 신드롬'을 가질 극히 드문 확률보다도 더 낮을 것이다. 그들이 없다면 우영우의 정신 상태는 그의 학업이나 업무에 극명한 지장을 일으킬 것이다.

그러나 우영우는 변호에 성공한다. 자신을 여러 방향에서 지지해주는 주변 사람들과 함께. 그들과 함께 있을 때, 우영우는 자신의 잠재력을 발휘해 피어날 수 있다. 그들의 돌봄과 함께할 때, 우영우는 그저 약간 다른 사람일 뿐이다.

여기에서 확인할 수 있는 것은 장애의 의미다. 어떤 특징을 지닌 사람이 어떤 일을 하지 못하게 하는 것, 즉 장애를 정말 '장애'로 만드는 것은 무엇인가? 그것은 바로 주변 사람이며, 주변 사람에게 역할을 부여하는 사회다. 사회가 어떤 특징을 가진 사람을 옴짝달싹하지 못하게 할 때 장애가 나타나는 것이다. 그런 의미에서, 우영우에겐 장애가 없다.

그에겐 명확한 진단명도 있고, 다른 사람의 말을 따라 하는 반향어나 특정 대상에 대한 강한 집착 등을 보이는데 정말 장애가 없다고 할 수 있는가? 도대체 장애란 무엇인가?

장애 개념의 변화: 본질에서 조건으로

고중세 사회에서 장애는 하늘이 내린 벌이거나 세상의 할큄이 남긴 흔적이었다. 지금이라고 크게 다른가 싶기도 하지만, 질병을 치료할 방법이 별로 없던 시대에는 많은 사람이 크든 작든

병이나 사고가 남긴 자국을 평생 간직하며 살아야 했다. 근대 복지 개념이 등장하기 전까지 사회가 약자를 체계적으로 책임지는 노력에는 한계가 있었지만, 한편으로 장애는 남들이 알지 못하는 신적 비밀을 알게 해주는 통로로 인식되었다. 시각장애인은 '눈앞'의 것을 보지 못하는 대신 비밀스러운 것들을 '볼 수 있다'고 여겨졌다. 정신질환자는 인간 사회의 질서에서 벗어난 대신 다른 세계의 질서, 예컨대 신들의 질서 속에서 살아간다고 생각했다.

산업사회는 신체 건전한 노동자의 세상으로 세계를 재편했다. 노동할 수 없는 자에게 인간 이하의 지위를 부여하고 대신 그들을 구휼한 것도 산업사회였다. 노동의 질서에서 벗어난 자들을 구빈원에 모으고, 이들을 집단 관리하기 위한 체계는 병원이 되었다. 병원은 치료 가능한 자와 치료 불가능한 자를 분류하여 전자는 환자로, 후자는 장애인으로 불렀다. 비로소 장애는 현대적 의미를 부여받았다. 그것은 인간을 노동할 수 없게 만드는 변경 불가능한 속성이다.

이런 생각은 고전적인 장애 정의에 반영되어 있다. 1975년 국제연합UN 총회가 결의한 '장애인 권리 선언'은 장애인을 "신체적·정신적 능력의 결함으로 인한 결과로 개인·사회생활의 필요조건을 스스로 보장할 수 없는 사람"으로 정의하였다.[116] 1980년 세계보건기구WHO는 국제장애분류ICIDH를 제시하여 신체적 기능 제한인 손상impairment, 개인의 능력 제한인 장애disability, 손상과 장애로 인하여 개인이 경험하는 사회적 불리함인 핸디캡handicap을 구

	영역 1: 기능과 장애		영역 2: 상황과 요소	
구성요소	신체 기능 및 구조	활동과 장애	환경적 요소	개인적 요소
영역	신체 기능 구조	생활 영역	외적 영향력	내적 영향력
구성물	생리학·해부학	과제 수행 능력·정도	물리적, 사회적, 인식적 측면	개별 특성
긍정적 측면	기능적, 구조적 통합성	활동과 참여	촉진요소	
	기능			
부정적 측면	손상	제한	저해요소	
	장애			

국제 기능·장애·건강 분류의 장애 개념

개인이 기능할 수 있는지, 또는 장애를 경험하는지 여부는 신체적 조건과 상황(환경적, 개인적 요소)의 상호작용에 따라 결정된다.

분하였다.[117] 이런 구분은 장애의 원인이 되는 신체적·정신적 문제와 장애 자체를 나누는 한편, 장애에서 문제가 되는 것은 결국 시민으로서의 '정상적인' 역할 수행이라고 보고 있음을 보여준다. 간단히 말해 '장애인'은 일할 수 없는 존재라서 장애인이라는 것이다. 따라서 이들에게 시혜적인 소득 보조가 필요하다는 생각이 복지 정책의 중심을 이루게 되었다.

이후 세계보건기구는 1997년 국제장애분류-2, 2001년 국제기능·장애·건강 분류ICF를 발표하면서 장애와 관련한 정의를 개정해나갔다.[118] 이 과정에서 장애와 핸디캡 사이 경계가 모호하다는 주장을 받아들여 핸디캡이라는 개념은 삭제되었다. 또한 정책의 목적은 장애인의 사회 참여를 확대하는 것으로 바뀌었고, 이에 따라 각 국가에 장애인 고용정책을 추진할 것을 요구했다.

장애가 인간을 노동할 수 없게 만드는 속성이라면, 장애인 고용정책이란 모순이거나 눈 가리고 아웅인 이상적 목표가 된다. 그러나 이런 주장은 헛된 꿈이 아니며, 장애에 대한 인식의 변화를 요청하고 있다. 더는 장애 자체가 노동을 불가능하게 하는 요소가 아님이 여기에서 강조된다. 물론 개인은 손상으로 인하여 특정 능력의 수행에 한계를 지닐 수 있다. 그러나 개인적·환경적 요소의 영향으로 그 한계는 줄어들거나 늘어날 수 있다. 경사로가 없으며 통로의 폭이 충분하지 않은 직장에 휠체어 사용자가 취업하는 것은 불가능하다. 그러나 그렇지 않다면 그가 취업하지 못할 이유는 무엇인가?

장애를 만드는 사회, 피어남을 이루는 돌봄

다시 우영우의 이야기로 돌아오자. 주변 사람의 이해와 도움이 없을 때, 우영우는 변호사로서 역할을 수행해낼 수 없다. 드라마 곳곳에서 등장하는 것처럼, 아니 드라마 자체가 우영우를 "이상한"이라고 수식하는 데서 알 수 있는 것처럼 우영우는 일반적인 노동 환경에서 받아들여지기 어렵다. 우영우 개인이 지닌 변경 불가능한 속성이 본질적 장애로 받아들여질 때, 자폐 스펙트럼을 가진 이가 노동한다는 것은 오히려 '이상한' 일이 된다.

그러나 드라마에서 우영우는 착실히 자신의 길을 간다. 그에 겐 자기 역할을 수행하고 능력을 발휘할 수 있는 환경이 주어져 있기 때문이다. 그것은 그가 '천재'이고 엄청난 기억력의 소유자라서가 아니다. 물론 그렇기에 변호사의 일을 해내지만 변호사여야 할 필요는 없다. 그의 역할 수행을 가능케 하는 것은 우영우 주변 인물들의 돌봄이다. 우영우를 살피는 정명석 변호사나 동그라미와 같은 인물이 있기 때문이다. 그가 지닌 한계를 줄이고 자신의 특징을 발휘할 수 있게 하는 환경적 요소가 어떻게 작동하는지, 그리하여 개인의 '손상'이 어떻게 '장애'가 되지 않을 수 있는지 〈이상한 변호사 우영우〉는 잘 보여준다.

안타깝게도 이런 환경적 요소는 우리에게 주어져 있지 않다. 우영우와 같은 개인을 본질적 장애인으로 여기는 우리 사회는 그가 아무런 역할도 할 수 없다고 생각한다. 이것은 전후 한국 사회를 지배해온 장애에 대한 낙인이기도 하다. 고도성장의 이면에는 여전히 고칠 수 없는 신체와 정신의 문제를 노동 불가능성과 연결 짓는 근대적 인식이 남아 있다. 장애를 가진 개인은 그 자체로 열등한 '장애인'으로 격하된다.

그러나 환경적 요소가 변화할 때, 손상을 가진 개인에 맞는 돌봄이 주어질 때 장애는 달라진다. 그들을 '장애인'으로 만들고 있는 것은 우리 사회임이 분명해진다. 꼭 우영우처럼 초월적인 능력을 지녀서 다른 사람이 할 수 없는 일을 해결하는 '초인'이 아니라도, 장애를 가진 이들은 우리가 일상이라는 이름으로 당연시하거나 무시하는 것을 예민하게 느끼는 이들이라고 말할 수 있다. 휠체어로 갈 수 없는 공간은 사실 어떤 기준 안에 속하는 사람을 제외한 모두, 예컨대 노약자도 접근하기 어려운 공간이다. 휠체어 접근 가능성을 검토하고 경사로를 만들거나 엘리베이터를 설치하는 일은 휠체어 사용자를 특권화하여 그들에게 특혜를 주는 것이 아니라, 휠체어 사용자를 고려하는 과정에서 많은 사람에게 불편하고 힘든 환경이 조성되어 있음을 발견했기에 이를 해결하기 위해 노력을 기울이는 것이다.

교육 현장에서 적응형 학습adaptive learning을 적용하는 것도 환경적 변화다. 특수교육에서 대상자의 학습 수준이나 방향에 맞게 교육을 제공하는 것이 적응형 학습의 일차적인 정의지만, 이런 접근은 다른 학생들, 예컨대 언어적·문화적 차이를 지닌 학생이나 사고를 당해 도움이 필요한 학생들에게 큰 도움이 된다. 나도 미국에서 대학원을 다닐 때 영어를 외국어로 사용하는 학생에게 주어지는 학교의 여러 정책에 도움을 받았다.

더 넓게는 고용 현장의 변화도 생각해볼 수 있다. 장애인이나 만성질환자의 생활 양식과 가능 범위에 맞추어 작업 환경을 제공하고 유연 근무를 시행하는 것은 당장엔 그들에게만 도움이 되는 것처럼 보일 수 있다. 그러나 우리 또한 그런 환경과 조건을 필요로 하지 않는가. 부모로서 아이를 제대로 돌보려면 결국 유연 근무가 보편적으로 시행되어야 한다. 질병이나 사고의 상황에서 직무를 이어가려면 개인의 손상에 맞는 환경적 지원은 필수적이다. 저출생 시대의 충격을 대비하여 기존의 비노동 인구(여러 보고서가 지적한 것처럼 여성, 노인, 외국인)를 노동 가능 인구로 끌어들이려면 마찬가지로 그들이 일할 수 있는 환경을 조성해야만 한다. 지금 일하던 방식에 맞추라고 강요하는 것이 아니라. 그것이 장애인을 포함하여 우리 모두가 피어날 수 있는 환경을 만드는 일이자 사회적 돌봄의 일환일 것이다.

로봇과 인공지능이
돌봄을 대신할 수 있는가

　　최근 돌봄 분야에서는 돌봄 기술이 중요하게 다뤄지고 있다. 요양시설이나 노인 거주 가정에서 돌봄 로봇을 사용하는 것이 대표적이다. 물개를 닮은 애착 로봇 파로Paro에 대해선 그 사용의 장단점이나 문제에 대한 여러 논의가 이미 충분히 이루어진 바 있으며, 부정적 정서 및 행동 감소, 사회적 참여 증가, 돌봄 경험의 질 향상이라는 이점에도 비용, 노동 증가, 감염 문제, 낙인으로 인하여 보편적으로 확산되지는 않은 상태다.[119] 파로가 만들어진 돌봄 로봇의 강국 일본에선 허그(이동 보조), 페퍼(레크리에이션 운동 세션 운영) 등의 적용에 관한 연구와 논의가 이루어졌다.[120] 디지털 기술 개발과 적용에서 빠른 속도를 보이는 한국에도 돌봄 로봇이 여럿 나와 있으며, 말벗,[121] 재활, 식사 보조, 배설 처리[122] 등을 수행하는 로봇이 이미 현장에 배치되어 활용되고 있다. 독거노인을 모니터

링하고 생활을 보조한다는 인공지능도[123] 같은 궤에 있는 돌봄 로봇 또는 돌봄 기술이다.

　여기에서 다루려는 것은 돌봄 기술의 가능성이나 장단점이 아니다. 대신 돌봄 기술의 도입 앞에서 나는 물어보아야 한다고 생각한다. 그저 돌봄을 제공하기만 하면 되는가? 지금까지 말해온 내용을 보면 다분히 돌봄이 현대의 모든 문제를 해결하는 실천이라고 여겨질 수도 있을 것 같다. 하지만 돌봄이 필수적임에도 너무나 저평가되고 무시되어왔다는 주장과, 돌봄이 그 자체로 좋은 것이라는 주장 사이에는 거리가 있다. 꼭 필요한 것이라고 하여 반드시 좋은 것은 아니다.

돌봄의 이중성

　모든 돌봄이 좋은 것, 또는 그 자체로 변혁의 가능성을 지닌다는 주장도 존재한다. 바로 '제국' 3부작으로 유명한 정치철학자 네그리와 하트의 입장이다. 그들의 저작 《다중》은 탈국가 자본주의 '제국'의 통치 앞 새로운 정치 주체로서 출현한 '다중'에 관한 모색을 담아내며 제국의 생산 형태 속에서 새로운 공동체의 구성을 가능케 하는 힘들과 배치들의 계기를 진단해나간다. 다중이 변혁을 가져올 수 있는 이유는 새로운 생산 형식인 비물질 노동의 특성에서 기인하는데, 이런 비물질 노동의 대표적인 형태 하나가 정동 노동 또는 돌봄 노동이다.

> 정동적 노동은 언제나 직접적으로 관계를 구축한다. 아이디어, 이
> 미지 그리고 지식의 생산은 공통적으로 수행될 뿐만 아니라(누구도
> 실제로 혼자서 생각하지 않으며, 모든 생각은 다른 사람들의 과거 및 현재의 생각과
> 의 협동 속에서 생산된다), 동시에 각각의 아이디어와 이미지는 새로운
> 협동을 불러일으키고 개시한다.[124]

여기에서 네그리와 하트가 말하는 정동 노동이란 타인의 정
서를 그 결과물로 생산하는 노동을 가리키며 직접적으로는 정서
노동을, 포괄적으로는 돌봄 노동을 모두 가리킬 수 있다. 돌봄 노
동이란 결국 타인의 긍정적인 정서를 만들어내기 위한 돌보는 이
의 노력으로도 정의될 수 있기 때문이다. 네그리와 하트는 정동
노동 또는 돌봄 노동이 이전과 달리 각자의 삶의 양식이 모두 달
라진 현대 사회에서 모두의 공통성을(인간 공통의 정서를) 형성할 수
있다고 본다.《비물질노동과 다중》에 실린 하트의 논문「정동적
노동」은 돌봄 노동이 지닌 가능성을 진단한다.

> 이러한 관점에서 보면 여성과 자연은 공히 지배의 대상이지만, 또
> 한 그들은—삶정치적 과학기술의 공격에 대항하여—협력적인 관
> 계 속에서 삶을 생산하고 재생산하기 위해 함께 일한다. '계속 살아
> 남는 것'—정치는 이제 삶 그 자체의 문제가 되었으며, 투쟁은 위로

부터의 삶권력biopower에 대항하는 아래로부터의 삶능력biopower이라는 형태를 띤다. (…) 노동은 직접적으로 정동들에 작용한다. 노동은 주체성을 생산하며 사회를 생산하고 삶을 생산한다. 이러한 의미에서 정동적 노동은 존재론적이다. 정동적 노동은 산 노동이 삶의 형태를 구성하는 것임을 드러내고, 그렇게 하여 삶정치적 생산의 잠재력을 다시 한번 입증한다.[125]

이들은 돌봄 노동이 만들어내는 정동이 "삶능력"의 생성으로 연결될 수 있으며, 이를 통해 위로부터(제국으로부터)의 생명권력적 지배에서 벗어날 가능성을 포착할 수 있다고 진단한다. 이런 네그리와 하트의 생각을 돌봄 낙관론이라고 볼 수 있을 텐데, 돌봄 자체가 가진 변혁의 힘을 제기하고 있기 때문이다. 그러나 실비아 페데리치는 《혁명의 영점》에서 이들을 비판하며 돌봄의 이중성을 직시해야 한다고 주장한다.

정서성affectivity을 주로 상호작용성과 자기조직, 협력으로 정의하려한 네그리와 하트의 고집은 이런 노동을 구성하는 적대적인 관계들을 인식하는 데 걸림돌이 되고 있다. 또한 이는 감정노동자들이 타인의 재생산을 좌우하는 노동을 거부하는 데서 오는 죄책감을 극복하는 데 도움이 될 수 있는 전략을 정교하게 짜는 데도 무능하다. 우리가 돌보는 대상을 파괴하는 것이 아니라 오히려 그들의 힘을 북돋는 투쟁과 거부의 형태를 상상하는 것은 오직 우리가 감정노동을

이중적이고 모순적인 기능을 가진 재생산 노동으로 사고할 때만 가능하다.[126]

살펴보아야 할 것은 이 돌봄의 이중성이다. 돌봄의 이중성이란 무엇을 가리키는가? 철학자 보리스 그로이스는 철학적 관점에서 돌봄 개념의 두 가지 흐름이 있음을 살핀다.[127] 하나는 삶을 보존하는 능력이다. 생명을 살리는 돌봄의 힘은 부모와 가족의 손을 통해 주어지다가 점차 제도화·시설화되었으며 그 끝에는 전적으로 시설화된 생명 관리로서 요양시설이 놓인다. 다른 하나는 생을 발산하는 능력이다. 돌봄은 생명이 지닌 가능성과 힘을 발휘할 수 있도록 이끄는 힘 또한 지니며, 이는 주로 자기 탐구와 탈출의 실천으로 이루어졌다. 물론 이 또한 과도한 요구와 무리한 추구로 귀결될 수 있으며 그 끝에는 무한한 증산을 요구하는 자기계발서가 위치한다.* 이런 돌봄은 생산력과 창조성을 뒷받침하지만, 생은 무한한 생산력을 감당하지 못하며 결국 이른 죽음을 초래하는 원인이 된다.

예컨대 생명을 양초에 비유하자면, 한 돌봄은 작은 불을 오래 피우는 방식이며 다른 돌봄은 큰 불을 화려하고 짧게 피우는 방식이라고 말할 수 있다. 두 돌봄을 프로이트의 이론으로 살펴보면

---

* 이것이 '자기돌봄self-care'으로 표현될 수 있다는 점에서 자기 관리를 돌봄 사업으로 내놓은 여러 셀프케어 서비스가 있다. 그러나 외부의 압력으로부터 자신을 지켜준다는 셀프케어 서비스들의 약속은 사실 시설적 돌봄의 개인화일 뿐이다.

전자를 현실원칙*과, 후자를 죽음욕동**과 연결 지을 수 있다.[128] 삶을 보존하는 시설의 돌봄은 현실원칙을 공적 서비스로 정립한 것이다. 반면 생을 발산하는 창조의 돌봄, 니체라면 생을 긍정하기 위한 새로운 가치의 창설이라고 말했을 이 돌봄은 죽음욕동을 구현하기 위한 실천의 방식이다. 그리고 이런 두 생의 욕망, 돌봄의 양식은 모순적인 기능을 지닌다.

　문제는 두 돌봄의 양식 중 하나만을 취할 수 없다는 것이다. 보존적 돌봄은 안정적으로 삶을 최대한 유지하는 데 초점을 둔다. 자기보존의 방식으로서 타당한 측면이 있지만, 달리 보면 그것은 무의미하게 삶을 연장시킬 뿐이다. 사람들은 '어느 정도' 오래 살고 싶어 하지 무한히 살고 싶어 하지 않는다. 2022년 영국에서 이루어진 한 설문에 의하면, "과학적인 방법으로 영생을 얻고 싶다"라는 문항에 응답자의 19퍼센트만이 동의하였다.[129] 2021년 미국

---

* 　자기보존으로 인해 조절된 쾌락원칙. 프로이트는 유기체가 쾌락을 추구하는 기본적인 동기, 즉 쾌락원칙을 가지고 있다고 전제하지만, 유기체는 끝없는 쾌락을 추구하지 않는다. 오히려 너무 많은 쾌는 불쾌를 초래하므로 쾌락원칙은 조절할 수 있는 쾌 또는 만족의 지연이나 불쾌의 용인을 유기체에게 명한다. 이런 현실원칙은 돌봄의 한 형식(삶 보존을 위한 기술적 방식)과 겹친다.

** 　유기체가 원래의 상태였던 무기체로 돌아가려고 하는 욕동. 생이 결국 끝없는 불쾌라면(현실원칙의 목적이 그 불쾌를 조절하며 긴장을 최소화하고 삶을 연장하는 것이라면) 죽음은 모든 불쾌의 소멸을 가져온다. 그렇다면 유기체의 원래 목적, 쾌락의 극대화는 죽음으로 실현된다고도 할 수 있다. 프로이트가 이런 논지를 펼쳤던 것이 트라우마, 즉 일반적인 보호적 심리 기제를 넘어서는 강렬한 자극을 설명하기 위한 것이었으므로, 죽음욕동을 돌봄의 다른 형식, 생을 분출하고 터뜨리는 것과 겹칠 수 있을 것이다.

에서 이루어진 조사에 의하면 응답자의 33퍼센트만이 '불사 알약immortality pill'이 개발되었을 때 복용할 의사가 있다고 밝혔다.[130] 2008년 픽사 애니메이션 〈월-E〉에 등장한 미래 인류, 무의미한 쾌락만을 영위하며 쓰레기만 늘리는 그들의 모습 대신 쓰레기를 정리하는 낡은 로봇이지만 생의 목적들을 쫓는 월-E가 더 '인간적'이라고 생각하는 것은 이상하지 않다.

그러므로 돌봄은 삶을 보존해야 하지만, 한편으로 생을 발산시킬 수도 있어야 한다. 만약 돌봄이 오롯이 삶의 보존만을 목표한다면, 보살핌받는 이의 생의 목적이나 가치 같은 것은 생명 보존 앞에서 모두 무효화되어야 할 것이며, 돌봄은 육체의 보존을 위해 어떤 일도 감수하는 기술적 접근으로 발전해야 할 것이다. 그러나 돌봄에는 그 대상이 원하는 것을 이룰 수 있도록 돕는 역할이 포함된다. 때로 돌봄은 그 자체로 누군가의 생의 목적을 이룸을 의미하기도 한다.

그러나 현재 돌봄의 다수 형태인 돌봄 노동은 전술한 것처럼 삶의 보존에 초점이 맞추어져 있다. 따라서 페데리치가 감정노동으로 "공통적인 것"이 자동적으로 생산될 수 없음을 지적하는 것은 네그리와 하트가 놓친 감정노동의 가장된 자율성과 부불노동unpaid labor의 은폐를 짚는 동시에 돌봄의 역할 정의에 대한 문제를 제기한 것이다. 오히려 돌봄을 거부하는 사례들, "고객에게 무조건 맞춰주기를 거부하고 '낙하산을 타고 내려온' 비행승무원 스티븐 슬레이터의 결심이" 보여주는 것과 같은 돌봄 노동에 대한 투쟁이 지금 가려지고 있는 돌봄의 다른 측면을 새로운 방식으로 드러내고 있다.[131] 돌봄은 생의 발산을, 그의 목적과 추구를 구현하는 것을 포함한다.

안타깝게도 돌봄 기술의 발전은 돌봄의 한쪽 측면에 집중되어 있으며, 그것이 지금 돌봄 기술이 지닌 한계이자 문제점이라고 생각한다. 앞의 논의가 지닌 난점을 현재 가장 잘 드러내는 것도 돌봄 기술이 아닐까.

돌봄 기술은 피어나는 생을 돌보지 못한다

현재 투입되고 있는 돌봄 기술들은 저숙련 노동으로 치부되는 돌봄 노동을 로봇이나 인공지능 기술로 대체하려 한다. 예를 들어 스탠퍼드대학교 연구팀은 집안일을 하는 동작을 훈련시키면 최대 90%의 작업 성공률을 보이는 돌봄 로봇 '모바일 알로하 Mobile Aloha'를 개발했다.[132] 여러 치매 환자 요양 시설은 돌봄 로봇을 거주자 돌봄에 적극적으로 활용할 계획을 세우고 있으며 돌봄 로봇은 주로 배변이나 식사를 돕는다.[133] 재활병원에선 환자들의 재활훈련이나[134] 발달장애인 돌봄 서비스에 로봇을 활용하려는 공공 기획이 진행 중이다.[135]

생활 및 활동 보조를 로봇이 한다는 것 자체를 문제 삼긴 어렵다. 고령화와 인건비 상승으로 사람들이 필요로 하는 돌봄 서비스를 모두 제공하는 것은 그 자체로 도전적인 과제가 되었으며, 기존의 돌봄 노동 체계가 착취를 기반으로 유지되었다는 비판*을 받아들일 때 돌봄의 문제를 해결하는 방식으로서 로봇을 통한 돌봄 제공은 그나마 활용할 만한 대안으로 보인다.** 돌봄 필요는 있는데 인간은 돌볼 수 없다면 로봇이 돌보아야 하는 것 아닌가?

이 주장에 대한 반론이 몇 가지 제기될 수 있겠지만, 여기에선 앞서 살핀 돌봄의 이중성을 통해 로봇 돌봄 또는 돌봄 기술 일반을 비판하려 한다. 돌봄 기술 자체가 틀린 것은 아니다. 돌봄 기술은 고도화·전문화될 필요성이 있으며 이는 시장을 통한 공급과 직종의 세분화, 과학기술을 통한 인공지능과 로봇의 활용 등을 포함하여 이루어질 것이다. 문제는 돌봄 기술이 돌봄의 전부가 아니

---

* 돌봄 노동의 젠더성과 무급여성은 돌봄이 전제하는 착취의 문제를 잘 보여준다. 개발 국가에서 돌봄이 시장화되어 돌봄 노동자를 고용하면 돌봄의 젠더 불평등과 무급여의 문제가 해결된다고 생각할 수 있지만, 여전히 그 노동은 주로 외국인 여성 노동자가 낮은 급여를 받으며 해결하고 돌봄 노동자의 가족에 대한 돌봄이 필요하다는 점이 문제로 남는다. 키테이가 《돌봄: 사랑의 노동》에서 돌봄의 공공 윤리를 통해 국가가 돌봄 노동자의 돌봄 필요를 해결해야 한다고 주장했던 것은 이 때문이다. 에바 페더 키테이, 《돌봄: 사랑의 노동》, 김희강·나상원 옮김, 박영서, 2016 참조.

** 포스트휴먼적 관점에서 이는 인간 착취를 로봇 착취로 전환하는 것일 뿐이라는 비판을 피할 수 없다. 돌봄 로봇을 해법으로 여기는 이들은 돌봄 로봇은 인간이 할 수 없던 24시간 항시 돌봄이 가능하다고 말한다. 그것은 돌봄 로봇의 휴식권은 인정될 수 없다고 전제한 것이다. 하지만 단순한 기구라도 적절한 관리가 필요하듯 로봇 또한 적절한 관리를 받아야 하고, 그를 위한 어떤 형태의 휴식(인간과 같은 휴식은 아닐지라도)이 주어져야 할 것이다.

라는 데 있다. 돌봄 기술은 오로지 삶의 보존에만 초점을 맞춘다.

　어떤 돌봄 기술도 생의 발산을 위해 기획되지 않는다. 아니, 돌봄 기술 자체가 생의 발산과 배치된다. 발산하는 생은 다른 생과 다른, 보편성을 벗어난 특이성이다.* 너무 추상적으로 이야기했지만, 예를 들면 이런 식이다. 말기 돌봄 상황에서 의료는 삶을 연장하기 위한 연명의료를 기본으로 한다. 그것은 보존하는 돌봄이며 보편의 방식이다. 그러나 누군가는 더는 생을 이어가고 싶지 않다며 연명의료 중단을, 존엄사를 요청한다. 그것은 발산하는 돌봄이며 특이의 방식이다. 요양에서도 마찬가지로, 보편적이며 보존적인 돌봄을 제공하는 일차적인 방식은 시설이다. 그것은 효율적으로 거주자의 신체적 필요를 채워 그들의 삶을 지킨다. 그러나 많은 이들은 시설에서 무의미하게 연장되는 삶을 견디기 어려워한다. 그들에겐 생의 의미가, 자신의 가치와 목표를 실현하는 것이 더 중요하며, 따라서 시설을 벗어나 자신의 방식으로 생을 꾸려나가려 한다. 이들이 원하는 생의 방식은 각자 다를 것이므로 보편적인 방식으로 돌봄을 제공한다는 것은 원리상 어려워진다.

　그런데 기술은 보편에 맞추어 개발된다. 간단한 도구를 개

* 보편의 목록은 우리 사회가 받아들일 수 있는 것들로 구성되어 있다. 안전한 것, 삶을 지키고 유지하는 것이 보편이며, 프로이트의 말마따나 그것이 현실원칙을 구성한다. 그 안전함과 안온함을 벗어나려 하는 것이 생의 발산이기에 특이성으로 자리매김하는 것이다.

발하는 것에서부터 최신의 데이터 분석에 이르기까지, 기술은 다수의 패턴을 확인하여 그에 맞는 해법을 내놓는 것을 목적으로 한다. 돌봄 기술 또한 다수의 패턴을 따른다. 이를테면 독거 노인이 갑자기 집에서 쓰러졌는지를 확인하여 구조 신호를 보내는 인공지능 카메라를 생각해보자(이미 스마트돌봄의 이름으로 많이 보급되고 있다). 카메라는 사람이 있는데 오랜 시간 움직임이 없으면 경고 신호를 보내 일정 시간 안에 도움의 손길이 닿을 수 있도록 한다. 일반적으로는 어떤 사람이 오랜 시간 움직임이 없으면 쓰러진 것이다. 하지만 누군가는, 특히 노령의 누군가는 텔레비전을 보면서 미동 없이 앉아 있을 수도 있다. 그렇다면 이 사람의 특이성을 고려하여 오랫동안 움직임이 없는 사람이라 해도 경고를 보내지 않아야 하는가? 기술은 그래선 안 된다. 카메라는 구분 없이, 일정 시간 이상 움직이지 않는 사람이 확인되었을 때 경고 신호를 보내야 한다. 이것이 안전한 보존의 방식이기 때문이다.

따라서 돌봄 기술의 확충이 모든 돌봄을 대체할 수 있다고 말해선 안 된다. 돌봄의 보존 양식은 기술이 일부 대체할 수도 있을 것이며, 시설적·시스템적 돌봄은 기술의 결합으로 더 발달할 것이라고 생각할 수 있다. 그러나 돌봄의 발산 양식은 기술이 대체할 수 없다.

'그냥 돌봄' 대신 '돌봄을 통한 피어남'으로

돌봄 기술이 늘어나서 돌봄 수요를 충족한다고 하여 모든 돌봄의 문제가 해소될 순 없다. 돌봄 로봇이 늘어날 때 로봇이 말벗이 될 수 있느냐, 인간적인 애착을 느낄 수 있느냐와 같은 문제를 제기하는 경우도 있으나 이는 로봇을 잘 모르기에 하는 기우다. 인간은 상당히 빠르게 나와 함께 생활하는 반응 대상에 애착을 형성하고,[136] 현재 배치된 애착 로봇에 대해서도 사용자는 반려동물과 비슷한 애정을 느낀다.[137] 챗GPT 등장 이후로 사람들은 인공지능도 자연스러운 대화를 할 수 있다고 여기게 되었다.

문제는 그런 '인간적인 감각', 사람들이 막연히 어떻게 받아들이는가가 아니다. 중요한 것은 암묵적으로 함께 주어졌던 다른 돌봄, 자신의 생을 구현하려는 특이성을 뒷받침하는 돌봄의 양태가 현재 돌봄 기술 논의에서도 보이지 않는다는 것이다. 과격하게 말하면 영화 〈매트릭스〉에서 로봇들이 만들어낸 세계, 인간의 신체를 죽지 않게 유지시키고 정신은 가상세계에서 살아가게 두는 것이 돌봄 기술이 가닿을 마지막 지점이라 해도 이상하지 않다.

우리가 원하는 것이 그런 삶의 보존이 아니라면, 지금이라도 어떻게 다른 돌봄을 만들어낼지 고민해야 한다. 이 문제는 앞에서 제기한 돌봄의 결핍 문제와 직접적으로 연결된다. 어떤 돌봄이든 가능하고 괜찮다면, 돌봄의 결핍은 어떻게든 해결할 수 있다. 양육은 공공 육아로, 교육은 전적이자 단일한 공교육의 구현으로,

의료는 공공 병원으로, 장애인과 노인은 시설 돌봄으로 집중하고 현재 분산되어 있는 돌봄 자원을 모으면 돌봄 공급의 문제는 해결될지도 모른다.

결국 이 문제는 우리가 돌봄을 통해 무엇을 바라는지와 직결되어 있다. 돌봄이 삶을 보존하고 객관적 웰빙을 담보하는 수단에 그친다면 돌봄 기술의 확장은 마냥 환영할 일이다. 돌봄의 절대적인 양만 늘리면 모두가 행복한 세상이 도래할 것이니 말이다. 사람으로서 할 수 없는 일을 기술로 해결하는 것이다.

그러나 우리가 원하는 돌봄이 이런 돌봄만은 아니기에 문제가 된다. 시설을 둘러싼 오랜 논쟁을 떠나서라도, 획일화된 단일 관점의 돌봄은 모두의 답이 될 수 없다. 그 연장선에 있는 돌봄 기술도 마찬가지다. 병원에서 로봇의 활용은 현재 의료 인력의 일손을 더는 방식으로 진행되어야지, 의료 인력 일반을 대체하는 방식으로 주어져선 안 된다. 요양 또한 인공지능 기술이 돌봄 전반을 떠맡는 순간 그것은 사회의 감시망을 장애·노인 가정으로 확대하는 결과를 낳을 뿐이다

돌봄이 피어남을 목적으로 삼아야 하는 이유가 여기에도 있다. 돌봄의 목적은 삶의 보존을 넘어 생의 발산, 그 생이 바라고 그리는 것들을 이루도록 돕고 지지하는 것에 있다. 그것이 앞서 정의한 피어남이며, 웰빙의 객관적인 목록을 달성하는 것만으로는 성취할 수 없는 것이다. 그런데 돌봄 기술이 피어남을 가져올 수 있을까. 나에겐 아직 그런 그림이 그려지지 않는다. 보살핌받는

이의 삶 옆, 돌보는 이와 함께 만들어나가는 교환적·상호적·추구적 피어남을 돌봄 기술이 대체하는 모습을 상상할 수 없다. 물론 그에 필요한 육체적 노력이나 정서적 지원을 돌봄 기술이 대신할 수는 있을 것이다. 그러나 둘이 함께 만드는 피어남은 다르다. 기술은 아직 객관적 목록에 복속하는 도구이지, 나와 함께 미래를 만들어가는 동반자가 아니기 때문이다.

돌봄 기술과 돌보는 이가 함께할 때만 돌봄 기술은 다음의 돌봄을 담보할 수 있다.* 생을 피워내는 돌봄은 보살핌받는 이와 돌보는 이에게, 그리고 그들이 돌봄 기술을 어떻게 활용할지에 달려 있기 때문이다. 아무리 로봇과 인공지능이 발달하여 자동화된 돌봄이 주어지더라도 돌봄에 대한 고민은 이어져야 한다.

* 지금 필요한 것은 다양한 돌봄의 실천을 어떤 식으로 나누고 다르게 제공하느냐다. 모든 돌봄이 돌보는 하나의 주체로부터만 주어져선 안 된다. 다양한 주체가 다양한 돌봄을 제공해야 한다. 이때에만 돌봄 기술도, 보편적이고 효율적인 돌봄 실천도 의미가 생긴다. 아이 양육이 독박 육아로 남는 한, 그것이 남성의 손으로 이루어진다고 해도 돌봄의 문제는 해결되지 않는다. 다양한 방식의 양육이 여러 사람에 의해 이루어져야 한다. 기술은 이런 양육 네트워크에서 하나의 요소로 기능해야 한다. 그때에만 양육에서 로봇이나 인공지능의 활용은 자신의 역할을 다할 것이다.

행복한 삶과 피어나는 삶

이 장을 시작하면서 삶의 목적에 관한 이야기를 했었다. 삶의 목적을 행복, 즉 주관적·객관적 웰빙으로 정의했으나 한계에 부딪혔고, 이를 극복하기 위해 삶의 목적이자 돌봄의 목표로서 '피어남'을 발견했다. 그러나 '삶의 목적=행복'이라는 생각은 워낙 오래되었고 여러 논의에서 반복되면서 강하게 자리 잡고 있기 때문에, 기존의 행복 개념에 더해 피어남을 심도 있게 살펴볼 필요가 있다.

사실 행복은 정의하기 어려운 개념이다. 행복은 주관적·객관적 웰빙이 갖춰졌을 때 느끼는 심리적 상태 또는 기분을 가리키는가, 아니면 그러한 상태 자체를 가리키는가. 우리가 "행복하다"라고 말할 때, 어느 한쪽만 가리킨다고 말하기는 어렵다. 문제는 행복을 느끼는 심리적 상태나 기분만이 삶의 목적이라고 생각하면 어딘가 이상해진다는 것이다. 그렇다면 우리는 순간적인 만족 또는 쾌락의 극대화만을 추구해야 하지 않을까. 그런 삶을 좋은 삶이라고 말할 수 있을까. 따라서 쾌락이 가장 중요하고 이를 원하는 사람일지라도, 쾌락의 지속성이나 강도, 전후 관계와 같은 것을 검토해야 함을 받아들인다. 그렇지 않다면 쾌락을 주는 마약을 탐닉하는 삶마저 긍정해야 할지 모른다. 즉, 고려해야 할 것은 행복한 삶의 양태다.

　이를 구체적으로 살펴보기 위해 주관적·객관적 웰빙으로서의 행복을 이루었으나 피어남을 갈망하는 삶을 생각해보자. J는 성공한 사업가다. 그는 남부럽지 않을 만큼의 부와 명성을 얻고 화목한 가정을 이뤘으며, 그의 삶은 모두가 선망하는 일들로 가득하다. 스스로 행복하다고 자부하는 그는 마음 한구석에서 공허함을 느낀다. 문득 잊고 지냈던 소설가가 되겠다는 어릴 적 꿈이 떠오른 후부터다. 반짝이는 재능도 도전할 기회도 있었지만, 그는 안정적인 삶을 선택했고 이제는 꿈을 이룰 가능성도 시들어버렸다. 그러나 아무도 그의 갈망을, 허무함을 이해하지 못한다. 그는 객관적·주관적 웰빙을 이루었을지 몰라도, 스스로 피어났다고 느끼지는 못하는 것이다. 그와는 반대로 주관적·객관적 웰빙을 완전히 이루지 못했을지라도 주변의 응원을 받으며 자신의 꿈과 가능성을 피워내는 삶을 우리는 얼마든지 떠올릴 수 있다.

　객관적·주관적 웰빙으로 과연 행복을 정의할 수 있을까? 기존의 행복 개념과 피어남을 비교하여 이해하기 위해 네 가지 이론을 탐색할 것이다. 먼저 지금까지 삶의 목적과 관련해 주요하게 다루어진 세 가지 이론을 살핀다. 바로 쾌락주의, 웰빙의 주관적 욕망 이론, 웰빙의 객관적 목록 이론이다. 이후 그 마지막 변형으로서 피어남을 제시하고, 이것이 관계적 윤리 또는 돌봄윤리에서 정당화될 수 있는 삶의 목적에 대한 이해임을 살피고자 한다. 그럼으로써 돌봄윤리가 왜 피어남을 지향하는지 제시할 것이다.

쾌락주의

쾌락주의라고 하면 단순하고 즉물적인 만족만을 추구하는 느낌을 주지만, 철학에서 쾌락주의는 삶에서 고통에 비해 즐거움 또는 만족을 최대화하는 것을 삶의 목적이라고 보는 것으로 플라톤까지 거슬러 올라가는 유서 깊은 관점이다. 쾌락주의는 순간적으로 즐거움을 주지만 결국 고통을 증가시키는 행위는 배제하고, 오래 지속되면서 더 강한 즐거움을 주는 행위를 선택한다.

단순하고 분명한 원칙을 지닌 쾌락주의는 명쾌한 설명력을 지닌다. 삶에서 고통이 더 많은 상황을 바라는 이는 없다. 종교적 목적으로 고행을 선택하는 사람일지라도, 그 고통이 종국에는 더 많은 즐거움을 주리라고 믿기 때문에 고행을 선택하는 것이다. 순수한 고통을 선택하는 사람은 없으며 누구나 더 즐거운 삶을 바란다. 따라서 더 많은 즐거움을 추구하는 것은 당연하다.

쾌락주의에 뿌리를 둔 공리주의를 처음으로 정리한 벤담은 쾌락의 양만을 강조했으며 모든 쾌락은 양적으로 비교 가능하다고 보았다. 그러나 밀은 "배부른 돼지보다 배고픈 소크라테스가 더 낫다"며, 쾌락의 질 또한 중요함을 강조했다. 누구나 '배부른 돼지'로 평생 만족하며 사느니 배고프고 어렵더라도 지적 만족을 누릴 수 있는 소크라테스를 택한다는 것이다.

비슷한 관점에서 철학자 노직은 '경험기계'라는 사고실험을 통해 쾌락주의를 부정하려 했다.[138] 어떤 거대한 통에 사람이 들어가 있다고 해보자. 이 통은 액체로 가득 차 있으며, 액체는 그 사람의 신경과 연결되어 그가 바라던 경험과 만족감을 제공한다. 그러나 그것은 통 안에서 느끼는 감각일 뿐, 현실에서는 아무런 일도 벌어지지 않는다. 통은 엄청난 만족감을 제공하며, 그 사람은 자신이 통 안에 있음을 알지 못한다. 당신은 통에 들어갈 것인가? 노직은 누구도 들어가지 않을 것이므로 쾌락주의는 틀렸다고 말한다.

이 주장은 이후 여러 철학자에 의해 반박되었다.[139] 노직의 말처럼 사람들이 그런 기계에 들어가지 않더라도 쾌락의 우선성이 부정되지 않는다는 것이다. 사람들이 통에 들어가지 않으려는 이유는 현상 유지 편향, 즉 지금 상태를 선호하는 심적 경향 때문일 수 있다. 통 안에서 겪은 것과 똑같은 일이 바깥 현실에서 이루어졌을 때 얻는 쾌락이 더 클 것이라 생각해서 통을 거부할 수도 있다. 따라서 '경험 기계'가 쾌락주의를 부정하는 것은 아니다.

여기서 어느 주장이 맞고 틀린지 가르기는 어렵다. 쾌락주의는 매력적인 관점이고, 현대적 삶에도 영향을 미치고 있다. 중요한 것은 쾌락주의를 부정하는 노직과 같은 이들은 삶의 목적을 다르게 생각했다는 점이다. 그들은 각자의 주관적 욕망을 충족하기 위해 산다고 보았다. 그것이 웰빙의 주관적 욕망 이론의 골자다.

웰빙의 주관적 욕망 이론

웰빙well-being, 즉 '좋은 상태에 있음'이란 무엇을 의미하는가. 아마도 자신이 삶에서 이루고자 하는 것이나 바라는 것, 즉 욕망을 성취했을 때 좋은 상태에 있다고 말할 수 있을 것이다. 사람들은 각자 바라는 것이 다르므로 욕망과 충족은 모두 주관적이다.

하지만 누구도 지금 내가 욕망하는 것이 이루어지기만 하면 좋다고 생각하진 않는다. 내 아이가 친구들과 밤새 놀고 싶다고 떼쓸 때, 나는 부모로서 아이의 건강, 상황, 학습 등을 생각하여 아이를 말릴 것이다. 그것이 더 '좋은 상태'라고 여기기 때문이다. 웰빙은 눈앞의 주관적 욕망이 충족된 상태가 아니다. 우리는 먹이가 나오는 버튼을 끝없이 누르다가 죽는 실험실의 쥐와 다르다.

이때 주관적 욕망의 충족은 일정 기간의 노력을 통해 개인의 욕망이 성취되는 경험을 가리킬 것이다. 또한 나에게 정서적 만족을 줄 뿐 아니라 나와 타인에게, 또는 세상에 어떤 변화를 일으키는 성취일 것이다. 이를테면 나는 책을 쓰고자 하는 장기적인 욕망을 지닌다. 비록 쓰는 과정은 괴롭지만 그 성취는 나에게 웰빙을 가져온다. 그 작업이 정서적 충족을 주는 동시에, 내가 이루고자 하는 어떤 변화를 달성해주기 때문이다. 나는 아무런 변화나 영향 없는 충족을 웰빙이라 말하지 않는다. 가령 웹소설을 많이 읽는 것은 나의 읽기 욕구를 충족하는 행위더라도, 수십 만 편의 웹소설을 읽는 것이 나의 웰빙이라고 말하기는 어렵다.

결국 주관적 욕망만으로는 웰빙을 다 설명하지 못한다. "세상에 어떤 변화를 가져올 때 나는 웰빙을 누린다"라는 말은 내가 정말로 바라는 것은 나의 욕망 자체가 아니라, 세상의 어떤 변화라는 뜻이기 때문이다. 즉, 욕망의 성취는 그 자체로 가치를 지니지 않으며 그것이 달성하는 내용에 가치가 있다. 그렇다면 욕망 대신 달성하는 내용에 집중해야 한다. 우리의 웰빙은 우리가 무언가를 달성하는 데서 주어진다. 달성의 목록들을 나열하는 것이 바로 웰빙의 객관적 목록 이론이다.

웰빙의 객관적 목록 이론

누군가 좋은 삶을 살고 있다고 말할 때, 그가 갖춰야 할 할 조건들이 있다고 생각한다. 가령 궁핍하지는 않은 경제 상황, 좋은 우정을 나누는 사람들과의 교류, 원하는 활동을 제약하는 질병은 없는 정도의 건강, 사회적으로 인정받는 지위 등을 생각해볼 수 있다. 물론 그 목록은 사람마다 다를 수 있다. 하지만 우리는 개인에게 좋은 조건이 무엇인지 객관적으로 말할 수 있다. 목록을 정하는 기준이 다르더라도, 적어도 어떤 조건이 웰빙을 구성하는지 아닌지는 제삼자의 입장에서 판단할 수 있다는 것이다.

건강과 질병에 있어서 웰빙을 생각해보자. 신체·정신적 웰빙이란 무엇인가. 지속적인 고통이 없으며, 질병으로 신체·정신 활동의 제한을 겪지 않고, 개인의 사회적 목표를 성취하기에 충분한 신체·정신 상태에 있는 것, 그에 더해 필요할 때 적절한 의료적 처치를 받을 수 있는 의료적 접근성·가용성이 보장되고 질적 수준이 안정된 치료를 받을 수 있는 것 등을 들 수 있다. 만약 어떤 증상으로 지속적인 고통을 겪는다면, 갑자기 병에 걸렸는데 병원에 갈 수 없는 상황이라면 객관적으로 웰빙을 누린다고 말하기는 어려울 것이다.

이런 객관적 목록을 이론으로 구체화한 것으로 철학자 누스바움의 목록을 꼽을 수 있다.[140] 누스바움은 감정과 법의 관계를 연구한 학자로도 유명하지만, 경제학자 아마르티아 센과 함께 전개한 역량 접근법capabilities approach은 정의론에서 유력한 이론 체계로 자리 잡았다. 웰빙이 역량이나 정의론과 무슨 관련이 있나 싶겠지만 역량 접근법을 근거 짓는 두 가지 주장을 살펴보면 자연스럽게 연결된다.[141] 첫째, 웰빙의 성취를 위한 자유 추구는 우선적인 도덕적 중요성을 지닌다. 둘째, 웰빙은 사람들의 역량과 기능으로 이해되어야 한다. 여기에서 역량이란 개인이 부여받은 선택을 통해 성취할 수 있는 함doings과 삶beings을 가리킨다. 또 누스바움은 역량을 내적역량과 결합역량의 두 가지로 구분하며, 내적역량은 훈련되거나 계발된 개인의 특성과 능력을, 결합역량은 구체적인 정치적·사회적·경제적 상황에서 선택하고 행동할 기회의 총합을 가리킨다. 두 역량은 서로 연결되어 있지만, 어떤 사회는 둘 중 하나만 부여할 수 있으므로 둘을 구분할 필요가 있다.

　이런 역량 개념하에서 누스바움은 10대 핵심역량 목록을 제시한다. 바로 생명, 신체건강, 신체보전,* 감각·상상·사고, 감정, 실천이성,** 관계, 인간 이외의 종,*** 놀이, 환경 통제****다. 이런 역량은 인간 존엄성에 기대고 있으며, 역량 접근법은 각각의 역량을 최저 수준 이상으로 보장할 것을 정의의 이름으로 국가에 요구한다.

　누스바움이 제시한 조건을 웰빙의 최소 조건이라고 할 수 있을 것이다. 이 중 하나라도 구현할 수 없는 삶을 좋은 삶이라고 말하기 어려울 테니까. 충분한 수명을 누리지 못하는 삶을 웰빙이라

---

* 　보전integrity은 '침해 없음'과 '통제권의 확보'를 의미한다. 신체를 보전할 역량인 신체보전은 이동권, 폭력으로부터의 보호, 재생산 통제 등으로 구현된다.

** 　칸트의 그것처럼 실천이성은 선에 대한 독자적인 판단 능력을 가리킨다.

*** 　다른 동식물에 관심을 기울이고 관계를 맺을 역량이다. 인간 존재가 인간종만으로는 존속될 수 없음을 가리킨다.

**** 　환경 통제 역량에는 첫째, 정치 참여, 둘째, 재산 소유, 셋째, 적법 절차, 넷째, 업무상 인정이 있다.

고 말할 수 없다. 건강하지 못하거나 내 신체의 온전성을 침해당할 때(신체보전이 위협받는 경우), 감정을 느끼지 못할 때, 선에 대해 스스로 판단을 내릴 수 없거나 제대로 된 관계를 맺을 수 없을 때 우리는 그 삶을 좋은 삶이라고 부르지 않을 것이다. 상상력이나 놀이가 같은 역량의 차원에 놓일 만한지에 대해서는 이견이 있을 수 있지만, 누스바움은 여유가 허락되지 않는 삶은 그 자체로 문제라고 지적한다. 다른 종이나 정치적·경제적 환경은 부연할 필요 없이 웰빙의 중요한 요소다.

10대 핵심 역량(또한 역량의 정의를 구성하는 개인의 함과 삶)은 개인의 웰빙을 말할 때 어느 하나 빼놓기 어려우며, 사회정의의 차원에서 우리는 그것들의 보장을 위해 노력해야 한다. 물론 열 가지 역량 중 하나를 보장하기 위해 다른 하나를 포기해야 하는 경우도 있다. 하지만 그런 상태를 예외 상태로 정의하고 모든 역량이 다 보장될 수 있는 상태로 끌어올리도록 노력해야 하며, 한 역량이 유예된 것을 안타까워하고 비판할 수 있다.

10대 핵심 역량 목록은 물론 중요하다. 그러나 나는 역량의 객관적 목록이 지닐 수 있는 문제점을 짚고 싶다. 첫째, 핵심 역량 목록은 그런 역량을 성취할 능력이 없는 이들을 배제할 가능성이 있다. 둘째, 핵심 역량 목록은 개인의 자유에만 초점을 맞추면서 관계적으로 역량이 성취될 수 있다는 점을 누락하고 있다. 한 사례를 통해 이 문제를 검토해보자.

행복을 넘어 관계적 피어남으로

2023년 11월 13일 영국에서 희귀질환을 가진 한 아기가 법원의 연명치료 중단 결정으로 세상을 떠났다.[142] 아기는 연초에 미토콘드리아질환*을 가지고 태어났고, 이후 계속 중환자실에서 입원 치료를 받으며 생명을 유지하는 상태였다. 아기의 상태는 악화되었고 병원 의료진은 치료를 계속하는 것이 오히려 아이의 이득에 반하는 일이라며 치료 중단을 요구했다. 그러나 부모는 아이에게 살 권리가 있다고 맞섰다. 10월 초, 병원은 아이의 상태가 심각하고 계속되는 치료는 아기에게 고통을 안겨줄 뿐이라고 말했지만, 부모는 아기가 자신들에게 반응하며 안아주면 편안해한다고 받아쳤다.[143] 법원은 이 아기의 연명치료 중단을 명령했는데, 계속되는 치료가 아이에게 고통스러울 뿐이라는 객관적인 증거가 있다고 보았다. 10대 핵심 역량으로 말하자면 아기는 신체건강과 신체보전의 역량을(즉, 웰빙을) 성취할 가능성이 없으며 지속적인 고통 상태에 있으므로, 아기의 치료를 지속하는 것은 잘못이라고 판단한 것이다.

우리는 8개월 아기가 어떤 식으로 생각하는지 알 수 없으므로, 이 상황에서 아기의 견해는 고려할 수 없다. 따라서 아기의 웰

---

* 세포에서 에너지를 만들어내는 역할을 하는 기관인 미토콘드리아에 문제가 생긴 여러 상태를 통칭한다. 다양한 원인과 증상을 나타내며 치료도 쉽지 않다.

빙은 제삼자의 관점에서 판단할 수밖에 없다. 다분히 타당한 견해지만, 그렇다면 어떤 사람들의 웰빙은 영영 제삼자의 관점에서만 판단될 것이다. 사례에 등장하는 8개월 아기를 비롯해 심한 인지 장애를 가지고 태어난 장애인, 중증 알츠하이머병을 앓는 환자는 제삼자의 관점에서만 웰빙을 따질 수 있다. 제삼자의 관점은 보통 '일반인'의 관점이므로, 그들의 함과 삶은 결코 좋은 것으로 여겨지지 않을 것이다. 대부분의 경우 그들은 웰빙을 누리지 못한다.

　물론 객관적으로(또는 의학적으로) 신체적 고통을 받고 있는 아기의 상황은 웰빙과 거리가 멀다. 안타깝지만 미토콘드리아질환의 치료법은 아직 없으며, 아기가 호전될 가능성은 전혀 보이지 않는다. 객관의 눈으로 볼 때, 아이는 나쁜 상태에 있다. 하지만 그렇게 확정적으로 말해도 되는 것일까. 아기의 부모는 아기를 향한 자신들의 욕망에 눈이 멀어서, 아기를 괴롭히면서까지 아기를 살리려고 했던 괴물일까.

　이때 돌봄의 눈이 필요하다고 생각한다. 역량은 기본적으로 개인의 선택과 성취 차원에 놓인다. 하지만 선택과 성취가 꼭 개별자의 차원에서만 다루어질 필요는 없다. 우리는 함께 선택하고 성취하기도 한다. 특히 의존의 상태에선 더 그렇다. 병이 낫는 것은 환자와 의료인이 함께 이루는 성취다. 활동보조가 늘상 필요한 장애인이 직업이나 공무 등 공적 활동을 이룰 때, 그 역시 함께 이루는 성취다. 교육도 학생과 교육자가 함께 만들어가는 것 아닌

가. 사례의 아기 또한, 아기 혼자만 보면 고통과 비참의 처지에 놓여 있다. 하지만 그 아기를 필사적으로 돌보려했던 부모를 함께 고려해도 이러한 상황을 '객관적인 고통과 해악의 상태'라고만 정의해야 할까.

일반적인 상황 또는 보편적인 논의에선(누스바움의 논의가 법의 입안이나 제도의 결정 차원에서 이루어지고 있음을 고려할 필요가 있다) 객관적 목록이 필요하다. 국가가 개인의 역량을 보장하는지, 따라서 웰빙을 누릴 수 있는지 살피기 위한 지표를 마련하는 등의 목적을 위해선 객관적 목록이 중요하다. 또 이런 목록은 개인이 어떠한지를 기술한다. 그러나 애초에 목록에 들어올 수 없는 사람들을 고려하기 어려워진다. 관계적 차원에서 이루어질 수 있는 일들은 목록에서 다루어지기 어렵다(10대 핵심 역량 목록에 "관계"가 포함된 것이 이 상황을 예증한다).

나는 역량 접근법이 타당하며, 웰빙을 역량의 관점에서 살피는 것이 적절하다고 본다. 누스바움의 목록 또한, 국가가 개별 시민에게 정의로운 삶을 보장하는 정도를 파악하는 유용한 척도라고 여긴다. 단지 몇몇 예외를 고려할 때 객관적 목록 이론 및 누스바움의 핵심 역량 목록을 온전히 받아들이긴 어렵다.

나는 역량 목록이 관계적인 관점에서 다루어져야 한다고 생각하며, 이를 피어남이라는 용어로 서술하고자 한다. 역량 이론 또한 피어남(번영)이라는 표현을 쓰지만, 여기에서 해당 표현은 아리스토텔레스의 에우다이모니아_{eudaimōnia}*를 덕윤리학자들이 현대식으로 옮긴 '인간 삶의 목적'을 의미한다. 누스바움 또한 10대 핵심 역량 목록의 보장이 "번영하는 삶"을 제공하기 위해 필요한 것이라고 말한 바 있다. 하지만 역량 목록이 번영하는 삶으로 이어진다면, 그 '번영'은 다분히 특정한 방식으로 고정될 것이다. 역량 목록을 모두 성취한 삶은 어떤 '온당함', 사회문화적 '번영'에 기대는 것처럼 보인다. 그러나 다른 방식으로 충만한 삶도 가능할 것이다. 좋은 직장에 다니지 않더라도(좋은 직장에 다닐 수 없는 것과는 구분해야 한다), 만성질환이나 장애가 있더라도, 삶을 일부분 통제하지 못하더라도, 심지어 남들보다 짧은 시간만 누린 삶이라도 우리는 충만한 삶이라고, 그의 가능성과 목적이 만개했다고 부를 수 있는 삶들을 상상할 수 있지 않은가.

일반적으로 사례란 특이성을 함축하기에 대단한 사람들의

---

* eu- (좋은) + daimōn (영혼) + -ia (복수 명사). 일반적으로 행복이라고 번역되며 그리스적 인간관으로 이해할 때 객관적인 바람직함, 더 정확히는 폴리스(지금으로는 지역 공동체)가 제시하는 바람직함에 따르는 덕의 조건들을 충족하는 개인의 상태로 이해되었다. 그러나 아리스토텔레스는 그에 따른 개인의 즐거움 또한 중요하다고 강조하므로("또한 이런 사람들의 삶은 그 자체로 즐겁다 … 유덕한 행위도 이와 같아서 유덕한 사람에게도 즐겁그 그 자체로도 즐겁다.") 에우다이모니아가 "객관적인" 기준만을 가리킨다고 해석하는 것에는 문제가 있다. 따라서 아리스토텔레스가 말한 "좋은 영혼"의 상태란 객관적으로도 주관적으로도 바람직한 상태라고 볼 수 있을 것이다. 아리스토텔레스, 《니코마코스 윤리학》, 천병희 옮김, 숲, 2018, 42쪽.

것이 나열되곤 한다. 하지만 여기에서 그런 사람들의 성취를 말하고자 하는 것은 아니다. 소소한 일상, 그저 남들과 다르지 않은 삶이라고 해도 얼마든지 충만할 수 있다. 환자들의 삶은 질환이라는 고통으로 인하여 억눌리고 혼란스러우며, 특히 만성질환이나 중증질환의 경우 보편적인 기준에선 '좋은' 삶이라고 하기 어려울 수도 있지만, 의료인과 함께 질환의 기쁨과 슬픔을 걷는 일은 한편으로 환자들에게 충만한 삶을 제공한다. 아이를 키우며 때로 생산성이 낮아지고 발전에 전념하지 못한 나를 탓하곤 했지만, 그것 없이도 아이와 함께한 시간이 알알이 기억에 남아 있는 것으로 나는 그 시간들을 충만히 누렸다고 느낀다. 장애의 삶 역시 객관적으로는 불편과 어려움이 있겠으나 조금 느리고 더딜 뿐 그 안에도 충만한 것들이 가득함을 찾을 수 있음을 우리는 여러 뉴스, 책, 영화 등으로 보아오지 않는가.*

　개인이 바랐던 함과 삶을 살아내는 것, 그것을 뒷받침하는 관계적 역량, 그 성취로서의 피어남. 나는 이것이 돌봄의 관점에서 따져보아야 할 삶의 목적이자 행복의 개념이라고 생각한다. 물론 이론적인 틀로 더 보완할 필요가 있지만, 돌봄윤리를 살피기 위한 목적에선 충분할 것이다. 돌봄윤리는 함께 피어남을 이루는 것이다.

---

*　예를 들어 이창동의 영화 〈오아시스〉(2002)에서 두 주인공은 모두 장애를 지닌 인물이며, 사회적으로도 소외와 오해에 갇혀 있다. 그러나 둘은 서로에게서 충만함을 발견하고, 서로의 '공주'와 '왕자'가 된다.

5장   돌봄은
구조 속에서 순환한다

여기엔 왜 돌봄이 없는가

많은 사람이 돌봄의 부재를 토로한다. 아이들을 돌볼 수 없는 현실은 결국 세계 초유의 저출생 국가라는 오명으로 이어진다. 초경쟁사회는 아이들이 유치원부터 입시 경쟁을 해야 하는 상황을 낳는다. 많은 이에게 효율적으로 치료를 제공하고자 했으며 한때 이렇게 의료 서비스를 받을 수 있는 나라는 없다는 칭찬의 근간이 되었던 의료 정책은 한편으로 가파르게 상승하는 의료 비용을 다루는 데 한계를 보이고 있다. 또한 환자들과 가족들은 자신들이 의료에서 원했던 것이 국가와 의학의 권위로 대상화된 신체가 다스려지는 것('치유')이 아니라 자기 몸과의 관계를 회복하는 것임을 깨닫고 있으나, 어디에서도 그런 실천은 받아들여지기 힘들다. 장애인들은 여전히 시설이냐 아니냐조차 선택할 수 없다. 삶의 마지막에서 노인들은 요양시설에 '감금'되는 것* 외에 다른 선택지를 부여받지 못한다. 돌봄의 네 가지 영역, 양육, 교육, 의료, 요양에서 우리는 모두 실패하고 있다.

이 실패는 개별 정책의 실패일 수 있다. 그러나 이렇게 모든 영역에서 실패하고 있다면, 그 근원을 따져볼 필요도 있을 것이다. 나는 의료 외에는 학문적으로 고찰할 역량을 지니고 있지 못하다. 따라서 내 경험에서 어떤 문제를 겪었는지 돌아보는 것으로 고찰을 갈음하려 한다. 어쩌면 내 삶은 특이한 사례일지 모르지만, 내 삶에서 발생한 문제들은 다른 누구에게도 발생하고 있을 것이다.

아이를 우선하지 않는 사회

딸을 낳던 2015년, 우리는 이미 첫째를 조금 늦게 가졌다고 생각하고 있었다. 그다음 아이도 계획하고 있었고 당시의 기준에서 아이를 낳을 나이를 넘겼다고 생각했다는 뜻이다. 그러나 우리는 금방 둘째를 가질 생각을 버렸다. 늦었다고 생각했던 아이는 동년배에서 꽤 빨리 태어난 아이였고 유치원이나 학교에 가면 나보다 나이 많은 학부모가 많았다.

둘째에 대한 소망을 포기하는 건 힘든 결정이었다. 아내는 아

---

* 실제로 감금된다는 뜻은 아니라 푸코가 말한 사회가 "정상"에서 벗어난 이들을 시설에 배치하는 방식을 의미한다.

이를 낳고 기르며 화목한 가족을 꾸리길 강하게 원했다. 딸을 키우면서 나 또한 아이를 낳는 것이 무엇보다 중요한 일로 다가왔다. 새로운 세상을 만들어내는 것 또는 남기는 것이 생의 목적이라면, 아이라는 새로운 세상을 지켜보는 것보다 더 값진 일은 없어 보였다.

하지만 우리의 지향이든 목적이든, 다시 아이를 낳는 것을 선택하진 못했다. 많은 도움을 받았고 경제적으로 큰 문제가 있었던 것은 아니지만, 지금의 커리어를 이어나가며 아이를 낳고 기르기에는 시간이 절대적으로 부족했다. 시간의 부족은 그대로 서로를 향해 벼린 칼이 되었고, 조금 더 해주지 못하고 신경 쓰지 못하는 상대방의 사정을 이해하기보다 타박하게 되었다.

학교에서 연구하던 아내, 치과에서 일하면서 대학원을 병행하던 나. 일하는 동안에는 누가 아이를 볼 것인지, 일을 마치고 와서는 또 누가 아이를 볼 것인지. 병행할 수 있는 체력은 있는지. 그전에 생활을 붙들 정신은 남아 있는지. 학교도 직장도 우리가 아이를 낳고 돌보는 데 우호적이지 않았다. 제때 퇴근하는 것을 양해해주기는커녕 아이는 누가 봐주면 되는데 유난이라는 힐난을 들었다. 지금은 무시하거나 받아들이지 않지만, 당시에는 시키는 대로 해야 한다고 생각했다.

다른 사람에게, 예컨대 입주도우미를 구해 아이 돌봄을 부탁할 수도 있었다. 하지만 그것은 우리가 원하는 방식이 아니었고 내가 아이를 돌보는 일에서 빠져나와도 된다고 생각하지 않았다. 양육은 공동의 일이고 누가 더하거나 더 잘할 수 있는 일이 아닌

데, 왜 남자라는 이유, 또는 일을 한다는 이유로 그에서 면제되어야 하는가.

그때도 육아휴직은 어려웠다. 지금도 여자 수련의나 젊은 교수들의 3개월 육아휴직이 겨우겨우 허용된다. 출산휴가 외에 육아휴직을 쓴 남자는 본 적도 없다. 여전히 '아이 키우는 아빠'라는 인식 자체가 없거나 희박했다. 아이가 이제 초등학교를 다니는 지금 더 큰 문제로 다가오는 일이다.

끼어들 수 없는 교육의 현장들

전에 했던 인터뷰에서 친구인 기자는 "왜 전업주부/워킹맘이라는 표현은 익숙한데, 육아대디라는 표현은 어색한가"라며 질문을 던졌다. 내가 일을 하면서 육아를 최소한 반반은 맡고 있는 것 같다면서. 하지만 나는 아이를 돌보면서 여러 장벽을 느낀다.

아이와 부모가 함께하는 놀이나 활동으로 학교 친구를 만나러 가면 대부분 어머니가 같이 나온다. 당연히 어머니가 나올 것이라고 생각하기 때문에 아빠인 나를 어색해하는 경우도 있고, 그분들과 친밀한 관계를 맺기는 좀처럼 어렵다. 내가 지인을 만날 때도 마찬가지다. 아이와 노는 아빠를 종종 볼 수 있지만, 그것은 '특별한' 경우다. 다른 아빠들과 일정을 맞춰 아이와 함께 모임을 갖는 일은 무척 드물고 또 어렵다(반대로 아이를 데리고 모이는 어머니들의 모습은 일상적으로 볼 수 있다).

아이 교육이나 양육 방식에 관한 이야기도 난관이다. 나와 아내는 아이 학원이나 일정에 관해 상의하는데, 내가 이에 관한 정보를 얻을 창구가 절대적으로 부족하다. 대부분 양육이나 교육 커뮤니티는 여성을 중심으로 구성되어 있어서, 내가 접근하기 어렵다. 내가 속한 단톡방에서도 양육이나 교육 이야기를 하는 경우는 거의 없다. 책이나 유튜브를 통해 전반적인 정보를 찾을 수 있겠지만, 우리 아이가 다니는 학교, 사는 동네에 맞는 생활밀착형 정보는 얻기가 어렵다.

이런 문제점이 바쁜 일상과 맞붙어 있다. 보통 7시 30분에 출근해서 점심은 건너뛰거나 안에서 먹을 수 있는 간단한 음식으로 해결하고 7시 전후에는 꼭 퇴근한다. 11시간 이상 일해도 중간에 쉬는 시간을 마련하기 어렵다. 이렇게 해야 적어도 7시 30분에는 집에 도착해 아이의 숙제와 필요한 일을 챙길 수 있다. 저녁 일정도 최대한 잡지 않는다. 그렇게 해도 아이를 챙기는 것에 꼭 빠지는 일이 생긴다.

게다가 우리의 교육은 단 하나의 목표, 성적을 위해 나아간다. 사실 지금 교육이라 부르는 것은 성적을 잘 받기 위한 지원 체계에 가깝다. 그것은 교육 현장의 문제가 아니라, 입시와 입사가 성적으로만 가늠되고 개인의 다른 자질이나 특성이 중요하게 여겨지지 않는 탓이다. 결국 아이를 교육하는 일 또한 학원에 대한 고급 정보를 얻어 시간에 맞춰 보내고, 나머지 시간을 효율적으로 활용해 학교 과제를 해내는 식이다. 이때 '좋은' 교육은 결국 학원 가의 질이 보장한다. 아이가 다른 길, 이른바 '예체능'을 선택한다 해도 크게 다르지 않다. 이런 교육 현장에 내가 개입할 수 있는 방식은 없다. 결국 아빠의 역할이 학원 라이드로 끝난다면(그만큼 시간 내는 것도 귀한 일인 것은 맞다), 애초에 돌봄에 대한 고민을 할 수 있는 상황이 아니다.

지금 사회에서 부모가, 특히 아빠가 아이의 교육에 참여하는 것은 구조적으로 어렵고 힘든 일이다. 개인이 노력해도 안 되는 부분들이 있다. 돌보기 위한 체계 없이 하나의 방법만 제시하며 이것이 '좋은 돌봄'이라고 말한다. 개인이 아이의 양육과 교육 돌봄에서 어떠한 선택도 내릴 수 없는데, 지금 여기에서 아이의 돌봄이 가능할 리 없다.

의료와 돌봄에 관해선 앞에서 이야기했으니 여기에선 넘어가자. 의료 또한 당연히 돌봄이니까. 마지막으로 살펴볼 것은 바로 요양이다.

단 하나의 요양 형식, 요양원/요양병원

아흔을 훌쩍 넘긴 우리 할머니는 부모님 댁 근처의 요양원에 살고 계신다. 2018년까진 혼자 사셨는데, 집에 혼자 계시다가 고관절 골절로 걷지 못하시면서 전체적으로 신체·정신 상태가 악화하셨다. 치료를 받고 회복하시긴 했지만 여전히 휠체어를 타시고 은퇴 후 이런저런 공적 사업에 참여하고 계시는 어머니가 할머니를 돌볼 수는 없으셔서 요양원을 알아보았다. 다행히 부모님 댁 근처에 좋은 요양원이 있어서 잘 지내고 계시지만, 해야 할 일을 못 하고 있는 것 같아 죄송스럽다. 우리 집에서라도 모실 수는 없었을까.

사실 불가능하다. 마땅한 공간도 없고 아이 돌봄에도 시간이 부족한데 할머니를 돌볼 시간을 낼 수 있을 리 없다. 요양원에서 잘 돌봐주고 계시니 괜찮은 것도 같지만, 한편으론 요양의 형태 또한 단 하나로 강요되고 있다고 느낀다. 왜 다른 방식의 돌봄이 주어지지 않는가. 당연히 바빠서 그렇다. 그런데 무엇 때문에 바쁜 것인가. 잘 살기 위해서 아니었나. 한 푼이라도 더 벌어야 하고, 경쟁에서 어떻게든 살아남아야 하는 사회가 우리 삶에서 더 중요한 것들을 몰아낸 것 아닌가.

나이가 들었을 때 돌봄이 필요하지 않은 이는 극히 소수다. 단적으로 노년기에 이르면 장애인 비율이 급격히 증가한다. 노화로 인한 신체적 장애는 물론이고 정신적으로도 불편함을 겪는다. 키오스크를 어떻게 조작하는지 몰라 식당조차 이용하지 못하는 것처럼, 빠르게 변화하는 기술은 노인을 배려하지 않기에 사회적으로도 어려움이 생긴다. 그러나 바쁘다는 이유로 이들을 돌볼 수 없다면, 그들은 어떻게 해야 하는가.

돌봄이 허락되지 않는 사회

문제는 단순해 보인다. 삶의 여러 영역에서 돌봄 필요는 점점 커지고 있는데, 정작 돌볼 사람은 돌봄에 시간을 투자할 수 없다. 돌봄이 중요한 일이 아니기 때문이다. 회사는 업무에 집중하라고 말하며, 사회는 개인보다 전체의 이익을 우선해야 한다고 강요한다. 그런데 정말 업무와 전체가 더 중요한가. 중요하다면 왜 그런가. 일과 사회는 우리가 함께 살기 위해 만든 것이 아닌가. 정작 그것이 우리의 생을 지탱하는 돌봄을 갉아먹고 있으며, 결국 생을 무너뜨리고 있다면 우리는 잘못 접근하고 있는 것은 아닌가.

무엇보다 심각한 문제는 돌봄의 각 영역에 하나의 돌봄 양식만이 존재하는 것이다. 그 방식을 따르면 '좋은' 돌봄이고, 그렇지 않으면 '나쁜' 돌봄이다. 그 '좋은' 돌봄을 할 수 있는 위치에 놓인 사람 또한 정해져 있기에, 그렇지 않은 이들은 돌봄을 보조하는 역할을 맡는 게 전부다. 돌봄이 한정되는 것은 물론 돌봄에 참여하는 것 또한 부정당한다. 다양한 위치의 사람들이 다양한 돌봄에 접근할 수 있는 구조적 틀이 마련되지 않는 한, 우리에게 돌봄이 허락된다고 말하기는 어려울 것이다.

돌봄이 필요 없다면 모르겠다. 그러나 모두가 더 많은, 더 나은 돌봄을 원하고 돌봄은 필수적이면서 필연적이지 않은가. 나는 할 수 있는 한 노력해왔으나 내 삶에서도 돌봄을 어떻게 구현해야 할지 답을 찾지 못했다. 이제 물어야 한다. 왜 우리에겐 돌봄이 없는가. 아니, 왜 우리에겐 돌봄이 허락되지 않는가.

돌봄 구조의 요청

몇 번이나 제시한 이미지지만, 우리는 돌봄을 떠올릴 때 가장 먼저 어머니의 아기 돌봄을 그 이상으로 삼는다. 갓 태어난 아기의 모든 필요를 채우는 어머니의 헌신을 우리는 돌봄의 모본으로 생각하며, 다른 돌봄 또한 그에 준하여 이루어질 수 있어야 한다고 믿는다. 어머니는 자녀 앞에서 다른 모든 것을 버리고 아이에게만 집중하는 돌봄의 화신이며, 그 신성함으로 인하여 어머니와 자녀의 관계는 끊을 수 없다.

이 표현이 지금은 성립하지도 않고 성립할 수 없다는 것을 이미 우리는 알고 있다. 어머니라고 해도 아이를 혼자 돌보는 것도 아니며, 다른 모든 사회적 요청이나 업무를 포기하고 아이에게만 매달리는 것도 아니다. 오히려 우리는 점차 하나의 돌봄을 위해 여러 사람이 다양한 방식으로 관여하고 함께 몰두하는 방향으로 나아가고 있다. 아기를 돌볼 때에도 이미 여러 돌봄이, 여러 손이 겹쳐진다. 그리고 돌보는 이 각각은 또한 다른 돌봄을 받는다. 그때에만 아기에게 좋은 돌봄이 온전하게 이루어질 수 있음을 우리는 알고 있다. 더는 '독박', '전업' 돌봄의 모형이 유효

하지 않은 이유다.*

　이런 상황은 우리에게 돌봄이 어떻게 주어져야 하는가에 관한 사유를 요청한다. 이전, 돌봄은 한 사람이 모두 채울 수 있는 것, 또는 어떤 양적인 것으로 여겨졌다. 돌봄 미터나 온도계 같은 것이 있어서, 0에서 출발해 누군가가 100을 채우면 된다는 식으로 우리는 돌봄을 생각한 것이다. 그러나 돌봄이 질적인 것임을, 돌봄은 다면적이며 여러 필요와 요구를 동시에 말하는 것임을 이제야 살피고 있다. 그러므로 돌봄은 온도계가 아니라 비어 있는 원이며, 여러 사람의 돌봄이 중첩되어 다양한 돌봄을 채워나갈 때에만 돌봄은 오롯이 충족될 수 있다.

　돌봄은 여러 사람이 함께해야만 채워질 수 있다. 그렇기에 함께하는 돌봄의 구조가 필요하다. 또한 돌봄은 함께하는 실천이기에, 그 구조에서 돌보는 이 또한 보살핌받을 수 있어야 한다. 그렇지 않다면 구조는 지속될 수 없을 테니까. 이 장에서는 돌봄의 구조 문제를 고민해보자.

---

*　물론 개인적으로 그런 삶을 선택하는 것에는 아무런 문제가 없다. 여기에서 말하는 무효함은 더는 일괄적으로 그런 돌봄의 형식을 강요해선 안 된다는 것이다.

죽음 돌보기와
돌봄의 순환 구조

죽은 사람을 돌볼 수는 없으므로, 돌봄의 끝은 죽음일 것이다. 그렇기에 죽음을 마주하는 그 순간은 돌봄의 한 형태로 기록되어야 한다. '존엄사'라는 표현이 존재하는 이유도 여기에 있을 것이다. '어차피 끝'이라고 생각하면 그가 죽음의 순간을 존엄하게 맞는지가 무엇이 중요하겠는가. 그러나 우리는 말기의료, 연명의료, 완화의료 등 마지막까지 주어진 돌봄에 더하여 마지막 죽음의 순간을 생각하며, 그 형태에 대해 고민할 수밖에 없다. 그것은 우리 모두의 운명이며, 어쩔 수 없이 마주하는 내 삶의 한계이기 때문에.

앞선 글에서 제도 바깥에서 존엄사와 조력사망에 관한 이야기를 생각해보았다(2장 〈어떤 죽음은 돌봄이라 할 수 있을까〉 참조). 그렇다면 이제 제도를 생각해 볼 때다. 왜 제도가 필요한가. 죽는 순간만이라도 개인이 원하는 대로 하게 두면 안 되는가. 하지만 우리는 여러 이유로 자살을 인정하지 않는다. 그것은 종교적인 이유이기도 하고(신이 주신 신성한 생명을 인간이 마음대로 할 수 없다), 합리성에 근거한 결정이기도 하며(자멸하는 것을 긍정하게 될 때 사회의 지속가능성이 위협받는다), 사회적인 영향 때문이기도 하다(사회 및 인구 집단마다 자살률에 차이가 있으며, 이는 자살이 그저 개인의 자율적인 결정이 아님을 보여준다). 누군가가 자살하는 것을 우리는 막으려 하고, 막지 못한다고 해도 최소한 누군가의 자살을 도와서는 안 된다고 생각한다. 우리 사회는 자살방조죄를 유지하며 자살을 도운 사람에게 살인죄를 경감한 형태로 책임을 묻는다.

앞서 정의한 것처럼 조력사망은 질병으로 인하여 곧 예견된 죽음을 앞당기는 것이다. 사망이 목전에 있으니 괜찮지 않냐고 물을 수 있지만, 누군가에게 확정적인 죽음이 예견되어 있다고 하여 그를 앞당기는 것이 무조건 허용될 수는 없다. 우리 모두는 죽을 것이기 때문에, 그렇다면 모든 죽음이 허용되어야 하기 때문이다. 게다가 존엄사든 조력사망이든 안락사든 누군가는 타인을 죽게 만들거나, 타인이 죽는 일을 돕게 된다. 의사가 처방한 약물을 환자가 직접 먹든 의료인이 약물을 직접 주입하든 환자의 사망을 초래한다는 점은 똑같다(물론 두 행위 사이는 다른 차이가 있으며 이에 대해 어디까지 허용해도 되는지에 관한 논의가 존재한다). 그렇다면 조력사망을 허용한다는 것은, 이를 특별히 예외 상황으로 받아들인다는 것이다. 따라서 이를 위한 제도와 절차가 필요해지며, 환자의 요청이 있을 때 누가 이를 정당한 것으로 판단할 것인지, 요청에서 다른 외압 등이 없으며 심리적으로도 충분히 건전한 결정을 내린 것으로 볼 수 있는지,* 투약이나 약물 주입 등에 이르는 과정은 어떻게 진행할지, 그 과정에서 조력사망을 돌이키거나 중단할 수 있는 절차가 마련되어 있는지 등이 충분히 검토되어야만 우리는 조력사망을 시행할 수 있다고 말해야 한다.

제도는 조력사망을 섣부른 생의 포기와는 다른 것으로 만들어 자살과 구분한다. 그런데 조력사망뿐 아니라 결과적으로 자신의 생명을 위험에 몰아넣거나, 죽음을 초래하게 됨을 알면서도 선택하거나 받아들이는 사례들이 있다. 임신한 여성이 기저질환으로 인하여 임신중절 외에는 자신이 살 방법이 없을 때, 그가 임신을 지속하는 선택을 하는 것을 (꼭 그렇게 해야 한다는 말은 절대 아니다) 자살 행위라며 무조건 비난하고 가로막을 수는 없다. 자신의 가족이 위기에 처했을 때, 죽을 걸 알면서도 그를 구하러 가는 사람을 무조건 말릴 수는 없는 일이다. 꼭 순교 행위나 전장에서의 선택과 같은 자기희생 행위를 떠올리지 않더라도, 자신이 죽을 줄

---

* 단 여기에서 결정이 '건전하다'라는 것에는 이견의 여지가 없다. 이는 심각한 우울증 등으로 조력사망을 선택하는 것은 절대 허용되어선 안 됨을 의미한다. 그렇다면 이것은 정신질환에 대한 차별이 아닌가? 치료할 수 없는 심각한 우울증의 경우, 끔찍한 고통을 주는 중증의 말기 질환으로 여기지 말아야 하는 이유는 무엇인가. 관련한 논의로 다음 논문을 참조하라. Steinbok B. Physician-assisted death and severe, treatment-resistant depression. The Hastings Center Report 2017;47(5):30-42.

알면서도 내리는 결정이 있음을 우리는 알고 있으며 이를 자살이라고 비난하지 않는다. 조력사망 또한 끔찍한 고통밖에 남지 않은 누군가가 그 고통의 경감을 위해, 또는 존엄한 죽음을 맞기 위해 선택할 때 그것을 자살이라고 비난하지 않을 수 있는 것이다. 하지만 그 전제 조건은 그것이 명확히 제도화되어 있으며 개인의 마지막 순간을 돌보기 위한 여러 개입을 포함해야 한다는 것이다. 그때에만 나는 조력사망이 돌봄의 한 형태라고 말할 것이다.

조력사망은 워낙 특수한 경우지만, 돌봄 또한 제대로 이루어지기 위해선 제도화되어야 하고 사회에서 합의된 방식으로 이루어질 때만 좋은 돌봄이 될 수 있음을 보여주는 사례다. 이에 관해 더 자세히 살펴보자.

돌봄의 순환 구조

먼저 돌봄의 한 사례, 나의 경우를 살펴보며 시작하자. 나에겐 여러 돌봄 책임이 있다. 지금은 아이, 어르신들, 대학교 학생을 돌보고 이전에는 환자들을 돌보며 이를 위해 많은 시간과 노력을 쏟았다. 사회는 아직 돌봄을 개인의 일로 인식하기 때문에, 현 상황에서 나는 삶이 잘 조율되지 않고 삐걱인다고 느낀다. 왜 그런가? 내 돌봄이 대학교수로서의 내 일만큼 중요한 일로 인정받지 못하며, 돌봄을 위해 노력을 쏟는 것이 마치 '내 일이 아닌 것'에 매달리는 것으로 여겨지기 때문이다. 현재 '남자 대학교수'의 삶에 '돌봄'의 자리는 허용되지 않는다. 하지만 나는 이런 돌봄들이 나의 책임이라고 믿으며 그것을 따를 때만 제대로 된 삶을 산다고 생각한다.

이번엔 돌봄 노동자의 사례로 넘어가 보자. 흔히 돌봄 노동이 그렇듯 이 노동자의 일자리 또한 저임금·저숙련 노동으로 치부된다. 그에게 보살펴야 할 가족이 있다면, 예컨대 엄마로서 자녀를 돌보아야 한다면 이 아이들은 누가 돌볼 것인가? 어차피 밖에서 돌봄 노동을 할 것이면 집에서 아이를 돌보라고 말해선 안 된다. 그렇다면 애초에 돌봄 노동자를 고용해선 안 되는 것 아닌가. 돌봄에는 상당한 '물리적' 시간이 소요되는데, 누군가의 돌봄 필요를 채우는 돌봄 노동자의 돌봄 필요는 어떻게 채울 수 있을까. 돈이나 인공지능 같은 답이 아니라면(돈은 애초에 돌봄 노동을 타인에게 옮기는 역할을 할 뿐이고, 아직 인공지능이 돌봄 노동을 전적으로 대체하는 것은 불가능하며 당분간 이 전망에는 다른 여지가 없다), 돌보는 이를 누가 돌볼 것인가에 대한 답이 필요하다.

이 문제를 놓고 키테이는 둘리아 원칙doulia prinicple을 말했다.[144] 둘라doula, 산모가 신생아를 돌볼 때 산모를 돌보는 이를 가리키는 이 단어로 키테이는 돌봄의 호혜성을 말한다. 돌보는 이가 누군가를 돌볼 때, 그 돌보는 이를 돌볼 누군가가 필요하다. 그때에만 돌봄은 제대로 주어질 수 있다.

둘리아 원칙이 필요한 것은 정당한 돌봄을 확보하기 위해서

다. 자원의 분배 방식을 묻는 정의론은 보통 사회에서 생산된 재화를 어떻게 나누는 것이 정의로운지 물으며, 재화의 목록에 개인의 재능이나 권리, 자유, 심지어 자존감은 포함되지만 돌봄은 고려되지도 않는다.* 정의론에서 말하는 정의로운 사회에서 돌봄이 어떻게 나누어져야 하느냐는 고민할 문제조차 아니다. 그의 후기 저작인《공정으로서의 정의: 재서술》에서 롤스는 정의론의 목적을 사회 협력에 두며, 이에 "중증 장애를 가지고 있어서" 협력에 참여할 수 없는 이들을 분배적 틀에서 배제한다.[145] 이 결정은 협력할 수 없는 이들(노약자, 소아청소년, 만성질환자, 장애인 등)을 정의론적 고려에서 빼는 것을 넘어, 이들을 돕는 일 또한 사회적으로 가치를 부여받지 못하는 결과를 낳는다. 애초에 롤스의 구상은 협력을 위한 상호성mutuality, 준 만큼 받을 수 있는 사회에 놓여 있기 때문이다. 돌봄은 그러한 '보답'을 예정할 수 없는 일이므로 그에게 정당한 분배의 대상으로 여겨질 수 없다.

키테이가 둘리아를 말한 것은 롤스의 상호성과 다른 방식으로 접근하여 돌봄의 정의를 제시하기 위함이다. 돌보는 이가 돌봄을 통해 준 것과 똑같은 것을 보살핌받는 이에게서 받을 순 없다. 책 초반에 돌봄은 서로 교환되는 것이라고 선언하였지만, 보살핌받는 이는 돌보는 이가 제공한 돌봄과 동일한 것을 제공하는 것

* 여기서 말하는 정의론은 기본적으로 롤스의 그것이지만, 롤스 이후의 정의론 논변이 재화의 분배에 관한 기준을 놓고 다투는 정치철학적 접근으로 정의되었기에 정의론 일반이라고 해도 상황은 크게 다르지 않다.

이 아니다(대신 다른 것을 준다). 교환의 등가성을 위해 우리는 흔히 시장에 의존하지만, 시장은 돌봄 노동의 가격을 제대로 매기지 못하고 시장을 통한 분배 역시 양질의 돌봄을 제공하지도 못한다. 역사적으로나 사회문화적으로나 돌봄은 제대로 된 가치 산정이 가로막혀 왔다. 그동안 오롯이 사적 영역에 속했던 돌봄은 공적 영역의 '노동'으로 편입되는 것도 어려웠다. 이러한 돌봄 노동을 순전히 경제화하면 사실 생각보다 많이 '비싸다'. 고급 돌봄 서비스나 전문직 돌봄(의료, 교육 등)을 떠올려보라. 결과적으로 시장을 통한 돌봄은 양극화되고, 소수에게 고급의 돌봄 서비스가 제공되는 한편 다수에게 저급의 돌봄 처리가 주어지는 결과로 귀결한다. 그렇다면 돌봄은 어떻게 보상받아야 하는가. 그 대답으로 키테이는 말한다. 돌보는 이를, 다른 사람이 돌보아야 한다고.

나는 이 생각을 확대하여 사회적 돌봄 순환 구조를 제안한다. 개별 시민들인 보살핌받는 이가 1차 층위에 있고, 이들을 돌보는 돌봄 노동자가 2차 층위에 놓인다. 이들 돌봄 노동자를 돌볼 책임은 "둘라"로서 지역사회와 기관에 부여된다(3차 층위). 지역사회와 기관의 돌봄을 뒷받침하는 것은 정부다(4차 층위). 정부는 왜 지역사회와 기관을 돌보아야 하는가? 정부를 수립하고 운영하기 위한 힘이 시민들, 보살핌받는 이들로부터 나오기 때문이다. 이로써 보살핌받는 이로부터 돌보는 이를 거쳐 지역사회, 정부, 다시 보살핌받는 이로 흐르는 돌봄 순환의 구조가 제시된다.

이 구조가 확립되지 않는다면 좋은 돌봄은 형해화하거나, 개

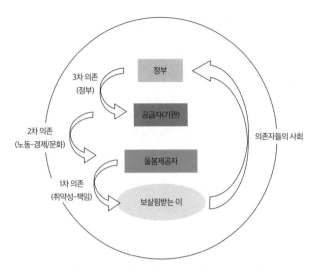

키테이의 둘리아 원칙을 확대한 돌봄 순환의 구조

인에게 부당한 돌봄 부담을 가중하는 악덕이 될 것이다. 돌봄 노동은 다른 돌봄 노동의 호혜성으로 채워져야 한다. 이러한 돌봄의 순환 구조를 제시할 수 있을 때에만, 우리는 돌봄 사회에서 산다고 말할 수 있다.

조력사망과 돌봄 사회

조력사망에서 출발했는데 너무 먼 곳까지 온 듯하지만, 조력사망을 사유하기 위한 틀로서 돌봄 순환이 요청된다. 보살핌받는 이(조절되지 않는 통증으로 고통받는 말기환자)에게 돌보는 이(조력사망을 제공할 수 있는 의료인)는 죽음이라는 형태의 돌봄을 제공하고자 한다. 어떻게? 돌보는 이를 그들이 소속된 지역사회와 기관(병원)이 돌볼 때, 그들의 업무가 '살인'이 아니라 돌봄 노동의 형태로서 다른 어떤 조력도 제공할 수 없는 상황에서 마지막 고통 조절의 방식으로 조력사망을 제공하는 것일 때, 그에 관한 제도와 절차를 갖추어 개인 대 개인으로 내리는 결정이 아니라 지역사회와 기관이 제시하는 틀 안에서 이루어질 때 가능하다. 이러한 구조는 정부의 지원 없이 만들어질 수 없다. 정부는 법적·사회적 결정을 제시하고 이를 통해 조력사망이 온전할 수 있도록 그물망을 유지해야 한다. 보살핌받는 이 또한 우리 사회의 구성원이자 함께 돌봄의 순환을 구성하는 시민이며, 그들로부터도 정부의 권력이 유래하기 때문이다.

다만 앞에서도 밝혔듯 현재 단계에서 나는 조력사망의 국내 도입에 회의적인 편이지만, 논리적으로는 조력사망에 찬동한다. 그러나 현실적으로 아직 조력사망의 구조가 이 사회에서 제대로 작동하기는 어렵다고 생각한다. 이 책에서 계속 이야기한 것처럼, 아직 우리에게 충분한 돌봄도 돌봄 구조도 없으므로 조력사망이라는 최후의 돌봄을 위치시킬 자리 또한 아직 허용되지 않았다. 조력사망을 논의하기 위한 선결 조건으로서든 좋은 돌봄을 위해서든 우리는 돌봄의 구조를, 돌봄 사회를 검토해야 한다.

집에서 혼자 죽기를
권할 수 있는 이유[146]

한때 어르신들의 건배사가 '9988234'였던 적이 있다. 99세까지 팔팔(88)하게 살다가 2~3일 만에 죽는(4)다는 의미다. 꽤 오래전에 부모님과 식사 자리에서 이 표현을 들었던 나는 좋은 죽음이라고 생각했던 것 같다. 살 만큼 살다가, 쇠약해지지도 않고, 남에게 폐 끼치는 일 없이 죽고 싶다는 바람을 담은 표현일 뿐이라고 생각했다.

하지만 이 표현은 크게 잘못되었다. 어제까지 건강하게 함께 식사하고 통화하던 어르신이 오늘 돌아가셨다고 가정해보자. 내가 그 소식을 들었다면 '아, 그분은 이제 돌아가실 때가 되었으니 어쩔 수 없지'라고 생각하지는 않을 것이다. 오히려 '아니, 어제까지 그렇게 건강하시던 분이 갑자기 오늘 돌아가셨다고?'라며 놀랄 것이다. 또는 무슨 사고가 있었던 것은 아닌지 궁금해하며 사망 소식을 납득하지 못해, 그 소식이 오랫동안 나를 괴롭힐 수도 있다. 혹시 내가 함께 식사하면서 무슨 잘못을 한 것은 아닌지 고민하면서 함께 지내온 시간 동안 감사하고 많은 것을 배웠다고 말하지 못한 것을 자책할 것이다. '9988234'라는 소망은 자연스럽지 않은 죽음, 다른 사람들을 놀라게 하는 죽음을 기대하는 일이라는 점에서 결코 좋은 죽음이라고 말할 수 없다.

생의 마지막 순간에 찾아오는 쇠약을 피하고 싶은 것은 당연한데 마지막에 고통 없이 죽고 싶다는 마음이 왜 잘못이냐고 물을지도 모르겠다. 당연히 늘그막의 편한 삶은 보장되어야 하며 나 또한 마지막의 고통쯤은 감내해야 한다고 말하려는 것은 아니다.

문제는 오히려 그런 마지막의 편안함을 누릴 수 없는 우리 사회다. '9988234'를 바라게 만드는 사회 제도다. 왜 며칠도 안 되어 순식간에 죽기를 바라야 하는가? 생의 마지막이 정당하게 대우받지 못하는 사회이기 때문이다. 노인의 생은 무가치하며 무가치한 삶은 배제되고 지워져도 된다는 생각 때문이다. 이는 장애인이나 환자의 생을 경제적 가치를 만들어내지 못한다는 이유로 멸시하고 차별하는 것과 같은 배경을 지닌다.

이런 사회에서 노인의 존엄사나 안락사를 논하는 것은 위험하다. 자기 생의 가치를 인정받지 못하는 노인이 안락사를 택한다면, 죽음을 강요받은 것이다. 이런 안락사는 그의 소망을 들어주는 것이 아니라 노인의 생에 가치를 부여하지 못한 사회의 잘못으로 벌어지는 사건이 아닌가. 왜 우리는 '그냥 있음'으로 가치를 인정받지 못하는가. 꼭 경제적 가치를 창출하고 타인에게 도움을 주어야만 그 삶은 가치 있고 존중받아야 하는가.

하지만 이 고민은 늘 벽에 가로막혀 왔다. 당장 내 삶을 보아도, 제때 점심 챙겨 먹을 시간도 없이 바쁘다. 자녀 또한 이런 삶을 살게 된다면 내 자녀에게 삶의 마지막을 부탁할 수는 없을 것이다. 그렇다면 선택지는 무엇이 남는가? 병원? 시설? 안타깝지만 거동이 불가능해지거나 중증 치매에 걸려 스스로 생활할 수 없는 상황이 아니라면 나는 둘 다 선택하고 싶지 않다. 하지만 대안이 없으니 하는 수 없이 받아들여야 하는 일이라고 생각한다.

왜 이런 '대안 없음'의 결론을 억지로 수용해야 하는가. '자녀가 할 수 없음'과 '개인이 선택할 만한 서비스가 없음'이 우리에게 주어진 선택의 전부인 현실은 노년의 돌봄 문제가 개별적인 차원에서만 다루어지고 있음을 보여준다. 국가가 지역사회 돌봄이나 노인맞춤 돌봄 서비스와 같은 복지 제도를 제공하고 있으므로 제도가 할 일을 하고 있다는 생각이 들지 모르겠다. 그러나 국가의 제도마저 개별적이다. 우리의 돌봄은 개별적, 또는 파편적으로 이루어지고 있으며 이를 잘 보여주는 것이 노인 돌봄이다. 돌봄이 순환되지 않으므로 각자가 나가떨어질 수밖에 없는 상황을 직시하게 만드는 것 또한, 노인 돌봄이다.

사회학자이자 여성학자인 우에노 지즈코의 《집에서 혼자 죽기를 권하다》[147]는 이런 상황을 다른 방식으로 조명하게 한다. 제목만 보아선 요새 회자하는 고독사, 혼자서 쓸쓸한 죽음을 맞고 며칠이 지난 다음에야 발견되는 슬픈 사건들을 긍정하려는 것처럼 느껴진다. 그러나 지즈코가 주장하는 '집에서 혼자 죽기'는 사회가 제도적으로 뒷받침하는 상황에서 더 행복한 방식으로 생의 마지막을 맞이하는 것이다. 더 분명하게 말하면, 지즈코는 집에서 혼자 죽는 것이 현대 사회에서 적절한 죽음 맞이의 방식이라고 주장하며, 그를 위해선 혼자 남은 노인을 돌보기 위한 순환의 체계가 필요함을 강조한다.

자기 집에서 혼자 마지막을 기다리는 것이 더 행복하다

지즈코가 왜 홀로 죽기를 권할까? 노인이 주변에 폐를 끼치므로 따로 떨어져 살아야 한다는 말은 아니다. 대신 혼자 사는 노인이 행복하다고 지즈코는 목소리를 높인다. 여기에는 두 가지 전제조건이 붙는다. 첫째, 오랫동안 거주해온 자기 집에서 살 것. 둘째, 혼자 살되 많은 관계 속에서 지낼 것. 당장 우리 사회를 투영했을 때, 두 조건은 우리에게 넌지시 말한다. 노년의 생에 가족은 부담이다.

가족은 매우 중요한 삶의 기초이자 구성 요소로, 그 무엇과도 바꿀 수 없는 것이라고 강조하는 우리 사회에 이런 주장은 부담스럽게 다가올 수 있다. 일본도 마찬가지인지, 지즈코는 책의 앞부분에 설문 자료를 인용하면서 1인 가구 노인이 2인 이상 가구의 노인보다 행복하고 부담과 걱정이 적으며, 심지어 고독함도 덜하다는 것을 입증하고자 한다. 그가 제시한 수치로 보면 사실 1인 가구가 다른 가구 형태보다 훨씬 더 행복하거나 부담이 적다고 읽히지는 않는다. 그러나 지즈코는 우리의 고정관념이 잘못되었음을 입증한다. 노인이 혼자서 사는 것은 나쁘기는커녕 가족과 함께 사는 것과 비슷하거나 심지어 더 좋을 수도 있다.

혼자 살면, 마지막은 어떻게 준비해야 하는가? 지즈코가 권하는 것은 "재택사在宅死"다. 그가 만든 신조어인 재택사는 표현 그대로 집에서 죽는 것이다. 병원에서 죽는 것이 너무도 당연해진 현대 사회에선 집에서 죽는 것을 오히려 힘주어 말해야 하기에 새로운 단어가 필요하다. 당장 나도 그렇지만, 많은 분이 집에서 죽는 것을 바라시리라고 생각한다. 그러나 우리 사회에서 집에서 죽는 것이 가능한가?

이를 위해선 갖추어져야 할 조건이 있다. 첫째, 생의 마지막에 고통스럽더라도 어떻게든 삶을 연장하려는 병원 피하기. 둘째, 생의 마지막 순간에 작별하려 하지 않고 미리 소중한 사람들에게 감사와 사랑을 표현하는 인사를 해두기. 셋째, 재택 간호와 재택 의료 서비스를 받으며 의료인과 함께 집에서 마지막을 맞을 것을 준비하기. 어느 하나 쉽지 않은 것들뿐이다.

홀로 맞는 마지막을 준비하는 법

이미 존엄사 또는 연명의료 중단에 관한 논의가 많은 관심을 받는 사회이지만, 한편으론 잠들어 가는 생명을 억지로 늘리려고 노력하는 것이 우리 사회다. 향후 심폐소생술을 포함한 연명의료를 받지 않을 것을 서약하는 한편에선 서로에게 고통일 뿐임을 알면서도 이제 쉬려는 몸을 억지로 붙든다. 지즈코는 이것이 이율배반적이며 노년기에 당연히 찾아오는 '노쇠frailty'를 받아들이지 못하기 때문임을 지적한다. 일본에서 개념이 정립되어 최근 의학계의 화두인 노쇠는 노년기의 급격한 신체적·정신적 저하와 그로 인한 대응 능력의 상실을 의미한다. 노년기에 몸이 나빠지고 여러 장애를 겪는 것은 자연스러운 일이다. 이를 기술로 억지스럽게 늦추려고 해봐야 당장 노인 본인에게 극심한 고통이 초래된다. 오히려 필요한 것은 노쇠를 수용하고 노쇠를 겪는 노인이 생활에 다른 장애가 없도록 사회 환경을 정비하는 것이다. 서비스와 생활 환경 이용에 불편이 없는 '배리어프리' 사회다. 장애인 단체가 오랫동안 요구하고 있는 이것은 이미 나이 든, 앞으로 나이 들 모두를 위한 필수 요소다.

다음은 작별이다. 우리는 최후의 순간에 주변 사람과 작별하는 것을 아름답고 이상적인 것으로 생각한다. 존경과 사랑을 나눈 사람들에게 둘러싸여 생을 마무리하는 것이 가장 좋다는 것이다. 하지만 왜 그럴까? 만약 주변 사람들에게 감사 인사를 표해야 하기 때문이라면, 먼저 인사해두어도 무방하다. 오히려 기력이 없는 마지막 순간에 할 말을 충분히 하지 못하는 것이 더 슬픈 일 아닌가. 게다가 다들 멀리 떨어져 각자의 바쁨 속에 사는 현대인들이 죽음의 순간에 모두 모인다는 것 자체가 불가능한 목표다. 그렇다면 죽음을 대비하면서 주변 사람들에게 먼저 감사와 사랑을 전하는 것이 훨씬 가치 있고 현실적인 방법이다. 그런 말을 하는 것이 어렵고 멋쩍겠지만, 죽음을 대비함에 있어 그런 어색함을 핑곗거리로 삼아서는 안 될 일이다.

마지막은 집에서 죽는 것이다. 노쇠한 상태로 집에서 죽음을 맞으려면 간병, 간호, 의료 서비스가 꼭 필요하다. 하지만 병원이나 시설에 들어가지 않고 어떻게 가능한 일인가? 이 책에서 해결책으로 제시되는 것은 일본의 간병보험(개호보험)이다. 요양보호사, 간호사의 가정 방문 서비스를 포함하여 통원·입원 서비스를 포괄하여 제공하는 이 보험 제도는 노인이 자기 집에서 마지막을 준비하고 맞이하는 데 필수적인 서비스를 제공한다. 집에서 필요한 요양을 요양보호사가, 의료적 돌봄을 간호사와 의사가 방문하여 제공하는 것이다. 요양과 의료적 돌봄이 방문 서비스로 가능하다면 집에서 죽음을 맞아도 아무런 문제가 없다. 주치의가 사망진단을 내릴 것이고, 이후 필요한 장례 절차가 진행될 테니까. 우리나라도 노인장기요양보험이 있지만 제공되는 서비스에 명확한 한계가 있다. 우리의 보험은 시설에 입소하여 마지막을 맞는 것에 초점을 두고 있다. 그런 보험은 누구를 위한 것인가. 노인 본인인가, 가족인가. 아니면 노인 돌봄의 부담을 최대한 줄이고 가리고 싶은 사회인가.

지금 우리는 시설에 노인을 모아 그 죽음을 잊어버리는 시설 사회, '대감금' 사회에 살고 있다. 그것이 우리의 마지막을 위한 방식이 아니라면, 다른 생의 마지막을 꿈꿀 수 있는 사회를 요구해야 한다. 집에서 생을 잘 마감할 수 있는 사회를 바라는 것은 그렇게 무리한 요구도 어려운 일도 아니다. 단지 살펴본 것처럼, 이 생의 마감이 집에서 이루어지는 것이라고 하여 개인의 개별적 행동으로 치부해버리면 이것은 고독사를 사회 전체로 확대하는 끔찍한 악수가 될 것이다. 치즈코의 재택사는 그 자체로 하나의 제도적 요구이자 돌봄 순환의 요청이다. 노인이 자신의 마지막을 돌아보고 정리하는 것에서 시작하여, 노인의 마지막을 살피고 도울 이들의 존재, 그리고 이들을 제도적으로 뒷받침하는 의료와 복지 체계가 자리를 잡아야만 비로소 노인은 집에서 평안히 마지막을 맞이할 수 있다. 다시 '9988234'다. 집에서 평안히 맞이하는 죽음을 모두가 바라고 있다면, 우리가 마련해야 하는 것은 그 죽음을 뒷받침할 돌봄 순환 체계다.

파괴를 감내하고 견디는 것의
존엄함[148]

　　생명의료윤리라는 분야에서 가장 많이 마주하는 단어 중 하나는 존엄이다. 생명의료윤리의 여러 장치와 제도는 인간의 존엄성을 지키기 위한 목적으로 고안되었다. 하지만 나는 여전히 인간과 존엄이라는 단어를 놓고 고민한다. 점점 더 많은 사람이 존엄을 신체적 젊음의 구현이나 불쾌함의 부재로 이해하는 상황에선 더 그렇다. 이를테면 "존엄하지 않은 죽음"이라는 말을 들을 때 사람들이 떠올리는 것은 수준 이하의 돌봄이 주어지는 상황, 의사결정을 내릴 수 없는 주체가 대소변을 가리지 못하고 밥도, 세면도 제대로 할 수 없는 와중에 고통만 남은 채로 사망하는 광경이다. 여러 문헌에서 존엄을 자유의 대치어로 다루거나 삶의 질이 특정 수준 이하로 하락한 것으로 이해하는 것도, 그래서 존엄한 삶이란 자율적이고 독립적인 삶이라고 정의하는 것도 그런 연유에서다.

하지만 나는 자율적이고 독립적인 것이 정말 존엄하다는 것과 등치인지 잘 모르겠다. 존엄을 자율과 독립의 동의어로 읽는다면 우리 주변엔 그 자체로 존엄하지 않은 이들이 있다는 이야기가 되기 때문이다. 애초에 자유가 제한되어 있으며 삶의 질이 타인에 비해 낮다고 평가되는 이들, 예컨대 몸을 가누지 못하는 이나 인지 능력에 손상이 있는 이는 존엄할 수 없다. 나는 이를 받아들일 수 없어 오랫동안 고민해왔다.

아쿠타가와상 수상작인 소설 《헌치백》은 내 고민을 날려버린다. 《헌치백》의 작가 이치카와 사오는 근세관성 근병증 Myotubular Myopathy, 근육 세포 구조의 이상으로 전체적인 근육 기능이 약화하는 유전질환을 가졌으며, 소설의 주인공도 마찬가지다. 그렇다고 소설이 작가 자신의 경험은 아닐 테지만, 쉽게 알 수 없는 장애 경험, 질환의 세부를 다룬다. 그리고 소설 속 화자는 묻는다. 이런 장애를 가진 '나'도 임신하고, 그 태아를 중절하는 것을 선택할 수 있는가.

임신중절을 선택하려 한다는 질문 자체가 큰 문제이자 충격으로 다가오는 만큼, 이에 관한 내용은 이미 여러 차례 다루어졌다. 내가 살펴보고 싶은 것은 행위 자체의 선악 판단 다음의 것이다. 장애를 가진 여성이 임신과 중절을 욕망하는 것은 어떤 의미를 지니는가.

소설은 말한다. 이런 욕망은 인간의 경계와 존엄의 실천에 대한 탐구라고. 《헌치백》은 짧은 분량으로 인간의 정의를 묻는 거대한 소설이자, 그동안 전제된 '존엄=자율'이라는 등식을 거부하는 몸부림이다. 그렇다면 존엄이란 무엇으로 정의되는가. 작품은 그 것을 '견딤'이라 말하며, 나는 그 견딤을 돌봄으로 다시 읽는다. 우리 생을 견디어 내기 위한 돌봄의 연결로, 그 순환으로.

인간은 파괴를 통해 만들어진다

초등학교 3학년 무렵부터 유전질환 때문에 다른 이들의 일상을 따라가는 것도 힘겨워진 '샤카'는 부모님이 만든 그룹홈(특정한 필요를 가진 사람들이 모여 돌봄을 받으며 생활하는 공간)에서 살아가고 있다. 부모님의 유산과 전문적인 활동보조사가 있어 샤카의 삶은 지속되고, 사이버대학을 다니고 조회수 낚시용 기사를 쓰며 살아간다. 또한 트위터 계정을 여럿 만들어 생각의 편린을 공유한다.

샤카는 불현듯 임신중절을 해보고 싶다고 생각한다. 자신이 다른 사람과 애정을 나누고 임신하는 것부터 무척 어려운 일이고, 임신한다고 해도 뱃속에서 커가는 아기를 몸이 견딜 수 없을 것이다. 하지만 샤카는 계속 임신과 중절을 욕망한다. 왜 그런가.

비장애인과 장애인 사이에서 갈기갈기 찢기는 심적인 고뇌를 "모나리자" 그림에 던졌던 요네즈 도모코의 심정 그 자체와 완전히 동일시할 수는 없다. 하지만 내 나름대로 "모나리자"를 더럽히고 싶어지는 이유는 있다. 박물관이든 도서관이든 보존되는 역사적 건조물이 나는 싫다. 완성된 모습으로 그곳에 계속 존재하는 오래된 것이 싫다. 파괴되지 않고 남아서 낡아가는 데 가치가 있는 것들이 싫은 것이다. 살아갈수록 내 몸은 비뚤어지고 파괴되어 간다. 죽음을 향해 파괴되어 가는 게 아니다. 살기 위해 파괴되고 살아낸 시간의 증거로서 파괴되어 간다. 그런 점이 비장애인이 걸리는 위중한 불치병과는 결정적으로 다르고, 다소의 시간 차가 있을 뿐 모두가 동일한 방식으로 파괴되어 가는 비장애인의 노화와도 다르다.[149]

샤카는 1974년 도쿄 국립박물관에서 열린 레오나르도 다빈치 특별전시회가 혼잡하다는 이유로 장애인과 유아 동반자의 입장을 거부하자, 개최 첫날 〈모나리자〉에 스프레이를 뿌리는 테러를 감행한 요네즈 도모코를 호명한다. 그것은 장애인과 부모를 차별하는 박물관에 대한 저항이었지만, 샤카는 이 행위를 장애를 가진 신체의 표상으로 읽는다. '정상'이라서 늙고 병듦이라는 파괴가 그들의 생을 꺾는 일이 되는 비장애인의 삶과 달리, 적어도 샤카에게 장애의 생이란 파괴이자, 파괴의 흔적이 남긴 결과들로 정의된다. 비장애인은 파괴되면 자신의 '정상성'을 상실하는 것이므로, 그는 파괴를 거쳐 죽어간다. 장애인은 어떤 정상성도 가정하지 않기에, 그에게 파괴는(또는 장애는, 질병은) 지금까지 살아왔다는 흔적인 것이다.

여기에서 볼 수 있는 것은 인간을 정의하는 명백하게 다른 두 방식이다. 하나는 특정한 삶이나 조건을 '인간'으로 정해놓고, 그 범주와 실천 안에 들어가는 삶만 인간으로 인정하는 것이다. 이때 질병, 장애, 노화는 인간의 조건을 앗아가는 것으로 이해되며, 환자, 장애인, 노인은 인간에서 점차 멀어지는 존재가 된다. 다른 하나는 누군가와 환경이 빚어낸 흔적들을 모아 인간으로 부르는 것이다. 이때 질병, 장애, 노화는 개인을 다른 사람과 구별 짓는 기록이 된다.

존엄은 견디는 것이다

후자의 정의를 선택할 때 우리는 인간의 존엄에 관해 다른 사유에 도달한다. 이에 관한 소설의 한 구절을 살펴보자.

벽 너머 옆방 입주자가 메마른 소리로 손뼉을 쳤다. 나와 비슷한 근질환으로 자리보전 중인 옆방 여성은 침대 위 이동식 변기에 볼일을 보면 주방 근처에서 대기 중인 간병인에게 손뼉으로 신호를 보내 뒤처리를 부탁한다. 세상 사람들은 얼굴을 찌푸리고 고개를 돌리며 말할 것이다. "나라면 절대 못 견뎌. 나라면 죽음을 선택할 거야"라고. 하지만 그건 잘못된 것이다. 옆방의 그녀처럼 살아가는 것, 그것에야말로 인간의 존엄이 있다고 나는 생각한다. 참된 열반이 거기에 있다. 나는 아직 거기까지는 도달하지 못했다.[150]

자기 몸을 마음대로 가눌 수 없어 용변 처리도 남에게 부탁해야 하는 삶은 존엄하지 못한 삶으로, 살 가치가 없는 삶으로 여겨진다. 그가 더는 존엄을 빼앗겨선 안 되므로, 그가 존엄하게 죽을 수 있도록 도와야 한다고까지 말한다. 이것은 죽을 권리를 말하며 존엄사를 요청하는 이들의 핵심 주장 중 하나다.

샤카는 이런 주장에 정면으로 반대한다. 존엄은 살아가는, 아니 살아남는 것이다. 그에게 존엄은 견디는 것이다. 일견 상식에 벗어나는 이 정의는 앞에서 내린 인간의 정의에서 나온다. 특정한 삶과 조건을 인간이라고 정의해놓으면, 그 범주를 벗어난 삶은 존엄하지 못하다. 그러나 어떤 삶이든 인간적인 것이며 인간다운 것이라면, 아니 샤카의 말처럼 우리의 파괴가 우리를 규정한다면, 그 모든 파괴를 감내하고 견디는 것이야말로 존엄하다. 다른 사람이라면 견디지 못할 조건을 견뎌내며 살아가고 있는 '옆방 여성의 삶'은 지극히 존엄하다.

아픔을 견디는 생

이치카와가 도달한 인간과 존엄의 정의는 소설의 중심 줄거리보다 도발적이다. 그의 정의를 받아들인다면, 우리는 자기 파괴를 긍정해야 하기 때문이다. 수준 이하의 삶도 존엄하다고 말해야 하기 때문이다. 그런데 그러지 말아야 할 이유가 있는가? 오히려 그것은 특정한 인간을 정상으로 규정해 놓은 우리의 오류를 깨부수는 것 아닌가.

우리 삶을 해치는 악과 부정의를 수용하자는 말인가? 이치카와는 반문한다. 파괴는 악인가. 나쁜 삶의 질은 부정의인가. 오히려 그것들을 참을 수 없다고 치부하는 것이, 어떤 삶만을 긍정하고 어떤 삶들은 부정하는 것이 그 자체로 악이고 부정의이지 않은가.

우리의 삶에는 분명 고통과 괴로움, 파괴와 혼란, 슬픔과 어려움이 찾아온다. 우리는 그 고통을 최소화하기 위해 노력해야 한다. 한편 그 아픔을 견디는 이들의 생은 다른 무엇과 비교할 수 없는 가치를 지닌다. 그러나 언젠가부터 둘은 양립할 수 없는 것처럼 여겨지며 후자는 잊혔다. 쾌락과 이익만이 우리 삶의 절대가치인 것은 아니다. 하지만 이런 말은 이상하다. 고통을 긍정하는, 마치 마조히즘 같은 주장으로 들린다. 나아가 어떤 고통이 오든 알아서 참으라는 말처럼 해석될 여지도 있다. 따라서 이 주장은 세밀하게 검토할 필요가 있다.

해풍을 오랫동안 견디어 온 바닷가의 뒤틀린 소나무를 누군가는 목재로서 쓸 데가 없다고 평가할 수 있다. 그 평가는 '목재'라는 기준에선 옳다. 그러나 누군가는 그 소나무를 보면서 오랜 고난을 견디어온 세월의 가치를, 자연만이 빚어낼 수 있는 그 형태의 아름다움을 생각한다. 그때 소나무의 뒤틀림은 가치로운 것으로, 능히 보존할 만한 것으로 이해된다. 마찬가지다. 비록 장애가 그 신체를, 또는 정신을 뒤틀었을지라도, 그리하여 그가 당장 경제적 쓸모를 증명하지 못할지라도 그 삶이 무의미해지는 것은 아니다. 오히려 그 고난과 고통만이 만들어낸 생의 결은 다른 누구도 흉내 내거나 비출 수 없는 고유한 것이다. 견뎌내는 일, 고통을 감내하는 일은 누구와도 비견할 수 없는 생을 만든다.

그러나 그 고유함을 우리가 가치 있는 것으로 받아들여야 할 이유는 무엇인가. 우리 모두는 단독적이고 유일한 존재자가 아닌가. 고유하다는 것만으로 그의 존엄은 조명되지 않는다. 오히려 뒤틀림의 고유함을, 견딤의 가치를 존엄한 것으로 만드는 것은 그 고통을 둘러싼 돌봄의 손길들이다. 아픔만 있다면, 고통과 괴로움만 있다면 그를 경험하는 이는 꺾여버릴 것이다. 누군가 여기 견디고 있다면, 우리는 암묵적으로 떠올린다. 그를 돌보는 손길들이 있음을, 그와 고통의 연대를 이루는 이들이 함께하고 있음을. 그렇기에 견딤은 존엄한 것, 다른 어떤 것과도 비교할 수 없는 가치를 지닌 것이 된다.

혼자서 이 모든 것을 감내해야 한다면 차라리 견딤은 부정되는 것이 낫다. 그렇기에 독립적인 개인의 삶을 숭앙했던 우리는 아픔을 생에서 지워버리고 쾌만을 남긴다. 아니다. 손상된 삶은, 수준 이하로 보이는 삶은 귀하다. 그것을 존엄한 생으로 만드는 것은 그 삶을 돌봄의 순환 안에 놓는 손이다.

타인의 삶으로
건너간다는 것

　돌봄을 말하면서 전제해온 것 중 하나는 우리가 타인의 삶을 이해할 수 있다는 것이다. 그런데 여러 경험에서 우리는 그렇지 않다고 느끼는 것 같다. 당장 친구도, 가족도 내가 이해할 수 없는 방식으로 생각하고 행동한다. 아내와 딸을 이해한다는 내 생각도 착각일 뿐, 사실 아무것도 모르고 있을 수 있다. 만약 우리가 기껏 해야 나와 내 마음속만 알 수 있다면, 돌봄의 관계성이든 보살핌 받는 이의 관점이든 모두 소용없는 말일 것이다. 오죽하면 "천 길 물속은 알아도 한 길 사람 속은 모른다"라고 했던가.

　나 또한 오랫동안 아픔과 괴로움을 살피면서 똑같이 생각했다. 타인의 아픔을 내가 헤아리는 것은 불가능하다. 고통으로 인한 타인의 신음이 얼마만큼의 고통을 호소하는 것인지 나는 알 수 없다. 그저 내가 겪어온 아픔들로 대충 가늠할 뿐, 그것이 상대방의 고통과 동일하다고 가정하는 것은 유아唯我적 관점에서 나온 넘겨짚기다.* 여기서 큰 문제가 생긴다. 나는 돌보기 위해 타인을 이해해야 하지만, 나는 타인을 알 수 없다. 어떻게 해야 하는가.

이 난문의 답을 나는 버지니아 울프의 작품들에서 찾았다. 울프는 여러 작품에서 타인의 삶이라는 신비(또는 불가능성의 경험이라고 해도 좋겠다)를 어떻게 다룰 것인지를 고민했다. 그가 선택한 것은 타인에 대한 여러 관찰을 덧대는 것이었다. 그것을 나는 타인의 삶으로 건너가기 위한 울프의 창이라고 명명한다. 이 창은 우리가 돌봄에서 타인을 살피고 이해하며, 타인의 생과 함께하기 위해 꼭 거쳐야 하는 요소다.

이 창 없이 돌봄의 순환은 그저 형식이 될 뿐이다. 타인의 고통을 가늠하지 않고 단순히 돌봄의 짐을 서로 나누어 짊어져야 한다고 말하는 것은 공허한 외침으로 끝날 것이다. 앞에서 우리는

---

* 물론 생물학적 인체의 동일성에서 통증 신호 전달의 동일성에 기초하여 주어진 상황에서 인간이 느끼는 통증이 동일하다고 주장하는 것은 가능하다. 하지만 이것은 통증에 대한 단순화된 이론일 뿐이고 최근의 이론들은 통증 감각에 개인의 사회문화적 요소까지 반영됨을 고려하고 있다. 예컨대 2007년 발표된 갓셸 등의 '통증의 생물심리사회 모형biopsychosocial model of pain'은 통증 감각이 생물학적으로 발현된다고 해도 개인의 심리적·사회적 요소가 깊이 관여하기 때문에 각자의 통증은 다르다고 본다. 이것은 통증 치료에서 개인의 통증 경험과 반응의 다양성을 설명하기 위해 제기된 것이다. Gatchel PJ, Peng YB, Peters ML, et al. The biopsychosocial approach to chronic pain: Scientific advances and future directions. Psychol Bull. 2007;133(4), 581-624.

돌봄의 상호성에 대해, 돌보는 이와 보살핌받는 이의 상호 교환에 관해 이야기했다. 하지만 그것은 돌봄 관계가 서로에게 제공하는 이득이 있음을 살핀 것이지, 돌봄 순환의 고리를 만들기 위한 연결을 제시하는 것은 아니다. 돌보면서 내가 얻는 유익을 넘어, 우리가 돌봄으로 서로 연결될 수 있고 연결되어야 함을 보여주는 것은 이런 타인을 향한 열림, 그리고 뒤에서 다시 살필 '나'의 취약성이다.

울프의 찬란한 작품과 어두운 삶은 서로 교류하고 있으며 울프가 부모, 남편, 지인 등 여러 관계 속에서 다양한 돌봄의 문제를 마주하고 있었기에, 그의 작품을 통해 돌봄을 살펴보는 것은 필요한 접근일 것이다. 그중 《댈러웨이 부인》에서 워렌 스미스의 죽음과, 파티장에서 지나가는 이야기로 그 소식을 듣는 댈러웨이 부인의 장면을 살펴보는 것은 울프가 돌봄을 어떻게 바라보고 있는지 살피는 통로가 된다. 울프는 삶이 피어난다는 것(반대항으로 삶이 시드는 것)이 무엇인지 직시한 작가다.

관계적 방식으로 삶을 바라본다는 것

우리는 일반적으로 하나의 관점 또는 관찰자를 전제하고, 그의 시점에서부터 정리된 이야기를 듣는 것을 당연하게 여긴다. 이 책은 내 관점에서 지금까지 내가 돌봄에 관해 경험하고 생각하고 공부한 여러 내용들을 구슬을 꿰듯 하나로 엮은 것이며, 따라서 책의 내용이 시종일관 정리되어 있을 것이라고 가정하는 것은 당연하다. 하지만 그런 방식의 사건 이해는 특정한 관점이나 관찰자에게 우위를 부여할 때에만 가능하다. 이 사건을 명징하게 파악한 누군가가 있으므로, 다른 사람보다 그의 말을 들으면 된다는 식의 생각은 우리에게 당연한 것으로 자리 잡았다.

이런 식의 이해는 명백히 천재 또는 영웅을(그리고 그는 남성이다) 전제하는, 낡은 관점이다. 그런데 최근의 여러 과학이나 인문학에서 나타나는 성과는 한 명의 천재가 주도하는 대신 수십, 수백 명의 연구자가 연구한 결과를 종합하여 주어지는 것이다. 영화 〈오펜하이머〉로 다시 주목받은 이야기지만, 맨해튼 계획으로 핵폭탄을 만든 것은 오펜하이머 혼자가 아니다. 그가 중심 역할을 했어도 핵폭탄을 만든 것은 여러 물리학자·공학자의 네트워크다. 철학에서도 이전에는 칸트니 헤겔이니 하는 대학자들의 사상이 중요했지만 지금은 한 명의 천재 학자보다 같은 연구 분야를 탐구하는 학자들의 연결이 더 중요하다. 우리가 접근하고 분석하고 해결하려는 문제들이 점점 더 복잡해지기에 한 사람이 모든 일을 다 해낼 수 없기 때문이다.

일상이라고 다르지 않다. 우리는 벌어진 일에 대해 누군가 이 일을 객관적이고 명확하게 인식할 수 있다고 가정한다. 그러나 현상학이 알려주듯 각자의 인식은 각자의 체화된 조건, 즉 그의 몸이 처한 상황에 따라 주어질 뿐이다. 나는 내가 위치한 곳에서 주어지는 현상을 받아들이고 해석할 뿐, 내가 없는 곳에서 주어지는 현상을 받아들일 수 없다(상상하고 추측할 수 있지만, 그것도 그의 관점을 넘어설 순 없다). 누군가 한 명이 상황을 분명하고 확실하게 파악했을 것이라는 생각은 우리의 환상이다. 단순한 사건이라도 더 분명하게 파악하려면 여러 사람의 관점을 살피는 편이 낫다.

그것이 《댈러웨이 부인》에서 울프가 시도하는 기술 방식이다. 울프는 한 사람의 관점으로 모든 상황을 수미일관하게 종합하는 대신, 한 상황을 여러 사람의 눈으로 묘사하는 쪽을 택한다. 누가 정답을 가지고 있다는 인정 없이, 울프는 그것들 각각을 인정하고 독자에게 상황에 대한 최종 판단을 남겨둔다.

그것을 관계적 방식이라고 말할 수도 있을 것이다. 관계성의 반대에는 단일성이 있다. 이전 관계적 윤리라는 표현으로 설명했던 것과 같이 돌봄은 누군가 한 명의 단독적인 결정 대신 함께 이루는 관계적 결정을 요청한다. 관점도 마찬가지다. 우리가 일반적으로 가정했던 것이 단독자의 단일한 관점, 모든 상황을 파악한 전지자의 시점이라면 관계성은 여러 사람의 시점을 함께 생각해 보는 것을 말한다. 돌봄의 접근이 관계성에 기초한다면 우리는 돌봄을 말할 때 여러 사람의 관점을 함께 고려하는 것을, 타인의 삶으로 건너가는 것을 요청받는다고 말해야 한다.

울프의 작품에서 관계적 접근을 배울 수 있다고 할 때, 우리는 그 중심에 있는 독특한 인물 한 명을 만난다. 작품의 제목이자 주인공, 댈러웨이 부인이다.

클라리사와 셉티머스

작품은 크게 두 인물을 중심으로 진행된다. 한쪽에는 클라리사 댈러웨이의 삶이 있다. 귀족 부인의 삶을 당연한 것으로 받아들이며 살아가는 그는, 예민한 관찰자이자 자기 주변의 것들을 연결하여 그들의 아름다움을 드러낼 수 있다고 믿는 매개다. 다른 한쪽에는 셉티머스 워렌 스미스가 있다. 그는 전쟁의 폭력에 휩쓸린 자로, 마찬가지로 예민한 관찰자이며 생의 경계에 있는 것들을 민감하게 지각하는 수신자다. 울프는 이미 발송된 삶과 죽음의 메시지를 받아들이기 위해 필요한 매개와 수신을 두 등장인물의 삶과 죽음으로 보여주려 한다.

교육 수준이 높지 않고 다양한 사람들과 교제하지 못한, 스스로 많은 것을 알지 못한다고 여기는 클라리사는 전통적인 교양 소설의 관점에서 좋은 서술자라고 하긴 어렵다. 그러나 클라리사는 자신이 서로 양립할 수 없는 다양한 부분들(다른 사람들과의 관계 속에서 만들어지고 부서지는 자신들)로 이루어져 있음을 아는 특징적인 인물이다. 그리고 그것들을 끌어모아 하나의 중심으로 구성해 하나의 얼굴로 내어 보일 줄 안다("그렇게 해서 세상 사람들에게 하나의 중심, 하나의 다이아몬드, 응접실에 앉아 사교의 중심이 되는 한 여인의 얼굴을 내보이는 것이다"). 또한 그는 다른 이들을 이어 생에 가치를 부여하는 재능("삶을 집약하는 재능")을 지녔다. 그렇기에 클라리사는 파티를 연다. 다른 이들을 연결하고("그렇게 다들 흩어져 있다니 얼마나 낭비인가,

얼마나 유감스러운가"), 그들의 피어남을 보며 자신의 생을 붙들기 위해.

워렌 스미스, 또는 셉티머스는 클라리사와 대칭점에 있는 인물이다. 뛰어난 재능과 감각을 지녔으며 셰익스피어를 공부하려 했던 청년 셉티머스는 제1차 세계대전에 참전하여 무공을 세우고 돌아온다. 하지만 참전의 경험으로 그의 한 부분은 어긋나버렸다. 전쟁이 끝나던 시점에서 머물던 이탈리아에서 만난 루크레치아와 결혼하고 돌아와서 자신을 믿어주던 상사 밑에서 일자리를 얻지만, 그는 현실에 적응하지 못하고 계속 환상을 보게 된다.

홈스와 윌리엄 브래드쇼 경, 두 명의 의사가 그를 치료하려하지만 이들의 진단과 치료법은 셉티머스를 제대로 이해하지도, 돕지도 못한다. 홈스는 셉티머스가 흔한 신경쇠약일 뿐이라며 그저 쉬면 된다고 말한다. 브래드쇼 경 또한 ('정신이상'이라는 표현을 쓰는 대신) 그가 균형감각을 잃었다며 요양소에서 쉴 것을 권한다. 그러나 그것은 셉티머스를 더욱 몰아세울 뿐이어서 그의 파국을 초래하는 요인으로 작용한다. 자신을 자꾸 운동 부족이라고, 소심하다고, 균형을 잃었다고 밀어붙이며 이것저것을 권하는 두 의사로부터 도망치기 위해 셉티머스는 창밖으로 몸을 던지고 만다.

아직 정신의학이 발달하지 않은 시대의 한계이기도 하겠지만, 셉티머스에게 주어진 돌봄이 어떤 것인지는 명확하다. 그는 일반의와 전문의를 모두 만나 상담과 치료를 받지만, 그 돌봄은 그를 오히려 억누르고 짓밟는 역할을 한다. 돌봄을 받은 그는 피어나기는커녕 시들어버린다.

돌봄이 주어지기만 한다고 해서 문제가 다 해결되지 않는다. 때로 돌봄은 오히려 대상에게 부담으로, 심하게는 억압과 절망으로 다가오기도 한다. 여기에서 끝났다면 《댈러웨이 부인》은 한편으로 당대 의학 및 돌봄의 부당함을 고발하는 소설로 남았을 것이다. 그러나 클라리사와 셉티머스의 이야기가 교차하는 소설의 마지막 장면에서 우리는 돌봄에 관한 또 다른 통찰을 얻게 된다. 잘못된 돌봄은 생을 억압할 수도, 시들게 할 수도 있다. 돌봄은 때론 위험하다. 그럼에도 돌봄은 우리 삶에 쳐 있는 경계선들을 넘어서 타인의 삶으로 건너갈 수 있도록 돕는다. 한 번도 만나본 적이 없는 셉티머스의 삶으로 잠시 건너가 보는 클라리사처럼 말이다.

돌봄을 통해 우리는 건너간다

《댈러웨이 부인》맨 뒷부분은 클라리사가 개최한 파티를 담아낸다. 클라리사는 여러 손님을 맞이하고, 그들의 이야기를 듣고 때로 연결하고 (예기치 못했던 만남들로 인하여) 때로 놀라며 시간을 보낸다. 그 와중에 클라리사는 파티에 참석한 브래드쇼 부부(잠깐 셉티머스의 치료를 맡았던 윌리엄 브래드쇼와 그 부인)로부터 한 청년이 자살했다는 소식을 전해 듣고는 파티에서 물러 나와 잠시 혼자만의 시간에 빠져든다.

자신이 양립할 수 없는 여러 타자로 구성되어 있음을 아는 클라리사이기에, 셉티머스의 투신 소식은 (비록 모르는 사람의 소식일지언정) 그를 상념에 빠뜨린다. 클라리사는 타인의 사고 소식을 들으면 그 일을 몸으로 '겪는' 인물이다("별안간 사고 소식을 들으면 항상 그녀의 몸이 먼저 그 일을 겪곤 했다. 옷이 불붙고, 몸이 타는 것이다"). 이 과정에서 클라리사는 죽음에 관해, 무엇보다도 한 청년의 죽음에 관해 생각한다.

삶은 점차 시들어가며, 그 과정에서 삶의 중심 또한 사라져간다. 더는 그 중심에 도달할 수 없다고 느낄 때, "황홀감은 시들고, 혼자 남게" 되었을 때 죽음이 찾아온다. 하지만 죽음은 한편 도전이기도 하다. 삶의 중심을 빼앗기기 전, 그것을 붙들고 도망치는 것으로서의 죽음. 이 과정에서 클라리사는 셉티머스의 진실을 간파해낸다. 그는 왜 죽었는가? 의사들이 그를 억누르고 옥죄어 셉티머스의 삶을 시들게 했기 때문이다.

경은 훌륭한 의사이기는 하지만 (…) 뭔가 꼭 집어 말하기 힘든 모욕감을 줄 수도 있는 사람인데 — 영혼을 강압한다고나 할까, 그래 바로 그거야 — 만일 그 젊은이가 그에게 갔고 윌리엄 경이 그런 식으로 위세를 부리는 인상을 주었다면, 그렇다면 그는 생각하지 않았을까(정말이지 그녀는 그 심정을 알 수 있었다) — 인생이란 참을 수 없다, 저런 인간들이 인생을 참을 수 없게 만든다고?

소설에서 셉티머스가 생을 견디지 못하게 만든 것이 의사들임을 아는 것은 오로지 클라리사뿐이다. 왜? 자신 안에도 깊은 두려움이 있기에, 그러나 자신의 주변 사람들로부터 힘을 얻어 살아가고 있기에 그의 마음을 이해하는 것이다. 그럼에도 클라리사는 그들의 죽음을, 그들이 시들어가는 모습을 지켜만 보고 있어야 한다는 것을 재난으로, 불명예로, 벌로 이해한다.

그리고 클라리사는 바깥을, 하늘을 바라본다. 자신의 일부가 하늘에 들어 있다고 생각하는 클라리사는 그를 통해 개인의 죽음을 초월하는 듯하다. "젊은이는 자살을 했지만, 불쌍하다는 생각은 들지 않았다." 클라리사의 이런 접근은 셉티머스의 죽음이 비극이 아니라고 말하거나, 죽음을 긍정하는 것이 아니다. 잠시지만 그는 개인의 삶과 죽음 너머 "여전히 계속되는" 모든 것에 대해 생각한다. 모든 것은 반복될 것이다. 모든 것은 여전히 계속될 것이다. 우리 각자는 우리를 분유하는 타인들 속에서 살아갈 것이다.[*] 무엇보다 비난받아야 할 것은 셉티머스가 아니지 않은가. 그렇게 돌봄의 방식을 통해 클라리사는 셉티머스의 삶으로 건너가고, 다

---

[*] 관계적 인식이란 무엇보다도 내가 타인과의 관계 속에 있으며 관계 속에서 여러 모습으로 존재함을 인정하는 데에서 출발한다. 소설가 히라노 게이치로는 이것을 "분인dividual"이라는 독특한 조어로 표현한 바 있다. 히라노는 생각한다. 단일의 진정한 나(개인)는 환상이다. 오히려 여러 사람과 관계하며 나타나는 여러 모습 각각이 모두 진정한 나(분인)이며, 한 사람은 그런 분인들의 조합이다. 문제는 이런 여러 모습이 거짓이고, 어딘가에 진정한 나의 모습이 있다는 환상을 유지하며 괴로움을 겪는 데 있다. 히라노 게이치로, 《나란 무엇인가》, 이영미 옮김, 21세기북스, 2015 참조.

시 모두를 포함하는 삶을 떠올린다. 피어남을 이해하는 적절한 방식은 이것이리라.

내가 이해하는 피어남은 성취가 아니다(번영이라는 표현을 쓰지 않는 이유이기도 하다). 돌봄으로 인해 주어지는 피어남은 보살핌받는 이의 욕망의 실현을 의미하지 않는다. 그렇다면 성공이라는 표현으로 충분하다. 하지만 돌봄으로 우리가 도달하려고 하는 곳은 물질적·직업적·사회적 성공이 아니다. 돌봄이 우리에게 주는 것은 서로의 삶에 관한 깊은 이해, 심지어는 나 자신에 국한된 삶을 넘어 타인의 삶으로 건너가 보는 것이다. 그렇게 각자 떨어져 있는 삶들을 연결하여 우리의 연약함들을 견디어낼 때, 그래서 생이 "기쁨의 불꽃을 피워" 낼 때를 나는 피어남이라고 부른다. 울프가, 댈러웨이 부인이 그러했듯이.

6장 나는 돌보며 돌봄받는다

돌봄,
타인의 고통에 응답하기

나는 치과대학에 입학하기 전에 치과에 딱 두 번 가보았다. 처음에는 초등학교 5학년 때 학교에서 건치 아동에게 주는 상을 받게 되어 구강검진을 받기 위해 갔다. 그다음엔 충치 예방을 위해 실란트 치료를 받으러 갔고, 순식간에 끝나 의자 옆에 개수대가 있는 것을 신기해하며 입을 헹구었던 기억뿐이다. 유치는 할머니께서 다 뽑아주셨고 충치나 다른 구강질환을 앓아본 적이 없어서 치과용 드릴의 소리조차 들어본 적이 없었다. 어른이 되어서야 남들보다 고생하며 치과 치료를 받았다.

이 이야기를 하는 이유는 흔히 의사에게 품는 생각 때문이다. "자기가 치료를 받아봤어야 치료가 무언지도 알지." 타인의 고통을 이해하고 그에 공감하는 것이 어려운 일이므로, 그런 생각을 하는 것은 당연하다. 우리는 타인의 아픔을 알 수 있을까?

나는 선학들과 선배들을 따라 알 수 없다고 대답해왔는데, 언젠가 이런 이야기를 들은 적이 있다. 타인의 아픔을 왜 모르냐고. 레고를 밟은 사람을 보면 당신의 발도 따끔하지 않냐고. 그러니 당연히 타인의 아픔을 알 수 있다는 것이다. 이 주장을 부정하는 것은 아니다. 우리의 신경계는 타인의 행동을 관찰했을 때 그것을 재현하는 구조를 갖고 있다(거울뉴런에 관한 연구가 대표적이다).[151] 타인의 고통을 보며 나도 그것과 비슷한 고통을 겪는 느낌을 받을 수 있다.[152]

그러나 한계도 명확하다. 첫째, 그것은 타인의 고통을 아는 것이 아니라, 타인의 고통을 보고 이전에 내가 겪었던 고통을 떠올리는 것이다. 즉, 타인이 얼마나 아픈지는 알 수 없다. 그저 내 기억을 통해 더듬어볼 뿐이다. 둘째, 내가 겪은 적 없는 고통에 대해서는 가늠할 수 없다. 암 환자의 고통을 알 수 없는 이유는 대부분 암에 걸린 적이 없기 때문이다. 암이라고 다 같은 암도 아니기에 암 환자 각자의 고통을 알 수 있다고 주장하는 것은 타인의 고통에 대한 평가절하다.

우리가 알 수 있는 것은 타인이 고통받고 있다는 사실과 그에 대한 인지적·정서적 반응에 따른 사적 평가가 전부다. 이것은 타인의 고통 앞에서 겸손해야 하는 강한 이유가 된다. 타인이 표현한 고통을 나의 잣대로 재는 것은 부정확한 줄자를 가지고 크기를 재는 일에 불과하다. 이는 의료윤리의 중요 쟁점인 존엄사나 유전자 조작과 같은 문제에서 고통에 대한 객관적·보편적 이해가 기준점이 될 수 없음을 알려준다.*

　타인의 고통을 알 수 없다는 사실은 돌봄 관계에서 이루어지는 공감의 가능성을 회의적으로 바라보게 만든다. 어떻게 해도 나는 내 앞에 있는 환자의 고통을 있는 그대로 알 수 없다. 아무리 노력해도 내 딸이나 아내의 괴로움에 그대로 참여할 수 없다. 내가 닿을 수 있는 부분은 고통의 표층뿐이다. 앞서 말한 대로 타인의 고통에 동감sympathy하기는 어렵지 않다. 아파서 참 힘들겠구나, 하고 얼마든지 생각할 수 있으니까. 하지만 타인의 고통이 나의 것이 된다는 것은 무엇을 의미하고 또 의미해야 하는가.

　나의 아픔을 통해 타인의 아픔을 생각할 수밖에 없다면, 나의 아픔을 잘 따져보는 수밖에 없다. 여기에서 아픔이 꼭 질환으로 인한 신체적 아픔일 필요는 없을 것이다. 성장하면서 우리는 모두 어떤 형태로든 아픔을 겪는다. 비록 쉽게 잊어버리고 다시 생각하기 싫은 경험들이지만, 아픔은 우리에게 흔적을 남긴다. 그 아픔들을 제대로 받아들여야 타인의 아픔에 손을 내밀 수 있다고 나는 생각한다.

　그러므로 돌봄을 검토하기 위해 여기에선 고통에 대해 생각하려 한다. 내가 가장 먼저 깨달은 것은 얼마나 우리가 그 시간들을 빨리 지워버리려고 노력하는지다.

* 따라서 이런 논의에선 고통의 현상학이 중요해진다. 질환이나 장애로 인해 그가 겪는 고통을 어떻게 기술하고 받아들일 것인가의 문제를 현상학은 양이 아닌 질적 기술과 심적 구조의 표현으로 표출하려 하기 때문이다.

고통의 망각

얼마 전, 정말 오랜만에 응급실에 갔다. 지금까지는 주로 가족을 돌보기 위해 보호자로 따라갔던 것이라 경우가 달랐다. 내가 응급실에 가야 한다고 생각하고 119에 전화한 것은 처음이었다. 전날 운동을 하는 중 허리가 아팠다. 무거운 걸 들 때 종종 허리가 아프기도 했고 몇 년 전 정형외과에서 간단한 치료를 받았던 적도 있어서 그 정도겠거니 했는데 아니었다. 너무 아파서 토할 것 같은 고통은 처음이었다.

처음 떠올랐던 것은 이상하게도 VAS였다. 환자의 통증을 물어보기 위해 사용하는 평가 척도로, 고통을 호소하는 환자에게 하나도 안 아픈 것은 0점, 상상할 수 있는 최악의 고통이 10점이라면 지금 경험한 고통은 몇 점인지 물어보는 방식이다. 여러 사람의 통증을 비교하는 것이 아닌, 치료 전후의 통증 증감을 확인하는 데 주로 사용된다. 아이들이 이해하기 어려운 질문이라 실제로 진료하면서 사용해본 경험은 거의 없었다.

생각해보면 묘한 척도다. 하나도 아프지 않은 상태는 누구나 알고 있다. 그러나 상상할 수 있는 최악의 고통은 어떤 걸까? 내 인지 안에서 최악의 고통이란 내가 겪은 최악의 고통보다 심한 고통이 있으리라는 막연한 상상일 것이다. 비명을 지르며 고통을 호소하던 아침, 머리 한구석에서 나는 VAS를 떠올렸다. 지금까지 겪은 최악의 고통이니 VAS에 대답할 때 이걸 참조해야지, 하면서.

그런데 응급실에 다녀온 지 며칠 지나지도 않았는데 그 고통이 떠오르지 않았다. 고통 뒤에 따르던 토할 것 같은 느낌이나 온몸에서 나던 땀은 선명히 떠오르는데, 얼마나 아팠는지는 기억나지 않는다. 극심한 고통으로 살짝 정신을 놓은 것일까. 아니면 재빠르게 그 고통을 머릿속에서 지워버린 걸지도 모르겠다. 기억하고 싶은 일은 분명 아니니까.

다른 하나는 이런 고통을 매일 겪는 사람들도 분명 있을 텐데, 하는 걱정이었다. 내가 고통을 겪은 시간은 다 합쳐봐야 몇 분 되지 않을 것이다. 하지만 저기 어딘가에는 이만큼의, 또는 그 이상의 고통을 오랜 시간 경험하는 사람도 분명히 있다. 인간은 적응의 동물이라 하지만, 정신을 놓을 만큼의 고통에 익숙해질 수 있을까. 이런 고통을 계속 겪으면 마음이 무너져내리진 않을까. 그런 고통 앞에서 어떻게 반응하는 것이 옳을까.

고통에 대한 반응

고통에 관한 고민은 돌봄의 이유와 연결된다. 우리는 왜 타인을 돌보는가. 여러 이유가 있겠지만, 일차적으로 타인의 고통을 줄이기 위함일 것이다. 열이 펄펄 끓는 아이를 간병할 때, 아픈 환자를 보살필 때, 요양 환경에서 질환과 장애를 돌볼 때 그것은 보살핌받는 이의 고통을 안쓰러워하는 것을 넘어 그것을 실제로 줄이려는 노력이다. 따라서 돌봄윤리는 의도만으로도, 결과에 대한 계산만으로도 이루어지지 않는다. 돌봄윤리는 실천을 요구하며 실천 없이 구성될 수 없다.

여러 돌봄 이론가가 공감할 수 있는 이만이 좋은 돌봄을 할 수 있다고 전제하지만, 나는 그에 동의하지 않는다. 앞서 말했듯 나는 어릴 때 고통스러운 치과 치료를 겪지 않았다. 치과 의자에 앉아 치료받는 경험은 성장 이후에 주어졌고, 치과에 대한 공포는 솔직히 손에 잡히지 않는다. 드릴 소리가 거슬리지만 무서울 일인가 싶다. 하지만 나는 치과를 찾은 아이들과 잘 지냈고 아이들의 마음을 어느 정도 이해했으며 나에게 가능한 치료와 돌봄을 제공하기 위해 최선을 다했다. 나의 치료와 돌봄이 공감 없이 이루어졌으니 제대로 된 것이 아니라고 누군가가 말한다면, 나는 그에게 당신부터 돌봄 실천에 참여해보라고 답할 것이다.

공감을 말하는 이의 마음속엔 명확히 구분되고 잘 정리된 돌봄만 있는 것 같다. 돌보는 이와 보살핌받는 이가 분명하게 나뉘고, 돌보는 이는 언제나 돌보고 보살핌받는 이는 언제나 보살핌받는 돌봄 환경에서는 돌보는 이에게 공감을 요구하는 것도 그렇게 나쁜 요구는 아니지 싶다.

그러나 돌봄은 깨끗하지 않다. 나는 환자를 돌보는 사람이었고 학생들을, 가족과 아이를 돌보는 사람이지만, 언제나 보살핌받는 사람이기도 하다. 아파서 치료받거나 타인의 도움을 받거나 내가 맡은 돌봄 책임을 잠깐잠깐 위임할 때 나는 보살핌받는다. 심지어 내 돌봄은 나 혼자서 이루는 것도 아니다. 즉 돌봄은 늘 뒤섞여 있다.* 뒤섞인 돌봄에서 중요한 것은 다분히 정서적 훈련과 교육의 의미를 지닌 공감보다** 돌보는 이와 보살핌받는 이 각자의 아픔의 경험이다. 나는 나의 아픔의 경험을 통해 돌보는 이에게 다가간다. 나의 아픔에 대한 기억은 아픔을 줄이려는 노력으로 이어지며, 이는 타인의 아픔 또한 줄이려는 노력으로 이어진다. 여기에서 나는 돌봄 책임을 발견한다.

그것이 바로 공감이지 않냐고 반문할 수 있다. 결국 돌보는 이가 자신이 겪은 아픔으로 보살핌받는 이의 아픔을 헤아리라는 것 아닌가. 하지만 각자의 고통이 다르므로 공감으로 접근하는 것이 성공적이리라는 생각이 들지 않는다. 오히려 우리에게 필

---

* 케어 컬렉티브의 《돌봄 선언》은 이런 뒤섞인 돌봄을 '난잡한 돌봄'이라는 개념으로 표현했다. 다른 돌봄과 구분되는 양태로서 난잡한 돌봄이라는 표현을 사용하는 것도 좋지만(난잡한 돌봄은 친족 범위의 확장에서 이루어지는 돌봄을 설명한다), 나는 애초에 돌봄 자체가 혼란스럽고 혼재되어 있다고 여긴다.

** 나는 정서적 훈련과 교육을 정서의 특정한 방향으로의 계발로 이해한다. 이에 대하여 최근 가장 잘 정리한 책은 앞서 언급한 《나쁜 교육》이다. 이들은 최근의 미국 양육과 교육이 학생들에게 정서적 부담을 주는 것을 금기시하는 방향으로 왜곡되어가고 있다며, 오히려 학생들을(그리고 대학을) 건강하게 만드는 것은 학생들의 정서적 '안전'이 아니라 다양한 견해가 서로 교환되고 건설적으로 충돌할 수 있는 환경을 만드는 것이라고 역설한다. 그러나 다른 국가에서도(예컨대 우리나라에서도) 비슷한 현상이 관찰되기에 미국의 정서 안전 제일 교육이 문제라는 논지에 완전히 동의하지는 않으나, 정서를 특정한 방향으로만 훈련하고 교육하는 것(즉 안전하게 보호하는 것)이 문제라는 주장에는 동의한다.

요한 것은 타인의 고통을 목도했을 때 그에 민감하게 반응하여 마음을 기울이는 것이 아닐까.*

거리를 둔 공감 대신 민감성

나의 아픔으로 상대방의 아픔에 다가가는 것은 내가 오랫동안 고민해온 문제에 대한 답이기도 하다. 내가 공부해온 의료인문학이라는 아리송한 분야에서 흥미롭게, 또 괴롭게 논의되어온 주제 중 하나가 의료인의 공감이기 때문이다.

많은 이가 의료인이 환자에게 공감해야 한다고 생각한다. 하지만 공감은 위험할 수 있다. 의사가 자신의 정서를 너무 환자에게 맞추거나 환자를 따라가면 의료인으로서 해야 할 일을 제대로 할 수 없기 때문이다. 수술실에서 환자의 고통에 공감해 눈물을 흘리는 의사, 응급실에서 환자의 아픔에 주저앉아 버리는 간호사는 자신의 일을 다할 수 없다.

따라서 의료인문학에서는 공감 대신 '거리를 둔 공감 또는 관심detached empathy or concern'을 이야기해왔다. '현대의학의 아버지'

---

* 여기에서 공감의 기획에 문제를 삼는 것은 앞에서 돌봄이 즉각적인 쾌 또는 즐거움만을 추구하지 않는다는 사실의 연장선에 있다. 공감은 모든 정서에 다 적용되므로, 쾌의 증진과 고통의 감소 모두를 말한다. 하지만 돌봄이 쾌의 증진이 아니라면, 적어도 '공감=돌봄'이라고 말할 수는 없게 된다.

이자 존스홉킨스 의과대학에서 미국 의학 교육의 출발점이 된 윌리엄 오슬러는 펜실베이니아대학교 의과대학을 떠나면서 '평정 Aequanimitas'이라는 졸업 연설을 남겼다. 그는 의사들에게 어떤 상황에서도 차분함과 침착함을 유지할 것을 주문했으며, 이는 감정적 동요에 휩쓸리지 않는 것을 전제로 한다.[153] 하버드대학교 의과대학 내과학 교실을 이끈 마이클 라콤은 후배들에게 쓴 편지에서 환자에게 공감 아닌 연민pity을 느낄 것을 주문한다.[154] 제인 맥너튼은 진짜 공감은 환자와 의료인 사이에서 이루어질 수 없으며 최선은 환자에게 동감하기, 즉 거리를 둔 감정 느끼기라고 썼다.[155]

이들이 환자를 향한 공감에 경계를 표하는 것은 의료인이 자신의 일을 제대로 수행하지 못하기 때문만은 아니다. 심리학자 로렌 위스페는 공감이 타인의 상태로 '들어가는' 것이라면, 왜 들어가고자 하는지를 살펴야 한다고 말한다.[156] 그것은 타인에 대한 과도한 호기심, 심지어 타인을 지배하려는 욕망의 발로는 아닌가.[157]

따라서 나는 공감 대신 타인의 고통에 마음을 기울이는 것, 즉 민감성이 돌봄에서 더 중요하다고 생각한다. 돌보는 이에게 필요한 것은 보살핌받는 이의 고통에 민감하게 반응할 줄 아는 능력이다. 돌봄은 타인을 향한 민감성을 통해 그의 필요와 욕망을 살피고, 상대의 고통을 덜어줄 수 있는 실천이어야 한다.

무엇보다 증진이 가능한지 모호한 공감과 달리 마음을 기울이는 능력이자 기술인 민감성은 계발이 가능하다. 민감성을 증진하는 전통적인 방법으로는 예술 작품을 감상하는 훈련이 있다. 소설 읽기, 영화 보기, 미술이나 사진 작품 감상하기, 그리고 그 내용을 함께 공유하고 표현하는 훈련은 여러 효과를 지니지만, 무엇보다 작품의 요소에 민감하게 반응하도록 감상자를 이끈다.

나는 한국의 여러 영역에서 '서사의학'을 가르치고 연구하는 사람이다. 서사의학은 단순하게 말하면 의료인들에게 문학을 읽는 훈련을 제공하는 방법론이다. 왜 의료인이 문학을 읽어야 하는가. 나는 여러 이유 중 하나로 민감성을 내놓는다. 돌봄에 참여하는 의료인은 보살핌받는 환자에게 민감해야 한다. 의과학 훈련과 연구는 보편과 환원에 집중하여 구체적 인간에 대한 민감성을 떨어뜨린다. 이런 의료인들에게 아무리 공감을 말해보아야 무의미하거나, 부당한 부담만 더하는 셈이다. 의료인들에게, 더 넓게는 돌보는 사람들에게 주어져야 하는 것은 민감성을 키우기 위한 훈련이고, 나는 그 방법으로 서사의학을, 작품을 읽고 함께 이야기할 것을 요청한다. 작품의 요소에 민감해질 때, 우리는 구체적 인간의 요소에도 민감해질 수 있기 때문이다.

이제 이 책이 여러 작품으로 구성된 이유를 다시금 이해하셨으리라. 작품들은 구체적인 상황을 우리에게 보여주는 역할을 하지만, 그것뿐이라면 실제 사례를 가져와서 설명하는 것이 더 나을 것이다. 작품은 우리에게 그 안에 펼쳐진 세계, 등장인물과 화자의 정체성, 생각, 의도, 사건과 시간의 흐름, 언어 표현의 방식, 작품의 형식, 작가의 욕망에 민감할 것을 요구한다. 그 민감함에서 돌봄이 출발하기에, 나는 돌봄을 이야기하기 위해 작품을 살핀다.

돌봄을 받는
마음에 관하여[158]

지금까지 돌봄의 여러 정의와 측면을 살피고 여러 돌봄 이야기를 같이 읽었다. 마지막으로 아주 단순한 이미지를 하나 더 겹쳐본다. 나는 돌봄을 떠올리며 밥상 차리는 일을 생각한다.

매일 해야 하고 피할 수 없는 일이면서도, 배달 음식부터 시작해 밀키트까지 다양한 대안이 있어 굳이 해야 하나 싶은 일이기도 하다. 하지만 배달 음식을 주문해도 음식을 꺼내서 '밥상'은 차려야 한다. 그 상차림을 준비하는 마음을, 나는 돌봄의 한 표본으로 생각해본다.

특히 양육에 있어 밥상 차리기는 중요한 돌봄이다. 아이를 위해 요리를 선택하고 재료를 준비하며 요리 순서에 따라 불과 물을 더하고, 그릇에 담아 먹는 모습을 바라보는 일. 이는 참 취약한 경험이기도 하다. 아무리 열심히 준비해도 아이가 "맛없어"라거나

"싫어"라고 말하는 순간 내 노력은 헛된 것이 되니까 말이다. '건강에 좋으니 다 먹어야 해'라고 말하고 싶은 마음과 '왜 이 요리를 선택했을까' 하는 후회가 밥상에 함께 놓인다. 하지만 아이가 "맛있어"라고 이야기할 때, 나는 큰 과업을 하나 이룬 것 마냥 기쁘다. 밥상 차리는 일은 내가 얼마나 아이의 필요와 생각에 민감하게 반응하고 있는지를 잘 보여주는 실천이다. 아이는 자라면서 계속 다른 맛과 향에 눈을 뜨며 자신의 선호를 계발한다. 매일 반복되는 일이라 무뎌지기 십상이지만, 밥상 차리기란 실천은 아이에게 내가 얼마나 주의 집중하고 있는지를 보여주는 굉장히 적확한 척도다.

사실 어릴 때 그런 경험을 해본 적은 없다. 어머니는 늘 바빴고, 알아서 단출하게 밥을 챙겨 먹어야 하는 일도 잦았다. 그때나 지금이나 밥솥에서 밥을 뜨고 조미김, 배추김치, 참치 통조림 같은 좋아하는 반찬을 꺼내 뚝딱 한 끼를 먹을 수 있다. 밥상 차리기는 얼마든지 직선적이고 둔감한 방식으로 이루어질 수 있는 일이기에, 거꾸로 그 일의 취약함과 민감함을 떠올린다. 그것이 돌봄을 규정하는 중요한 속성이라는 것도.

밥상 차리는 일은 두 사람의 마음이 얽히는 일이다. 차리는 사람의 마음과 먹는 사람의 마음. 다른 사람에게 원체 내 것이라고만 믿었던 자리를 조금 내어주는 것이 삶이라면, 밥상에서 함께 모여 밥을 먹는 일은 사는 일의 핵심 중 하나다.

그 자리가 점차 지워지고 있기에 나는 밥상 차리는 일을 다시 생각한다. 밥상 차리는 것이 다른 사람을 향한 마음 씀과 그 마음을 소중하게 받는 일이라고 한다면, 그것은 돌봄의 정수를 잘 보여주는 일이기도 하다. 점차 밥상이 외주화되고 있는 오늘, 나는 외주화된 우리의 돌봄을, 점점 그 자리를 찾을 수 없는 돌봄을 겹친다.

《오늘은 좀 매울지도 몰라》는 밥상 차리는 일의 각별함을 생각하게 하는 작품이다.[159]

환자와 밥상

에세이 《오늘은 좀 매울지도 몰라》는(그리고 이를 각색한 드라마는) 암 투병을 하는 아내를 위해 요리를 하고 밥상을 차리는 남편의 요리 일기다. 요리해본 경험이 적은 남편은 아내의 병에 어떻게든 도움이 되어보려는 마음을 요리로 표현한다. 요리는 실패하기도 하지만, 가족에게 눈부신 기억을 남겨주거나 가족이 함께한 기억을 되살리는 역할을 하기도 한다.

대장암 말기인 아내를 위해 남편은 무염식을 준비한다. 무염식이기에 맛이 잘 나지 않으니, 어떻게든 구미를 당기게 하려는 노력으로 매운맛을 더한다. 책 제목에 좀 매울지도 모른다는 말이 들어가 있는 것은 그 때문이다. 짠맛 대신의 매운맛은 삶의 강렬함 대신 질환의 신산을 떠올리게 한다.

가족은 아내, 엄마의 암 투병을 견디면서 삶을 이어간다. 장폐색으로 아내가 아무것도 먹지 못하는 상황도 오지만, 마지막까지 아내는 남편이 만든 요리와 주스를 조금이라도 먹으면서 완화병동의 시간을 보낸다. 남편의 음식을 먹고 아내의 암이 씻은 듯이 낫는 기적은 일어나지 않는다. 하지만 그 마음은 사라지지 않는다. 아내가 떠나간 다음에도.

드라마를 보면서 생각했던 것은 밥상을 차리는 마음이었는데, 책으로 읽으면서 다시 생각하게 된 것은 먹는 마음이다. 몇 수저 뜨지 못할 것을 알면서도 남편이 차려주는 밥상을 기다리는 아내는 어떤 마음이었을까. 암세포로 장이 막혀 음식을 더는 넘기지 못하게 되었을 때, 기대치 않았던 수술에서 폐색을 해결해서 다시 밥상을 받을 수 있게 되어 수저를 들었을 때 마음이 어땠을까. 나는 그 마음을 생각하면서 돌봄의 상호성과 민감함을 마음 한편에 놓아본다.

돌봄은 원래 단방향 소통이 아닌가. 돌보는 이가 보살핌받는 이에게 그저 주는 것이 돌봄의 정밀한 정의라고 한다면, '돌봄의 상호성'이라는 표현은 성립할 수 없다. 하지만《오늘은 좀 매울지도 몰라》에서 그려지는 두 마음의 움직임은, 어느 한쪽의 헌신이라고 말하기 어렵다. 남편은 아내가 얼마 먹지 못할 것을 알고, 자신의 음식 솜씨가 훌륭하지 않다는 것도 알지만 이 밥상이 아내가 조금이라도 기운 나길 바라는 마음을 요리에 담는다. 아내는? 어떤 고마움을 표했는지 책에 쓰여 있지는 않으나, 말 그대로 밥상 앞에서 '눈물 나게' 고마워하지 않았을까. 마음 쓰는 일은 말하지 않더라도 상대방에게 전해지기 마련이므로. 따라서 돌봄은 한 사람이 다른 사람에게 주기만 하는 것이 아니다. 받는 사람도 그만큼의 마음을 내주어야 한다. 그렇기에 돌봄은 상호적이다.

또한 밥상만큼 돌봄의 민감함을 잘 보여주는 자리가 또 있을까. 다른 여러 돌봄은 사실 그만큼 상대방에게 관심을 기울이고 세심할 필요까진 없다. 빨래나 청소, 심지어 병상에서의 여러 일은 보통 빠르고 정확하게 처리하는 것이 더 중요하다. 하지만 요리는 그렇지 않다. 먹는 사람의 마음에 귀 기울이지 않는다면 아무리 열심히 준비한 진수성찬이라고 해도 헛되다. 반대로 간단한 것이라도 얼마나 귀한 것이 될 수 있는지를 알려주는 것 또한 요리다. 글쓴이가 소장과 대장을 연결하는 수술을 받은 아내에게 조심스레 구워준 대패삼겹살은 가족을 휩쓸고 있던 암이라는 '폭풍'을 잠시라도 잊게 만드는 엄청난 힘을 지닌다. 요리의 선택이, 돌봄이 민감할 때 얼마나 큰 힘을 지닐 수 있는지 설득력 있게 알려주는 이야기로 다른 게 더 필요할까.

밥상 차리기와 돌봄

밥상 차리는 일이 엄청 거창한 일은 아닐지 모른다. 그것은 일상에서 지겹도록 반복되는 행위이며, 우리가 살아가는 한 결코 빼놓을 수 없는 기본 요소 중 하나다. 하지만 그것 없이는 삶을 영위할 수 없다. 나에게 밥상 차리기는 여러 면에서 돌봄을 잘 보여주는 행위다. 돌봄은 거창하지 않고 지겹도록 반복되는 일이지만, 그것 없이는 살 수 없는 삶의 핵심이기 때문이다.

밥상을 떠나 내 자리인 의료로 돌아온다. 나는 어쩌면 다소 기계적으로 외치곤 해왔다. "현대 의학은 돌봄을 잊어버렸다"라고. 그것은 의료인의 나태나 이기심 때문이 아니라, 과학이자 기술인 현대 의학이 학문·제도적으로 돌봄을 배제하고 있기 때문이다. 의사로서 나의 돌봄이 어떠한 인정도 받지 못하기 때문에, 진료하면서 나는 선뜻 내가 환자를 돌보고 있다고 말하기 어려웠다. 나는 학문에서, 기술에서 뛰어난 의사가 되는 것이 목표였지 잘 돌보는 의사가 되는 것을 목표로 삼을 수 없었다.

현대 의학에선 누구도 밥상을 차리지 않는다. 대신 다들 미쉘린 셰프가 되어야 한다고 외친다. 의과대학도, 학회도, 의료제도도 마찬가지다. 너무도 당연하고 반복적인 돌봄은 아무도 관심이 없다. 그렇다 보니 이제 돌봄은 엄청 귀한 것이 되었다. 한 달 간병인을 쓰려면 기백만 원이 들어간다. 코로나19 이후 입원실 규칙 때문에 가족이나 간병인이 돌아가면서, 또는 여럿이서 환자 옆을 지킬 수 없게 되면서 비용은 더 증가했다. 게다가 우리 의료는 처음부터 술기 중심, 즉 의료인이 환자에게 어떤 치료 행위를 해주는 것을 "의료"라고 정의하여 발전하였기에 돌봄을 신경 쓸 필요도, 여유도 없었다. 오랫동안 돌봄은 가족, 더 정확히는 가족 내 여성의 부담이었던 탓도 있을 것이다.

그러나 의료의 핵심에는 원래 돌봄이 있었다(예컨대 19세기까지만 해도 솔직한 의사들은 자신이 환자 옆에서 해줄 수 있는 것은 돌봄이 전부라고 고백하곤 했다).[160] 이제 과학과 기술이 돌봄의 자리를 대체했기 때문에 돌봄은 필요 없는 무엇이 된 걸까? 나는 동의하지 않는다. 적어도, 내가 만나왔던 많은 이들은 여기에 동의하지 않았다. 아픈 사람 곁 돌봄은 여전히 의료의 정수 그 자체다. 앞으로도 이는 변하지 않을 것이다. 절대.

이런 이야기를 하면 아마, 안 그대로 바빠 죽겠는데 돌봄까지 어떻게 챙기냐고 입을 비쭉 내밀 사람들의 얼굴이 떠오른다. 나도 잘 알고 있으며, 틀린 말은 아니다. 일분일초가 아까운 병원에서 다들 발을 동동 굴러가며 일하는데, 여기에 뭘 더 하라고 하면 안 된다는 반박이 먼저 터져 나오는 건 당연하다. 나는 무언가를 새로이 더 하자고 주장하려는 것은 아니다. 적어도 새로운 과정이나 절차, 노동을 더해야만 의료가 돌봄도 할 수 있다고 생각하진 않는다. 반대로 원체 의료가 돌봄이었다면, 우리 마음만 고쳐먹어도 되는 일인 건 아닐까.

진심으로 나는 믿는다. 의료가 조금만 민감해지면 의료는 충분히 돌봄이 될 수 있다. 상대방의 요구와 필요에 조금만 더 귀 기울이면, 아니 듣는 방법을 배우면 의료는 다시 돌봄의 자리를 회복할 수 있다. 우리는 최신의 의료 지식과 기술을 신봉하면서도, 새로운 것들을 머릿속에 채우고 신기술로 무장한 신진 전문의보다 환자와 많은 시간을 보낸 의료인을 찾는다. 그것은 오랜 경험이 그에게 만들어준 민감함을 우리가 본능적으로 찾기 때문이 아닌가. 내가 여러 상황 때문에 이야기하지 못하거나 놓친 부분이 있을지라도, 민감하게 그런 부분을 눈치채고 치료와 관리의 방향을 세심하게 챙겨줄 사람을 만나고 싶은 것이다. 그런 민감함을, 훈련되어 몸의 일부가 된 민감성을 나는 의료가 다시 돌봄이 되는 열쇠라고 생각한다.

민감한 돌봄

최근에 참여한 한 돌봄 관련 토론 자리에서 돌봄과 공감에 관한 이야기를 나눈 적이 있다. 새로운 이야기라기보다 돌봄, 특히 돌봄윤리에 관한 논의에선 공감이 중요 요소로 제기되어 왔다. 슬로트의 《돌봄 윤리와 공감The Ethics of Care and Empathy》가 대표적인 저작으로, 그는 다른 전통적 윤리 이론과 다른 돌봄 윤리의 구현을 위해선 공감을 그 출발점으로 삼아야 한다고 주장했다.[161] 헬드는 《돌봄: 돌봄윤리》에서 꼭 공감만을 중요하게 놓지는 않으나, 동정심sympathy, 공감, 민감성 등은 더 나은 돌봄을 위해서 필수적이므로 계발되어야 한다고 주장한 바 있다.[162] 공감 능력과 돌봄을 연결 지어 연구한 논문도 어렵지 않게 찾아볼 수 있다. 이런 접근들은 돌봄의 감정적인 측면에 초점을 맞추고, 타인의 감정을 내 것으로 느끼는 공감이 돌봄의 기초가 되어야 한다는 생각을 바탕에 두고 있다.

교육이나 의료 영역에서의 돌봄 또한 공감을 요청받는다. 교사의 공감 능력을 신장해야 한다는 주장이나, 의료인의 공감을 함양해야 한다는 요청이 그것이다. 의과대학에서의 의료인문학 교육이 학생들에게 공감을 가르치기 위한 것이라고 생각하는 이도 많다. '의사, 공감'으로 검색해도 좋은 의사에게 공감이 필요하고 중요하다는 기사나 글이 금방 눈에 띈다. 드라마 〈슬기로운 의사생활〉의 주역들은 환자에게 공감하는 의사들이었고, 그런 인물들을 주인공으로 내세우는 작품의 의도는 명확해 보인다. 좋은 의사, 우리가 원하는 의사들은 공감하는 의사다.

나는 돌봄 논의에서 공감이, 또는 공감만이 적절한 접근법은 아니라고 오랫동안 생각해왔다. 공감이라는 기제가 좋은 행동을 낳기 위한 적절한 방법이 아니기 때문이다. 공감을 통한 결정은 근시안적이고 편협한 결론으로 나아갈 가능성이 크다. 공감이 당장 내 눈앞에 보이는 누군가의 감정을 내 것으로 받아들이는 것이라면, 공감을 통한 돌봄은 당장 내 눈앞의 누군가만을 우선하는 것으로 끝날 수 있다. 당장의 고통이나 불편이 이후의 더 큰 이득을 위해 필요한 일일 때, 공감은 당장의 고통에 반응하여 이를 중단시킨다. 결과적으로 손해가 발생한다. 당장 눈앞만 살피고 내린 이런 결정을 우리는 편협하다고 부른다.

물론 돌봄은 내 앞에 있는 사람을 우선하고 그의 필요를 채워야 한다는 말이 틀린 것은 아니다. 하지만 내 앞에 있는 사람의 불편을 해결하고 필요와 요청을 듣기 위해서 반드시 공감해야 하는 것은 아니다. 내가 돌보는 사람이 목이 마르다고 말할 때, 나 또한 공감하여 함께 목마름을 느낀 다음에야 그에게 물을 가져다줄 필요는 없다. 상대방의 신체적 필요에 반응할 책임을 기억하는 것으로 충분하다.

이 논의를 진행하면서 한 교수님과 나누었던 대화를 떠올린다. 교수님은 의사의 공감을 강조하면서도 공감을 가르치기 어렵다는 점을 한탄하시고, 우스갯소리로 학생들이 직접 아파보면 공감할 수 있으리라고 말씀하셨다. 나는 애초에 학생들에게 중요한 것이 공감이 아니라고 생각하긴 했지만, 한편으로 아파보면 환자에게 공감할 것이고 그러면 지금 우리가 경험하는 문제들, 예컨대 의료인들이 환자를 헤아리지 않고 이기적으로 행동하는 모습을 교정할 수 있지 않을까 하는 생각이 들었다. 그런데 정말 공감으로 그런 일이 가능할까.

'의사-환자'들은 더 많이 공감하게 되었을까

지금은 절판되어 아쉬운 《환자가 된 의사들》이라는 책이 있다. 정신건강의학과 의사인 저자 클리츠먼은 우울증을 겪으면서 자기처럼 의사이면서 환자였던 사람들의 경험에 관심을 가지게 되었다. 그는 병을 겪은 의료인('의사-환자')들 여러 명을 인터뷰하

여 그들의 경험을 듣고 이를 통해 의료인의 삶을 사유한다.[163]

책은 암, 에이즈, 심근경색 등 다양한 질환을 겪은 의사-환자들의 경험을 여러 측면에서 정리하며, 의사로서의 정체성, 현대 의학에 대한 직시, 차별의 경험과 환자가 되었음에 대한 고백, 환자인 의사로서 하는 직무 경험의 차이, 영성, 의학적 위계와 교육의 문제 등을 망라하여 검토한다. 이들의 경험을 통해 클리츠먼이 도출한 결론을 정리하면 다음과 같다.

첫째, 의사-환자는 치료 과정에서 내적 긴장을 경험한다. 그것은 개인적 자아와 전문직 자아, 환자 역할과 의사 역할 사이에서 갈등을 경험하기 때문이다. 오랜 기간 확립해온 의사로서의 정체성은 확고하여 변화하기 쉽지 않은데, 그 정체성은 자신이 환자가 아니라는 것, 또는 자신이 치료와 연구의 대상으로 삼고 있는 질병으로부터 자신이 면역되어 있는 것 같은 환상(클리츠먼은 이를 "신화"라고 표현한다)으로부터 구축된 부분이 있기에 의사-환자들은 자신이 또한 환자라는 사실을 쉽게 받아들이지 못한다.

둘째, 질병이라는 현실 때문에 의사-환자들은 의사에서 환자로의 역할 전환을 경험할 수밖에 없으며, 이 과정에서 몇 가지 패턴이 나타난다. 이들은 환자가 되면서 타인에게 마음을 더 열게 되었고 의료인으로서 자존감이 강화되었다. 또한 자신의 상태를 인정하는 모습을 보였다. 이는 질병 경험으로 인한 변화일 것이다.

셋째, 이들은 두 가지 이상의 정체성을 고수하는 것보다 하나의 정체성을 고수하는 것이 쉽다는 것을 깨닫는다. 의사이자 환자로 살아가는 것이 어려운 과제라는 것이다. 이때 일어나는 자기 재구성에는 상당한 힘과 시간이 소모되는데, 클리츠먼은 안 그래도 힘든 질환 과정에서 이를 의도적으로 수행하는 것은 어렵다고 지적한다.

넷째, 자신이 만드는 정체성과는 별도로, 타인과의 관계에서 주어지는 정체성이 있으며 이를 사회화 과정의 상호성이라고 부를 수 있다. 자신을 아무리 의료인으로 여기고 싶어도, 남들이 환자로 부르는 한 정체성은 영향을 받을 수밖에 없다는 것이다.

다섯째, 그럼에도 환자인 의사들은 자기 돌봄에 실패한다. 의학적 지식이나 경험이 많다고 하여 이들이 자신을 더 잘 돌볼 것이라는 생각은 오산이다.

마지막으로, 이들의 서사에는 불균형이 존재했고, 이는 의학 권력의 문제들을 그대로 반영하고 있다.

흥미로운 지점들을 더 짚어갈 수도 있지만, 우리의 목적에 맞게 공감이라는 부분을 중심으로 의사-환자들의 기술을 검토할 때 얻을 수 있는 결론은 분명하다. 환자가 된 의사들은 이전에 인식하지 못했던 의학의 몇몇 부분에 민감해졌다. 그들은 의학의 불확실성(질병과 치료가 이후 어떻게 될지 누구도 분명하게 말할 수 없다는 것)을 더 명확히 인식했고, 환자와 의료인 사이의 위계에 문제가 있으며 이를 허물어야 한다는 생각을 갖기도 했다. 그들은 환자 역할이 무엇인지 배웠고, 의과대학에서 배운 것과 실제로 병을 앓는 것이 다름을 깨닫기도 했다. 그러나 이런 공감적 태도는 계속 유지하기 어렵고 시간의 부족, 대인관계에서 오는 스트레스, 관료적 행정으로 인한 제도 개선의 장애 등 민감함이 현대 의학 개선의 답이 되기에는 여러 한계가 존재한다.* 클리츠먼은 또한 말한다. "의사들의 질병 경험에 순전히 이점만 있는 것은 아니다. (…) 때로 이 의사들도 별로 대수롭지 않은 의학적 문제를 가진 환자가 불평하고 효과적인 처방을 따르지도 않으면, 참을성을 잃고 만다."[164] 감정은 때로 몇 가지 문제를 개선할 수는 있으나, 이것이 보편적인 답이될 수 없고 되어서도 안 된다.

공감을 포함한 감정이 비록 하나의 신호를 줄 수는 있더라도 공감의 한계가 분명하다면, 우리는 달리 접근해야 한다. 공감이 돌봄의 답이 될 수는 없다.

공감으로 어디까지 갈 수 있을까

공감의 중요성과 가능성에는 동의하지만, 돌보는 이에게 공감이 반드시 있어야 하는 것은 아니다. 앞서 살핀 의사-환자의 경험에 비추어볼 때 경험한 이가 '공감'한다는 가정은 현실을 제대로 설명하는 것으로 보이지 않는다. 물론 환자가 된 의사들의 공

---

* 여기에서 민감함은 질병 경험으로 인하여 일시적으로 얻은 민감함임에 유념할 필요가 있으며, 훈련된 민감함과 구분해야 한다.

감은 어느 정도 증가한 것으로 보인다. 그러나 그것이 환자들에게 꼭 유익한 방향은 아니었다.

게다가 심리학자 폴 블룸이 적절히 지적한 것처럼, 공감은 도덕 지침으로 작동하기에는 여러 문제가 있으며, 잘못된 결정으로 이어지기도 한다. 환자 또는 보살핌받는 이에게 공감하는 것이 잘못이라고 말하기는 어렵고 강점과 이점도 있지만, 돌봄을 공감으로 기술하거나 돌봄에 공감이 반드시 필요하다고 주장하는 것은 오류다. 공감은 돌봄을 근시안적이고 편협하게 만들 위험이 있다.

슬로트가 돌봄윤리의 근저를 공감으로 이야기하면서 든 사례를 살펴보자.[165] 그는 임신중절을 공감에서 비롯된 돌봄윤리를 통해 검토하면서, 임신중절에서의 윤리적 선택을 설명하는 기존의 이론이 너무 형식적임을 지적한다. 전통 윤리 이론으론 특정 시점의 임신중절 가능 여부를 말하기 어렵다. 임신 10주나 12주와 같은 기준은 자의적이고, 태아는 지속하여 성장하기에 비록 어떤 범위 사이의 차이를 말할 수는 있더라도 특정 주차 앞뒤로 명확한 구분이 있는 것은 아니기 때문이다.

그는 초기 태아와 후기 태아에게 공감을 느끼는 정도가 다르다는 점을 지적한다. 초기 태아는 신생아 또는 인간과 거리가 멀고 따라서 그들에게 쉽게 공감할 수 없다. 반면 후기 태아는 신생아의 모습과, 또는 인간의 모습과 닮았고 우리는 그들에게 공감할 수 있으며, 이 공감 여부가 특정 시기의 임신중절이 다른 시기보다 도덕적으로 낫다고 말할 수 있는 기준을 제공한다는 것이다.

슬로트는 후기 태아를 향한 공감은 전기 태아를 임신중절하는 것이 도덕적으로 나은 이유가 된다고 주장하는 것이다.

솔직히 전기 태아보다 후기 태아에 더 공감할 수 있다는 슬로트의 견해*에 동의하기 어렵다. 공감은 다분히 상상의 영역이므로, 후기 태아에게 공감할 수 있는 누군가는 전기 태아(그리고 태아가 성장하여 누릴 미래)에게 어렵지 않게 공감할 것이다. 문제는 공감의 선택적 발휘인데, 그렇다면 우리는 이 논의를 다양하게 확장할 수 있다. 왜 임신한 여성의 처지에는 공감하지 않는가? 배아에게는 왜 공감하지 않는가? 어느 존재에게는 공감할 수 있고 어느 존재에게는 공감할 수 없다는 것은 누가 결정하는가?

공감에서 출발하여 돌봄윤리나 심지어 돌봄을 설명하는 것을 완전히 부정하고 싶지는 않다. 그러나 공감은 너무 약한 출발점이고 여러 검토와 성찰을 통해 보완되어야 한다. 환자-의사의 고찰을 통해 알 수 있는 것은 우리에게 공감이 필요하다는 것이 아니라, 우리의 역할이 언제나 교환 가능하므로 서로의 맥락과 존재에 민감해야 한다는 것이다.

---

* 그는 법학자인 누난의 주장을 비판적으로 평가하면서 공감에서 출발한 돌봄윤리를 적용한 법적 접근법을 제안하고 있다. 누난이 다분히 임신중절 반대의 쪽에서 태아에 관한 공감 증가와 그로 인한 임신중절 가능성의 문제화를 이야기하고 있다면, 슬로트는 임신중절에서 다른 요소도 고려되어야 하고, 태아에게 공감한다는 것이 그렇게 쉽지 않으므로 오히려 임신중절을 찬성하는 쪽의 주장도 공감에서 나올 수 있다고 주장하는 쪽이다.

뒤섞인 돌봄, 민감함으로

다시 환자-의사들의 특징으로 돌아가자. 그들이 경험을 통해 얻은 것은 자신과 타인을 향한 민감함이자, 상대방의 요청을 이전과는 다르게 받아들이는 태도다. 그것은 자신이 환자일 수도 인식과, 환자의 상황에 대한 직접 경험에서 나왔다. 그렇다면 더 중요한 것은 공감인가, 아니면 내가 상대방과 같은 처지에 놓일 수 있다는 인식인가.

사실 돌봄은 그 자체로 타인을 향한 마음 쓰기인데 굳이 공감이 더 필요한가. 나는 결단코, 타인의 생에 대한 염려와 그에 따른 실천이 더 중요하다고 말한다. 언제나 상대방의 마음을 내 것으로 가져올 필요는 없다. 굳이 공감하기 어려운 대상에게까지 공감해야만 돌볼 수 있다고 말하는 것은 억지스럽다. 차라리 돌보는 이가 언제나 돌보는 이의 위치에 있는 것은 아님을 강조하는 편이 낫다.

돌봄 논의에선 최근 '난잡한 돌봄promiscuous care'이라는 개념이 중요하게 다루어지고 있다.[166] '난잡함'이란 과거 에이즈 권리운동에서 유래한 개념으로, 가족적 돌봄의 선을 넘어 다양한 주체가 다양하게 돌보아야 한다는 주장이다. 이것은 돌봄 관계의 확장으로, 다종다양한 돌봄의 형태와 종류를 인정해야 한다는 생각으로 이어진다. 여기에 근거해서 현장에서 난잡한 돌봄은 닥치는 대로 돌보는 것, 즉 특정한 관계나 업무에 국한하여 돌보는 것 대신 지금 주어진 돌봄을 어떻게든 해내는 것으로 받아들여진다.[167] 난잡한 돌봄은 돌봄으로 연결된 이들이 여러 방식으로 돌보는 모든 실천과 개념을 포함한다.

난잡한 돌봄이 표현하려는 바는 우리에게 매우 중요하다. 특히 돌봄의 위치와 방식이 특정한 형태로 굳어지는 것에 저항한다는 점에서 그렇다.

그러나 난잡한 돌봄이 현실을 기술한 표현이자 방향성을 제시하는 언어일 수는 있지만, 개념어로서 활용되기 어려운 측면도 있다. 돌봄으로 연결된 이들의 정체성에 대한 충분한 분석과 해명 없이 접근하고 있기 때문이다. 난잡한 돌봄에서 돌보는 이와 보살핌받는 이는 어떻게 구성되는가. 결국 누군가는 돌보아야 하고 누군가는 보살핌을 받는 위치에 놓여야 한다. 그것이 난잡한 돌봄의 한계선이다.

돌보는 이가 닥치는 대로 돌보며, 보살핌받는 이는 다양한 보살핌을 받는다는 관점은 좋다. 그러나 둘의 역할은 영원히 고정되어 있기만 한가. 돌보는 이가 보살핌받는 이가 되는 경우가 현실에 존재하는데, 난잡한 돌봄에는 이를 설명할 수 있는 내용이 없다. 사실 두 역할이 서로 뒤바뀔 수 있다는 것을 생각할 수 있을 때에만, 그리고 그것을 넘어설 때에만 돌봄에서 역할의 문제에 대해, 그리고 책임의 문제에 대해 제대로 다룰 수 있다.

다시 의사-환자의 경험으로 돌아가면, 나는 이것이 난잡한 돌봄으로 제대로 설명될 수 없다고 생각한다. 그들은 투병 과정에서 한편 돌봄의 난잡함을 경험한다. 하지만 이들의 변화에서 중요한 것은 난잡함의 경험이 아니다.

대신 중요한 것은 돌봄의 민감성이다. 그것은 내가 상대방의 자리에 놓일 수 있음을 알고, 상대방의 필요와 요청에 민감하게 반응하는 것이다. 그렇기에 상대방의 처지를 직접 경험할 필요는 없으며, 상대방의 상황과 필요를 상상할 수 있는 능력으로 충분하다(그렇기에 나는 서사로 충분하다고 말한다).

타인의 상황과 관점을 내 것으로 만드는 공감이 유일한 돌봄의 출발점은 아니다. 오히려 공감은 돌봄을 특정한 대상에게 제한할 가능성이 있다. 난잡한 돌봄은 중요한 지점을 겨냥하지만, 돌보는 이와 보살핌받는 이의 뒤섞임을 생각하지 않는다. 중요한 것은 내가 얼마든지 그와 같은 처지에 놓일 수 있음을 알고, 그의 상황에 민감하게 반응하는 것이다. 둔감해지지 않기 위하여, 내 방식만이 답이라고 믿고 남들의 필요와 요청 또한 내 방식으로 재단하지 않기 위하여 타인들의 이야기에 귀를 기울이는 것으로 충분하다.

돌봄은 언제 시작되는가. 아마 타인의 고통을 알아차릴 때일 것이다. 그것은 타인의 고통을 똑같이 겪는 것만을 의미하지 않는다. 오히려 그가 아프겠다고, 나 또한 저런 처지에 얼마든지 놓일 수 있다고 생각하고 발 빠르게 움직일 때 돌봄은 시작된다. 나는 그것을 뒤섞인 돌봄이라고 말한다.

나가며

함께, 좋은 돌봄을, 모든 곳에서

여기까지 함께해주신 분들은 자연스럽게 이런 고민이 들 것
이다. '돌봄에 관해 이것저것 살펴본 것 같아. 그래서 어떡해야 하
지? 돌봄에 국가 재정을 쏟아부어 공적 돌봄을 대규모로 확충해
야 할까? 돌봄 노동자의 급여를 올려서 돌봄 노동을 매력적인 직
업으로 만들어야 하나? 차별적인 돌봄을 타파하고 보편적인 돌봄
을 위해 사회를 급진적으로 바꾸면 될까? 아니면 가족 바깥으로
돌봄의 범위를 확장해서 시민이 서로를 돌보는 사회로 나아가야
하나?'

지금까지 돌봄을 다루었던 여러 책의 핵심을 정리하면 이런
식의 주장이 된다. 트론토나[168] 김희강의[169] 돌봄 민주주의 구상은
사회경제적 질서를 돌봄으로 재편하자고 외친다. 케어 컬렉티브
는 가족의 범위를 넘는 느슨한 공동체의 돌봄이 필수적이라고 주

장한다.[170] 잉스터는 사회정의에 돌봄을 겹쳐, 돌봄을 국가의 존재 목적으로 설정하는 국가 제도를 만들자는 구상을 내놓는다.[171] 우리에게 소개되진 않았지만, 네델스키와 말레슨은 이런 주장에서 한 걸음 더 나아가 모든 직업을 파트타임으로 만들어야 한다고 역설한다.[172] 그래야 모든 사람이 돌봄 책임을 이행할 수 있을 테니까.

모든 주장에 동의하지만, 아직 나는 그들만큼 사회와 제도를 전면적으로 재구성하자고 주장할 능력이 되지 않는다. 돌봄은 필수적이지만, 다른 모든 가치에 우선하는 것인지 잘 모르겠다. 돌봄이 삶의 기본이지만, 삶의 모든 것이라고 주장할 만큼 담대하지도 못하다.

나는 그저 내 삶으로 다시 돌아와서 제언하고자 한다. '우리 모두 함께, 돌보는 삶에 참여하지 않으시겠어요'라고. 누구 한 명 빼놓지 않고 모두 다 돌봄의 역할을 수행하자는 것이다. 우리가 서로 돌볼 때에만 다음 세대가 계속 살아갈 수 있다는 마음으로 반성해보자는 것이다.

지금 우리 사회에 돌봄의 결핍이 도드라지는 것은 누구도 돌봄이 자기 일의 중심이라고 생각하지 않기 때문이다. 그것은 개인의 잘못이 아니다. 우리 사회가 돌봄을, 함께의 가치를 내팽개쳐왔기 때문이다. 사람들이 내가 왜 돌보아야 하느냐고 묻는 것은 너무도 당연하다. 우리는 이제 그 값을 치르고 있다.

우리 사회의 중대한 문제들은 사실 돌봄의 문제 아닌가? 왜 저출생인가? 아이를 낳고 기를 수 없는 사회라고 판단해서다. 외국이라고 남녀 갈등이 없는 것이 아니다. 최근 〈이코노미스트〉 기사는 여러 나라에서 나타나는 젠더 갭을 살폈다.[173] 이들은 20여 개 국가에서 나타나는 청년 남녀 사이 간극을 지적했지만, 명백히 국가가 가족계획에 강하게 개입했음을 알고 있는 중국을 제외한 어떤 국가도 한국처럼 저출생을 보이지 않는다.

노령화 때문에 한국 사회는 2024년 홍역을 치렀다. 노인 환자들을 치료해야 하는데 의사 수가 모자라니 늘리자는 정부의 주장이 의사 수 증원에 대한 다른 견해를 가진 의사 집단과 부딪히고, 정부가 어떠한 협상도 용인하지 않으면서 몇 달 동안 환자들의 생명만 위험에 빠졌다. 누구의 잘못이라고 말하기 전에, 노령화의 문제는 돌봄의 문제다. 노령화는 무엇보다 돌봄의 양과 질의 문제 아닌가?

전 세계적 기후 위기의 문제는 어떤가? 여기에서 기후 문제 해결을 위한 환경 돌봄까지는 이야기하지 않으려 한다. 그러나 기후 위기가 초래하는 문제가 무엇인가? 혹서와 혹한, 홍수 등이 사람들의 삶을 파괴하기에, 이들을 어떻게 돌볼 것인지에 관한 질문이 제기되는 시점이 아닌가? 내가 잘못 알고 있는 것이 아니라면, 기후 위기에서 가장 큰 문제는 돌봄이다.

교육은 어떤가? 입시지옥이라는 말을 넘어, 이제 우리 자녀들은 무엇을 왜 공부하는지도 모르는 채 그저 끝없는 문제 풀이에 내몰려 있다. 이게 학습 능력에 도움이 된다면 모르겠지만, 아이들이 들이는 시간과 각 가정이 소비하는 교육비를 생각하면 학습 능력을 증진하는 효율적인 방식은 아닌 것 같다. 우리 학생들이 왜곡된 방식으로 성장하여 대학에 들어오고, 이들을 어떻게든 돌려보려 인생을 바치고 있는 나로선 국가가 원망스럽다. 대표적인 돌봄의 방식이자 미래 세대를 위한 준비인 교육은 어떻게 취업 예비 과정이 되어버렸는가? 10여 년을 취업에만 매달린 학생들에게 무엇을 기대하는가? 학생들은 자신이 삶에서 바라고 꿈꾸는 것이 무엇이고, 그를 위하여 준비하고 가꾸어야 할 영역들이 무엇인지 생각해볼 기회를 박탈당한 채로 그저 문제 풀이를 반복해야 하는데 말이다. 왜 우리는 학생들의 성장을 돌보지 않는가?

따라서 나는 우리 사회가 직면한 문제들에 대한 답이 돌봄이라고 생각한다. 단, 그저 돌봄이 늘어난다고 해서 문제가 해결되리라고 생각하지 않는다. 이런 논리를 따라가니 돌봄 노동자가 부족하니 '수입'하면 된다는 서울시나 한국은행의 실로 멍청하고 차별적인 답이 나오는 것이다.[174] 그들 말대로 돌봄 노동자를 데려와 돌봄의 양을 늘린다고 치자. 그러면 이들 돌봄 노동자의 가족은 누가 돌보는가? 그 외국인 노동자의 돌봄 노동은 어떤 가치를 지니는가? 결국 돌봄의 무가치화로 이어지는 돌봄의 외주일 뿐이다. 실로 단견이라고밖에 말할 수 없는 이런 결론이 정책이나 경제에서 나오는 이유는 분명하다. 그 외에 돌볼 사람이 없으며 돌봄은 그 자체로 주어지기만 하면 충분하다고 생각하기 때문이다.

정말 돌볼 사람이 없을까? 아니다. 돌볼 사람은 있다. 내가,

당신이 돌볼 사람이다. 우리 모두가 조금이라도 돌봄의 짐을 나누어진다면, 돌봄 노동은 충분하다. 각자가 외면했던 돌봄의 양이 쌓이고 쌓여서 이제 돌아오고 있는 것이다. 또한 돌봄은 그 자체로 선하지 않다. 명확히 좋은 돌봄과 나쁜 돌봄을 구분할 수 있다. 우리는 여섯 가지 좋은 돌봄의 기준을 살폈다. 여기에서 벗어나서 문제가 되는 돌봄 또한 검토했다. 분명히 나쁜 돌봄이 있다. 나쁜 돌봄을 아무리 늘린다고 우리가 겪는 위기들이 해결되지 않는다.

따라서 우리에게 필요한 것은 모두가 행하는 좋은 돌봄이다. 이 책이 내놓는 해답 또한 이것이다. 당신은 돌보는 사람이다. 전적으로 돌보는 사람이라고 말하고 싶지는 않다. 우리의 삶은 여러 영역으로 구성되어 있지 않은가. 당신 몫의 돌봄이 있음을 잊지 말고, 그를 행하라. 건실하고 엄청난 수익을 가져다주는 직업이 있다고, 남자라고, 가부장이라고, 또는 소외 계층이나 약자라고 당신의 돌봄이 면제되는 일은 없다. 자신의 돌봄 책임이 없다고 생각할 때, 그것은 사실 돌봄 책임을 방기하고 백안시한 것일 뿐이다.

이것이 내 삶을 정당화하는 일이라고 생각하지 않는다. 나는 의사이자 대학교수로서, 한 아이의 아버지로서 내가 해야 할 돌봄의 몫이 있음을 직시한다. 내 삶의 영역들은 다른 사람들보다 돌봄에 더 가까울 것이다. 진료하는 것도, 더 넓게 더 나은 의료를 꿈꾸는 일도 돌봄이다. 학교에서 학생들을 가르치고 상담하며 성장시키는 것도 돌봄이다. 집에서 아이를 챙기고 함께 아이의 미래를 꿈꾸는 일도 돌봄이다. 어느 하나도 중요하지 않은 부분은 없으며, 이 모두를 돌볼 수 있을 때만 나는 제대로 된 삶을 살았다고 생각할 것이다.

나는 지금 돌보지 못하는 개인을 힐난할 생각이 없다. 그것은 당신의 잘못이 아니다. 돌봄 책임에 대해 듣지 못한 것이 당신의 책임이 아니기 때문이다. 당신이 돌봄 책임을 직간접적으로든, 또는 명시적으로든 암묵적으로든 생각했을 때 실천하지 못하도록 막은 직장과 사회의 구성이 당신의 책임이 아니기 때문이다. 우리 사회는 돌봄 책임을 인정하지 않는다. 나도 지금까지 그 책임들을 한 번도 인정받은 기억이 없다. 문제는 돌봄 책임을 이행하려는 개인들을 제대로 대우하지 않으면서 누군가에게 돌봄 책임을 전가시키고, 그 사이에서 자신은 아무런 잘못이 없다고 손을 털고 일어서는 직장과 사회와 제도와 국가다. 어처구니없는 일이다. 이 모두는 우리가 살기 위해 존재하는 것이 아닌가? 우리를 살게 하려 만들었던 조직이, 제도가, 구성이 살기 위한 돌봄의 시간과 장소를 우리에게 허락하지 않아 우리를 죽음으로 내몰고 있다면, 이를 바꾸어야 하지 않는가.

따라서 난 두 가지를 주장한다. 첫째, 우리는 돌보는 사람으로서 자신의 정체성을 인식해야 하고, 그에 따라 자기 삶에 돌봄을 들여야 한다. 바로 '함께-돌봄'이다. 누구도 여기에서 예외나 열외가 되지 않는다. 보살핌받는 이 또한 어느 순간에는 다른 이를 돌보기 때문에, 돌보지 않아도 되는 이는 없다. 사회문화적인 요소가 특정 개인을 돌봄에서 면제하고 있다면 그 요소를 바꾸어야 한다. 경제적 상황이 개인의 돌봄 책임을 타인에게 전가하는 이유가 되어선 안 된다. 돈으로 돌봄 책임에서 벗어날 수 없어야 한다. 제도적 결정이 개인을 돌봄에서 배제해서도, 돌봄 책임에서 면책해서도 안 된다. 모두 다 돌봄에 참여하고 그리하여 돌봄은 중첩적이고 반복적으로 구성되어야 한다.

'함께-돌봄'은 더 급진적인 주장, 모든 직장을 주 22시간 이하의 파트타임으로 바꾸어야 한다거나 제도와 정책의 제일 원칙이 돌봄이어야 한다는 것과 동치가 아니다. 나는 돌봄이 우리 삶에서 중요한 것 중 하나라고 생각하지만, 다른 모든 것을 제치고 제일 중요한 단 하나라고는 생각하지 않는다. 급진적인 주장들을 살펴보는 것이 대안을 모색하는 데 도움이 되지만, 그런 주장들이 실천적인지 의심스럽다.

하지만 누구나 자기 삶에 돌봄을 들여야 하는 것은 자연스러운 일이며 당장 실천할 수 있는 대안이다. 이것이 각자의 책임을 스스로 인식하고 자신의 상황에 맞게 행할 것을 요구하기에, '함께-돌봄' 자체가 윤리적 주장을 구성한다. 각자 얼마만큼 들여야 하는지를 따져보는 작업은 필요할 것이다. 하지만 그것은 개별적인 맥락을 따져야 하는 일이므로 하나의 글에 다 담아내기는 어려울 것이다.

둘째, 돌봄 실천 각각은 좋은 돌봄이어야 한다. 앞서 살핀 여섯 가지 좋은 돌봄의 기준, 즉 관계성(둘 사이의 교환), 정서와 의지

(정서적·의지적 실천), 주의 집중(보살핌받는 이의 필요 충족), 피어남, 구조적 접근, 민감함(돌봄 위치의 전환)이 돌봄의 평가 기준이 되고 이들 요소 각각을 개별 돌봄이 이루어낼 수 있어야 한다. '좋은 돌봄을 모든 곳에서'라고 줄일 수 있을 것이다.

좋은 돌봄을 향한 요청과 주장은 돌봄이 현재 우리가 겪는 문제를 해결할 수 있는 대안이 될 수 있음을 보여준다. 돌봄의 양이 는다고 하여 당면한 문제들이 해결되진 않는다. 아이를 원하는 대로 잘 양육할 수 없다면, 그저 정해진 방식대로 양육'만' 할 수 있다고 저출생이 해결될까. 노인 돌봄은 시설을 늘려 죽지 못해 사는 삶만 연장하는 것을 원하는가. 의료나 교육은 말할 것도 없다. 두 영역에서 양적 측면의 증대는 이미 충분히 이루었다. 그러나 사람들은 좋은 의료가 없는 현실을 개탄하고 교육이 더 나아지지 못하는 현장을 비판한다. 우리 사회가 바라는 의료적 돌봄이나 교육적 돌봄은 이제 양이 아닌 질의 측면에서 나아져야 하고, 그를 위해서 각각의 영역에서 좋은 돌봄을 이루기 위한 고민을 시작해야 하는 때가 되었다.

마찬가지로 이런 좋은 돌봄의 주장은 무리하거나 이상적이지 않다. 관계성을 잊는 순간 그것은 돌봄이 아니기에 이는 전제 조건으로 충분하다. 누군가에겐 정서적 접근이, 누군가에겐 의지적 접근이 더 익숙하거나 와닿을 것이기에 돌봄 실천의 출발점으로 둘 중 하나, 또는 둘 다를 이야기하는 것은 온당하다. 돌봄은 다른 무엇보다 보살핌받는 이의 필요를 이루어야 하고, 그를 위해 돌보는 이는 주의를 기울여야 한다. 이것은 보살핌받는 이가 원하는 것을 그저 해주기만 하면 됨을 말하지 않는다. 오히려 돌봄은 상대방에게 집중하여 그에게 진정 도움이 되는 것을 고민한다. 어떻게? 지금 당장의 필요를 넘어, 상대방의 피어남을 바라보며 움직이는 방식으로. 그렇기에 돌봄은 일상적으로 생각하는 것처럼 그저 가까운 이의 직접적인 필요만을 채우는 것이 아니라, 타인의 삶 전체를 바라보며 그와 연관된 여러 사람을 함께 살필 것을 요구한다. 나 혼자, 또는 내가 돌보는 타인 한 명의 필요를 충족하는 것은 결코 피어남이 아니기 때문이다.

그러한 돌봄은 개인, 집단, 지역사회, 국가, 전 세계에 이르는 다양한 층위에서 이루어져야 하며, 그것이 구현되는 구조 안에서 순환해야 한다. 그때 돌보는 이와 보살핌받는 이의 역할은 상호적이고 상보적이며, 둘의 역할이 뒤바뀔 수도 있다는 사실이 제대로 인식되고 인지될 수 있다. 누구도 평생 돌보기만 하지 않는다. 누구도 평생 보살핌받지는 않는다. 심지어 자기 몸을 가누지 못하는 사람이라고 해도, 타인을 인식하지 못하는 이라 해도 타인에게 위로와 위안을 줄 수 있다면, 그는 어떤 의미에서 타인을 돌보고 있는 것이다. 필요한 것은 이런 돌봄의 상호 교환과 교체와 뒤섞임에 관한 인정이다.

그래서 이 책은 "함께, 좋은 돌봄을 모든 곳에서"를 외친다. 우리가 당면한 문제를 해결하기 위해 우리 각자가 각각의 자리에서 좋은 돌봄을 이루기 위한 몫을 지니고 있음을 말한다.

나는 가끔 생각한다. 내 딸이 어른이 되었을 때의 세상은 어떨까. 지금과 같은 삶의 양식이 유지될 때 딸의 세상은 행복할까. 오히려 디스토피아에 한 걸음 가까이 가는 것은 아닐까. 소설이나 영화를 너무 많이 보아서 드는 기우는 아닐 것이다. 나는 딸에게 조금 더 나은 세계를 선물하고 싶다. 그리고 그 방식 중 하나는 돌봄을 다시 생각하는 것이라고 믿는다. 다시, 함께, 좋은 돌봄을 모든 곳에서.

참고문헌

강창래, 《오늘은 좀 매울지도 몰라》, 문학동네, 2018.

김도현, 《장애학의 도전》, 오월의봄, 2019.

김보미, 《키스하는 언니들》, 디플롯, 2023.

김영진, 《순응과 전복》, 을유문화사, 2019.

김원영·김초엽, 《사이보그가 되다》, 사계절, 2021.

김희강, 《돌봄민주국가》, 박영사, 2022.

김희경, 《이상한 정상가족》, 동아시아, 2018.

대니얼 잉스터, 《돌봄: 정의의 심장》, 김희강·나상원 옮김, 박영사, 2017.

더 케어 컬렉티브, 《돌봄선언》, 정소영 옮김, 니케북스, 2021.

로버트 노직, 《아나키에서 유토피아로》, 남경희 옮김, 문학과지성사, 1997.

로버트 클리츠먼, 《환자가 된 의사들》, 강명신 옮김, 동녘, 2016.

마사 누스바움, 《역량의 창조》, 한상연 옮김, 이양수 감수·해제, 돌베개,
    2015.

마이클 샌델, 《완벽에 대한 반론》, 김선욱·이수경 옮김, 와이즈베리, 2016.

마틴 셀리그만, 《마틴 셀리그만의 플로리시》, 우문식·윤상운 옮김, 물푸레,
    2020.

매들린 번팅, 《사랑의 노동》, 김승진 옮김, 반비, 2022.

메릴 코머, 《낯선 이와 느린 춤을》, 윤진 옮김, MID 출판사, 2016.

무라세 다카오, 《돌봄, 동기화, 자유》, 김영현 옮김, 다다서재, 2024.

박완서, 《아주 오래된 농담》, 세계사, 2012.

버지니아 헬드, 《돌봄: 돌봄윤리》, 김희강·나상원 옮김, 박영사, 2017.

브라이언 보이드, 《이야기의 기원》, 남경태 옮김, 휴머니스트, 2013

서동욱, 《타자철학》, 반비, 2022.

실비아 페데리치, 《혁명의 영점》, 황성원 옮김, 갈무리, 2013.

아서 클라인먼, 《케어》, 노지양 옮김, 민음사, 2020.

아서 클라인먼, 《우리의 아픔엔 서사가 있다》, 이애리 옮김, 사이, 2022.

아이리스 매리언 영, 《정의를 위한 정치적 책임》, 허라금·김양희·천수정 옮김, 이화여자대학교출판문화원, 2018.

안토니오 네그리·마이클 하트, 《다중》, 정남영·서창현·조정환 옮김, 세종, 2008.

안토니오 다마지오, 《스피노자의 뇌》, 임지원 옮김, 김종성 감수, 사이언스북스, 2007.

앨런 블리클리, 《의료인문학과 의학 교육》, 김준혁 옮김, 학이시습, 2018.

엄기호, 《고통은 나눌 수 있는가》, 나무연필, 2018.

에마뉘엘 레비나스, 《시간과 타자》, 강영안·강지하 옮김, 문예출판사, 2009.

에바 페더 키테이, 《돌봄: 사랑의 노동》, 김희강·나상원 옮김, 박영사, 2016.

에바 페더 키테이, 《의존을 배우다》, 김준혁 옮김, 반비, 2023.

우에노 지즈코, 《집에서 혼자 죽기를 권하다》, 이주희 옮김, 동양북스, 2022.

웬델 월러치·콜린 알렌, 《왜 로봇의 도덕인가》, 노태복 옮김, 메디치미디어, 2014.

유영규 외, 《간병살인, 154인의 고백》, 루아크, 2019.

이얼 프레스, 《더티 워크》, 오윤성 옮김, 한겨레출판, 2023.

이철희, 《일할 사람이 사라진다》, 위즈덤하우스, 2024.

이치카와 사오, 《헌치백》, 양윤옥 옮김, 허블, 2023.

일라이 클레어, 《눈부시게 불완전한》, 하은빈 옮김, 동아시아, 2023.

제롬 브루너, 《인간 과학의 혁명》, 강현석 외 옮김, 아카데미프레스, 2011

제임스 A. 마컴, 《의철학 입문》, 김준혁 옮김, 씨아이알, 2023.

조너선 하이트·그레그 루키아노프, 《나쁜 교육》, 왕수민 옮김, 프시케의 숲, 2019.

조너선 하이트, 《불안 세대》, 이충호 옮김, 웅진지식하우스, 2024.

조안 트론토, 《돌봄 민주주의》, 김희강·나상원 옮김, 박영사, 2021.

존 롤스·에린 켈리, 《공정으로서의 정의: 재서술》, 김주휘 옮김, 이학사, 2016.

진 트웬지, 《#i세대》, 김현정 옮김, 매일경제신문사, 2018.

질 들뢰즈 외, 《비물질노동과 다중》, 서창현·김상운·자율평론번역모임 옮김, 갈무리, 2005.

캐럴 길리건, 《침묵에서 말하기로》, 이경미 옮김, 심심, 2020.

클라우디아 골딘, 《커리어 그리고 가정》, 김승진 옮김, 생각의힘, 2021.

폴 리쾨르,《시간과 이야기3》, 김한식 옮김, 문학과지성사, 2004

한국의료윤리학회,《의료윤리학》, 청담미디어, 2015.

한나 아렌트,《인간의 조건》, 이진우 옮김, 한길사, 2019.

김준혁,「생명의료윤리 시민 참여의 새로운 접근: 빅데이터 분석을 통한 "조력존엄사" 대중 의견 확인」,《생명윤리》23⑵, 121~142쪽.

임예지·윤가영·김혜민·박선웅,「기성세대의 권위주의와 MZ세대에 대한 부정적 태도」,《사회과학연구》, 2023;62⑶,105~127.

최선영 외,「여성 고용과 출산—최근 연구동향과 향후 과제」, 한국보건사회연구원, 2023.

Deer, Timothy R., et al., editors. Treatment of Chronic Pain by Medical Approaches. Springer, 2015.

Engster, Daniel. The Heart of Justice: Care Ethics and Political Theory. Oxford University Press, 2007.

Feinberg, Joel. Harm to Self. Oxford University Press, 1986.

Groys B. The Philosophy of Care. Verso; 2022.

Hayward, Keith J. Infantilised: How Our Culture Killed Adulthood. Constable, 2024.

Held V. The Ethics of Care: Personal, Political, and Global. Oxford University Press, 2006.

Nedelsky, Jennifer, and Tom Malleson. Part-Time for All: A Care

Manifesto. Oxford University Press, 2023.

Nordenfelt, Lennart. On the Nature of Health: An Action-Theoretic Approach. Springer, 1995.

Osler, William. Aequanimitas: With Other Addresses to Medical Students, Nurses and Practitioners of Medicine. P. Blakiston's Son & Co., 1904.

Paterson, Thomas Thomson. Management Theory. Business Publications Ltd., 1966.

Slote, Michael. The Ethics of Care and Empathy. Routledge, 2007.

Wispé, Lauren. The Psychology of Sympathy. Springer, 1991.

Woolf, Virginia. On Being Ill. Paris Press, 2012.

Abraha, Iosief, et al. "Systematic Review of Systematic Reviews of Non-Pharmacological Interventions to Treat Behavioural Disturbances in Older Patients with Dementia: The SENATOR-OnTop Series." BMJ Open, vol. 7, no. 3, 2017, e012759.

Barnett, Michael D., and Jessica H. Helphrey. "Who Wants to Live Forever? Age Cohort Differences in Attitudes Toward Life Extension." Journal of Aging Studies, vol. 57, 2021, article 100931.

Chevallier, Martin. "Staging Paro: The Care of Making Robot(s) Care." Social Studies of Science, vol. 53, no. 5, 2022.

Dworkin, Gerald. "Paternalism." The Stanford Encyclopedia of Philosophy, edited by Edward N. Zalta, Fall 2020 edition, Metaphysics Research Lab, Stanford University, 2020.

Fisher, Berenice, and Joan C. Tronto. "Toward a Feminist Theory of Caring." Circles of Care, edited by Emily Abel and Margaret Nelson, SUNY Press, 1990.

Guzmán-Vélez, Edmarie, et al. "Feelings Without Memory in Alzheimer Disease." Cognitive and Behavioral Neurology, vol. 27, no. 3, 2014.

Howell, Joel D. "A History of Caring in Medicine." The Lost Art of Caring: A Challenge to Health Professionals, Families, Communities, and Society, edited by Leighton E. Cluff and Robert H. Binstock, Johns Hopkins University Press, 2001.

Hung, Lillian, et al. "The Benefits of and Barriers to Using a Social Robot PARO in Care Settings: A Scoping Review." BMC Geriatrics, vol. 19, 2019, article 232.

LaCombe, Michael A. "Letters of Intent." Empathy and the Practice of Medicine: Beyond Pills and the Scalpel, edited by Howard M. Spiro, Mary G. McCrea Curnen, Enid Peschel, and Deborah St. James, Yale University Press, 1993.

Lin, Eden. "How to Use the Experience Machine." Utilitas, vol. 28, no. 3, 2016.

Macnaughton, Jane. "The Dangerous Practice of Empathy." The Lancet, vol. 373, no. 9679, 2009.

Oben, Alex, et al. "Windows of Developmental Sensitivity to Social Media." Nature Communications, vol. 13, 2022, article 1649.

Raffaeli, William, and Elisa Arnaudo. "Pain as a Disease: An Overview." Journal of Pain Research, vol. 10, 2017.

Robeyns, Ingrid, and Morten Fibieger Byskov. "The Capability Approach." The Stanford Encyclopedia of Philosophy, edited by Edward N. Zalta and Uri Nodelman, Winter 2021 edition, Metaphysics Research Lab, Stanford University, 2021.

Sunstein, Cass R., and Richard H. Thaler. "Libertarian Paternalism Is Not an Oxymoron." University of Chicago Law Review, vol. 70, no. 4, 2003.

Tracey, Irene, and M. Catherine Bushnell. "How Neuroimaging Studies Have Challenged Us to Rethink: Is Chronic Pain a Disease?" The Journal of Pain, vol. 10, no. 11, 2009.

Treede, Rolf-Detlef, et al. "Chronic Pain as a Symptom or a Disease: The IASP Classification of Chronic Pain for the International Classification of Diseases (ICD-11)." Pain, vol. 160, no. 1, 2019.

Vlaeyen, Johan W. S., and Steven J. Linton. "Fear-Avoidance and Its Consequences in Chronic Musculoskeletal Pain: A State of the Art." Pain, vol. 85, no. 3, 2000.

1 이 사례 및 주장은 2024년 한국생명윤리학회 춘계 학술대회에서 주어진 가톨릭대학교 인천성모병원 호스피스완화의료센터의 김대균 센터장의 발표에서 가져온 것이다. 이 자리를 빌려, 교수님의 경험과 혜안에 감사드린다.

2 이얼 프레스, 《더티 워크》, 오윤성 옮김, 한겨레출판, 2023.

3 e-나라지표 취학률 및 진학률. 2024년 7월 1일 확인. https://www.index.go.kr/unity/potal/main/EachDtlPageDetail.do?idx_cd=1520.

4 클라우디아 골딘, 《커리어 그리고 가정》, 김승진 옮김, 생각의힘, 2021.

5 최선영 외, 「여성 고용과 출산—최근 연구동향과 향후 과제」, 한국보건사회연구원, 2023.

6 이에 관해서는 인간 심리와 행동의 맥락 적절성을 강조한 브루너의 주장(제롬 브루너, 《인간 과학의 혁명》, 강현석 외 옮김, 아카데미프레스, 2011)이나 사건 재구성의 진화적 필요를 말한 보이드(브라이언 보이드, 《이야기의 기원》, 남경태 옮김, 휴머니스트, 2013) 인간이 자신을 이야기로 구성한다고 말한 리쾨르(폴 리쾨르, 《시간과 이야기3》, 김한식 옮김, 문학과지성사, 2004) 등이

있다.

7   〈한겨레〉-「돌봄은 한쪽의 요구가 아닌 삶의 조율이다」, 2022년 8월 23일 게재 수정.

8   다음의 책 제목이 이를 잘 보여준다. 로렌스 A. 사벳, 《차가운 의학, 따뜻한 의사》, 박재영 옮김, 청년의사, 2008.

9   〈한겨레〉-「'보이지 않는다'는 이유로, 사회에서 소외시킨 돌봄」, 2022년 11월 23일 게재 수정.

10 〈한겨레〉-「숨 멈춰야 해방되는 곳… 기자가 뛰어든 요양원은 '감옥'이었다」, 2024년 3월 19일 게재.

11 〈KBS〉-「'폭행 당하고'·'낙상에 방치'…요양시설 CCTV 있어도 버젓이」, 2023년 9월 17일 방영.

12 유영규 외, 《간병살인, 154인의 고백》, 루아크, 2019.

13 매들린 번팅, 《사랑의 노동》, 김승진 옮김, 반비, 2022, 65쪽.

14 "The Ballad of Big Mike." The New York Times, 24 Sept. 2006.

15 존 리 핸콕, 〈블라인드 사이드〉, 2009.

16 하마구치 류스케, 〈드라이브 마이 카〉, 2021.

17 에마뉘엘 레비나스, 《시간과 타자》, 강영안 옮김, 문예출판사, 2009, 51쪽.

18 에마뉘엘 레비나스, 위의 책, 84~85쪽.

19 이철희, 《일할 사람이 사라진다》, 위즈덤하우스, 2024.

20 캐럴 길리건, 《침묵에서 말하기로》, 이경미 옮김, 심심, 2020.

21 조안 트론토, 《돌봄 민주주의》, 김희강·나상원 옮김, 박영사, 2021.

22 조안 트론토, 위의 책, 73쪽.

23 조안 트론토, 위의 책, 90쪽.

24 한나 아렌트, 《인간의 조건》, 이진우 옮김, 한길사, 2019.

25 Held V. The Ethics of Care: Personal, Political, and Global. Oxford University Press, 2006, p. 36.

26 Fisher, Berenice, and Joan C. Tronto. "Toward a Feminist Theory of Caring." Circles of Care, edited by Emily Abel and Margaret Nelson, SUNY Press, 1990, p. 40.

27 Engster, Daniel. The Heart of Justice: Care Ethics and Political Theory. Oxford University Press, 2007, pp. 28-29.

28 "주어진 환경에서 최소 행복을 만족하는 필수 목적을 실현할 수 있음"이 노르덴펠트의 건강 정의다. 여기에선 표현을 간단하게 수정하였다. Nordenfelt, Lennart. On the Nature of Health: An Action-Theoretic Approach. Springer, 1995, p. 79.

29 〈한겨레〉-「돌봄 이야기는 따뜻한 의료를 만들 수 있을까」, 2021년 6월 2일 게재 수정.

30 중앙치매센터, 〈대한민국 치매현황〉, 2016~2023. https://www.nid.or.kr/info/dataroom_list.aspx.

31 치매환자 1인당 관리비용(2,220만 원)을 65세 이상 추정치매환자수(935,086명)으로 곱하여 추산한 값이다. 중앙치매센터, 〈대한민국 치매현황〉, 2023.

32 노인장기요양보험(약 11조 원), 요양병원 진료비(약 7조 원), 치매관리사

업(약 2,000억 원), 노인맞춤돌봄(약 4,000억 원)을 더한 값이다. 국가재정
운용계획 지원단, 〈2021~2025 국가재정운용계획 지원단 보고서: 노
인 돌봄·의료서비스 개선〉, 2021. 10.

33 아서 클라인먼, 《우리의 아픔엔 서사가 있다》, 이애리 옮김, 사이,
    2022.

34 아서 클라인먼, 《케어》, 노지양 옮김, 민음사, 2020, 14쪽.

35 아서 클라인먼, 위의 책, 61쪽.

36 아서 클라인먼, 위의 책, 28쪽.

37 아서 클라인먼, 위의 책, 67쪽.

38 아서 클라인먼, 위의 책, 75쪽.

39 아서 클라인먼, 위의 책, 66쪽.

40 아서 클라인먼, 위의 책, 181쪽.

41 김준혁, 「생명의료윤리 시민 참여의 새로운 접근: 빅데이터 분석을
    통한 "조력존엄사" 대중 의견 확인」, 《생명윤리》 23(2), 121~142쪽.

42 이를 보다 자세하게 이해하려면 영화의 시작과 끝을 보자. 잠겨진 집
    을 억지로 열고 들어오는 소방관과 경찰이, 집 안 침대에 꽃으로 장식
    되어 있는 안느의 시체를 발견하는 장면이 영화의 처음이며, 영화의
    맨 마지막은 두 사람의 딸이 이제 비어버린 집 이곳저곳을 거닐다가,
    응접실에 앉아 생각에 잠기는 모습을 멀리서 비추는 것으로 끝이 난
    다. 처음 음악회에 참석하는 장면 외에는 결코 밖으로 나가지 않고 두
    사람의 집안에서만 진행되는 정적인 영화이므로, 집의 모습을 여러
    각도에서 비추는 두 장면은 의미 전달을 위한 구성이다. 맨 마지막 장

면에서 대칭의 구도를 이루는 두 문 중, 왼쪽 응접실에 딸이 앉아 있고 오른쪽 부엌은 빈 채로 어둡게 남아있는 장면은 부모와 딸이라도 서로를 다 알 수 없음을 보여주는 장면일 것이다. 시작할 때 경찰관들이 방을 돌아다니면서 창문을 여는 모습을 보여주는 것은 고립되었던 두 사람의 삶과 죽음이 다시 세상과 연결됨을 말하고 있을 것이다.

43 〈한국일보〉-「베르나르-조르제트 카제 부부」, 2016년 11월 21일 게재.

44 〈르몽드 디플로마티크〉-「인간 최후의 고결함, 죽을 권리-〈아무르Amour〉(2012, 미하엘 하네케, 오스트리아) 깐느영화제 황금종려상」, 2020년 7월 20일 게재.

45 마이클 샌델,《완벽에 대한 반론》, 김선욱·이수경 옮김, 와이즈베리, 2016.

46 〈한겨레〉-「누가 더 아프냐고 묻기 전에」, 2020년 1월 7일 게재 수정.

47 김희경,《이상한 정상가족》, 동아시아, 2018.

48 〈크리스천투데이〉-「동성결혼 합법화와 '생활동반자법'」, 2018년 1월 14일 게재.

49 〈한겨레〉-「동거커플 인정 뒤 출산율 오른 프랑스…한국은 실태도 몰라」, 2016년 12월 7일 게재.

50 한국보건사회연구원, 〈비혼 동거 커플의 증가와 프랑스의 시민연대계약(PACS)〉, 글로벌 사회정책 브리프, 2016, 13.

51 여성가족부 가족정책과, '가족의 형태별 분포', 국가지표체계 e-나라지표, 2017년 1월 20일.

52 사회통계국 사회통계기획과, '2024년 사회조사 결과 보도자료', 통

계청, 2024년 11월 12일.

53   모자보건법 일부개정법률안(장혜영 의원 등 15인), 2023년 5월 31일.

54   김영진 평론가의 책이 이 관점을 잘 정리하고 있다. 김영진, 《순응과
     전복》, 을유문화사, 2019.

55   대한산부인과학회 보조생식술위원회, 「대한산부인과학회 보조생식
     술 윤리지침」, 9판, 2021년 1월 1일.

56   명확히 부부 관계에서만 체외수정 시술을 할 것을 권고하고 있는
     「대한산부인과학회 보조생식술 윤리지침」과 달리, 모자보건법은 부
     부 관계에서만 보조생식술이 가능하다고 규정하지는 않는다. 그러
     나 전술한 것처럼 모자보건법은 보조생식술을 부부가 난임 상태에
     있는 경우에 지원하는 것으로 규정하여 마찬가지로 부부 관계에서
     이루어지는 것으로 보고 있음을 확인할 수 있다.

57   〈중앙일보〉-「사유리 말 옳았다…사망 남편의 냉동정자 임신은 위
     법」, 2020년 11월 26일 게재.

58   제임스 A. 마컴, 《의철학 입문》, 김준혁 옮김, 씨아이알, 2023.

59   김원영·김초엽, 《사이보그가 되다》, 사계절, 2021.

60   〈한겨레〉-「치유란 과거 회복이 아닌 새로운 시작이다」, 2023년 9월
     22일 게재 수정.

61   일라이 클레어, 《눈부시게 불완전한》, 하은빈 옮김, 동아시아, 2023.

62   일라이 클레어, 위의 책, 98쪽.

63   일라이 클레어, 위의 책, 113쪽.

64   일라이 클레어, 위의 책, 113쪽.

65 일라이 클레어, 위의 책, 127쪽.

66 일라이 클레어, 위의 책, 106쪽.

67 일라이 클레어, 위의 책, 173~174쪽.

68 일라이 클레어, 위의 책, 109쪽.

69 〈한겨레〉-「치매환자 감정에 잘 듣는 약? '치료를 위한 거짓말'의 슬픔」, 2018년 12월 12일 게재 수정.

70 이 내용과 이어지는 문제 제기는 《뉴요커》의 기사가 다루었던 내용을 다른 각도에서 분석·이해한 것이다. 그러나 치매 시설과 접근법에 관한 글의 부분을 해당 기사에서 가져왔음을 미리 밝혀 둔다. MacFarquhar, Larissa. "The Comforting Fictions of Dementia Care." The New Yorker, 1 Oct. 2018.

71 〈의협신문〉-「요양병원 '신체보호대 결박' 규정, 일반병원까지 확대 추진」, 2018년 2월 21일 게재.

72 메릴 코머, 《낯선 이와 느린 춤을》, 윤진 옮김, MID 출판사, 2016.

73 Abraha, Iosief, et al. "Systematic Review of Systematic Reviews of Non-Pharmacological Interventions to Treat Behavioural Disturbances in Older Patients with Dementia: The SENATOR-OnTop Series." BMJ Open, vol. 7, no. 3, 2017, e012759.

74 김춘경 외, '정당화치료', 《상담학 사전》, 학지사, 2016.

75 Guzmán-Vélez, Edmarie, et al. "Feelings Without Memory in Alzheimer Disease." Cognitive and Behavioral Neurology, vol. 27, no. 3, 2014, pp. 117-129.

76 "Three Golden Rules." Contented Dementia Trust, https://
contenteddementiatrust.org/specal-method/three-golden-
rules/. Accessed 18 Oct 2024.

77 한국의료윤리학회, 《의료윤리학》, 청담미디어, 2015, 182쪽.

78 무라세 다카오, 《돌봄, 동기화, 자유》, 김영현 옮김, 다다서재, 2024.

79 박완서, 《아주 오래된 농담》, 세계사, 2012, 136쪽.

80 박완서, 위의 책, 180쪽.

81 박완서, 위의 책, 142쪽.

82 Fisher, Berenice, and Joan C. Tronto. "Toward a Feminist Theory
of Caring." Circles of Care, edited by Emily Abel and Margaret
Nelson, SUNY Press, 1990, pp. 36-54.

83 〈조선일보〉-「탈시설 장애인 추적해보니… 죽거나 의사소통 불가」,
2024년 7월 9일 게재.

84 김도현, 《장애학의 도전》, 오월의봄, 2019.

85 서동욱, 《타자철학》, 반비, 2023.

86 에바 페더 키테이, 《의존을 배우다》, 김준혁 옮김, 반비, 2023.

87 이 글에서 다루는 정의는 드워킨의 것을 단순화시킨 것이다. 드워킨
은 다음과 같이 후견주의를 정의한 바 있다.

Z (또는 그 불이행)가 Y의 자유나 자율성을 침해한다.

이때 X는 Y의 동의를 받지 않는다.

X가 그렇게 한 이유는 Z가 Y의 복지를 증진(또는 감소 방지)하거나, 이

득, 가치, 선을 촉진할 것이라고 X가 믿기 때문이다.

위에서 Z를 결정으로 치환하고 Y의 이득으로만 논의를 국한하였

다. Dworkin, Gerald. "Paternalism." The Stanford Encyclopedia

of Philosophy, edited by Edward N. Zalta, Fall 2020 edition,

Metaphysics Research Lab, Stanford University, 2020.

88 제임스 마컴, 앞의 책.

89 Feinberg, Joel. Harm to Self. Oxford University Press, 1986.

90 Sunstein, Cass R., and Richard H. Thaler. "Libertarian Paternalism

Is Not an Oxymoron." University of Chicago Law Review, vol. 70,

no. 4, 2003, pp. 1159-1202.

91 Paterson, Thomas Thomson. Management Theory. Business

Publications Ltd., 1966.

92 김도현, 앞의 책.

93 마틴 셀리그만, 《마틴 셀리그만의 플로리시》, 우문식·윤상운 옮김,

물푸레, 2020.

94 마사 누스바움, 《역량의 창조》, 한상연 옮김, 이양수 감수·해제, 돌베

개, 2015.

95 에바 페더 키테이, 앞의 책.

96 임예지·윤가영·김혜민·박선웅, 「기성세대의 권위주의와 MZ세대에

대한 부정적 태도」, 《사회과학연구》, 2023;62⑶,105~127.

97 진 트웬지, 《#i세대》, 김현정 옮김, 매일경제신문사, 2018.

98 Hayward, Keith J. Infantilised: How Our Culture Killed

Adulthood. Constable, 2024.

99 조너선 하이트·그레그 루키아노프, 《나쁜 교육》, 왕수민 옮김, 프시케의숲, 2019.

100 조너선 하이트·그레그 루키아노프, 위의 책 20쪽.

101 조너선 하이트·그레그 루키아노프, 위의 책 17쪽.

102 조너선 하이트·그레그 루키아노프, 위의 책 220쪽.

103 〈EBS〉-「담임만 6번 바뀐 전북 A초교… ‘악성민원’ 학부모에 “30시간 교육이수” 첫 조치」, 2024년 10월 30일

104 조너선 하이트, 《불안 세대》, 이충호 옮김, 웅진지식하우스, 2024.

105 Oben, Alex, et al. "Windows of Developmental Sensitivity to Social Media." Nature Communications, vol. 13, 2022, article 1649.

106 〈한겨레〉-「고통을 함께 상대해야 하는 이유」, 2019년 3월 7일 게재 수정.

107 Woolf, Virginia. On Being Ill. Paris Press, 2012, p. 11.

108 엄기호, 《고통은 나눌 수 있는가》, 나무연필, 2018.

109 Deer, Timothy R., et al., editors. Treatment of Chronic Pain by Medical Approaches. Springer, 2015.

110 Treede, Rolf-Detlef, et al. "Chronic Pain as a Symptom or a Disease: The IASP Classification of Chronic Pain for the International Classification of Diseases (ICD-11)." Pain, vol. 160, no. 1, 2019, pp. 19-27.

111 Tracey, Irene, and M. Catherine Bushnell. "How Neuroimaging Studies Have Challenged Us to Rethink: Is Chronic Pain a Disease?" The Journal of Pain, vol. 10, no. 11, 2009, pp. 1113-1120.

112 Raffaeli, William, and Elisa Arnaudo. "Pain as a Disease: An Overview." Journal of Pain Research, vol. 10, 2017, pp. 2003-2008.

113 Vlaeyen, Johan W. S., and Steven J. Linton. "Fear-Avoidance and Its Consequences in Chronic Musculoskeletal Pain: A State of the Art." Pain, vol. 85, no. 3, 2000, pp. 317-332.

114 아이리스 매리언 영, 《정의를 위한 정치적 책임》, 허라금·김양희·천수정 옮김, 이화여자대학교출판문화원, 2018.

115 〈한겨레〉-「우영우에겐, 장애를 장애로 만드는, 장애가 없다」, 2022년 7월 25일 게재 수정.

116 United Nations. "Declaration on the Rights of Disabled Persons." General Assembly Resolution 3447, 9 Dec. 1975.

117 World Health Organization. International Classification of Impairments, Disabilities, and Handicaps: A Manual of Classification Relating to the Consequences of Disease. 1980.

118 세계보건기구, 〈국제 기능·장애·건강 분류 한글번역본 제2차 개정판〉, 2016.

119 Hung, Lillian, et al. "The Benefits of and Barriers to Using a Social Robot PARO in Care Settings: A Scoping Review." BMC Geriatrics, vol. 19, 2019, article 232.

120 〈MIT Technology Review〉-「노인 돌봄을 자동화하려는 일본의 오랜 실험: 인사이드 스토리」, 2023년 2월 3일 게재.

121 〈지디넷코리아〉-「독거노인 말벗 '돌봄 로봇' 고령사회 해결사 될까」, 2023년 2월 22일 게재.

122 〈YTN〉-「어르신 돕는 '돌봄 로봇' 효자 노릇할까」, 2023년 10월 22일 방영.

123 〈복지타임즈〉-「손 부족한 독거노인 돌봄, KT 'AI케어'가 돕는다」, 2022년 4월 27일 게재.

124 안토니오 네그리·마이클 하트, 《다중》, 정남영·서창현·조정환 옮김, 세종, 2008, 187쪽.

125 질 들뢰즈 외, 《비물질노동과 다중》, 서창현·김상운·자율평론번역모임 옮김, 갈무리, 2005, 155~156쪽.

126 실비아 페데리치, 《혁명의 영점》, 황성원 옮김, 갈무리, 2013, 274~275쪽.

127 Groys B. The Philosophy of Care. Verso; 2022.

128 지그문트 프로이트, 《쾌락원칙을 넘어서》, 박찬부 옮김, 열린책들, 1997.

129 Waite, Hannah, and Nick Spencer. "The Promise of Scientific Immortality: Who Wants to Live Forever?" Theos, 2022, https://www.theosthinktank.co.uk/research/2022/05/20/briefing-paper-the-promise-of-scientific-immortality-who-wants-to-live-forever.

130　Barnett, Michael D., and Jessica H. Helphrey. "Who Wants to Live Forever? Age Cohort Differences in Attitudes Toward Life Extension." Journal of Aging Studies, vol. 57, 2021, article 100931.

131　실비아 페데리치, 앞의 책.

132　〈로봇신문〉-「美 스탠포드대, 다양한 집안 일하는 원격 조작 양팔 로봇 개발」, 2024년 1월 9일 게재.

133　〈조선일보〉-「서울 강동구에 치매 전문 공공 요양시설 개원⋯돌봄 로봇 도입한다」, 2023년 10월 17일 게재.

134　〈KBS〉-「병원도 로봇 시대⋯로봇 재활치료 성큼」, 2023년 1월 25일 방영.

135　〈구민신문〉-「송파구, AI로봇活用 발달장애인 돌본다⋯3월부터 教育支援」, 2024년 2월 22일 게재.

136　웬델 월러치·콜린 알렌, 《왜 로봇의 도덕인가》, 노태복 옮김, 메디치미디어, 2014.

137　Chevallier, Martin. "Staging Paro: The Care of Making Robot(s) Care." Social Studies of Science, vol. 53, no. 5, 2022, pp. 635-659.

138　로버트 노직, 《아나키에서 유토피아로》, 남경희 옮김, 문학과지성사, 1997.

139　Lin, Eden. "How to Use the Experience Machine." Utilitas, vol. 28, no. 3, 2016, pp. 314-332.

140　마사 누스바움, 앞의 책.

141 Robeyns, Ingrid, and Morten Fibieger Byskov. "The Capability Approach." The Stanford Encyclopedia of Philosophy, edited by Edward N. Zalta and Uri Nodelman, Winter 2021 edition, Metaphysics Research Lab, Stanford University, 2021.

142 "Indi Gregory, Baby Girl at Centre of Legal Battle, Dies After Life Support Removed." The Guardian, 13 Nov. 2023, www.theguardian.com/uk-news/2023/nov/13/indi-gregory-baby-girl-at-centre-of-legal-battle-dies-after-life-support-removed.

143 "Father of Baby Indi Gregory 'Will Do Whatever It Takes' in Treatment Fight." East London and West Essex Guardian Series, 4 Oct. 2023, https://www.guardian-series.co.uk/news/national/23831528.father-baby-indi-gregory-will-whatever-takes-treatment-fight/.

144 에바 페더 키테이, 《돌봄: 사랑의 노동》, 김희강·나상원 옮김, 박영사, 2016.

145 존 롤스, 《공정으로서의 정의: 재서술》, 김주휘 옮김, 이학사, 2016, 297쪽.

146 〈한겨레〉-「집에서 혼자 죽는 건 불행한 죽음일까」, 2022년 10월 26일 게재 수정.

147 우에노 지즈코, 《집에서 혼자 죽기를 권하다》, 이주희 옮김, 동양북스, 2022.

148 〈한겨레〉-「'안간 존엄'이란 포장 속에 숨은 편견」, 2023년 11월 15일 게재 수정.

149 이치카와 사오, 《헌치백》, 양윤옥 옮김, 허블, 2023, 60~61쪽.

150 이치카와 사오, 위의 책, 93~94쪽.

151 자세한 내용은 신경과학자 안토니오 다마지오의 진술을 참고. "한편 뇌는 내부적으로 특정 정서적 신체 상태를 모방할 수 있다. (…) 여러분의 마음이 부상당한 사람의 통증을 거울처럼 비추는 것이다. 여러분은 마치 여러분 자신이 사고의 희생자가 된 듯 느낄 것이고, 이러한 느낌은 사고의 심한 정도, 부상당한 사람에 대하여 당신이 들은 정보에 따라 더 클 수도 있고 작을 수도 있다." 안토니오 다마지오, 《스피노자의 뇌》, 임지원 옮김, 김종성 감수, 사이언스북스, 2007, 136쪽.

152 안토니오 다마지오, 위의 책.

153 Osler, William. Aequanimitas: With Other Addresses to Medical Students, Nurses and Practitioners of Medicine. P. Blakiston's Son & Co., 1904.

154 LaCombe, Michael A. "Letters of Intent." Empathy and the Practice of Medicine: Beyond Pills and the Scalpel, edited by Howard M. Spiro, Mary G. McCrea Curnen, Enid Peschel, and Deborah St. James, Yale University Press, 1993, pp. 54-66.

155 Macnaughton, Jane. "The Dangerous Practice of Empathy." The Lancet, vol. 373, no. 9679, 2009, pp. 1940-1941.

156 Wispé, Lauren. The Psychology of Sympathy. Springer, 1991.

157 이런 문헌들을 분석하며 영국 의학교육자인 블리클리는 공감보다 고대 비극의 중요한 개념이었던 연민을 되살릴 것을 주문한다. 현대에 연민은 질이 낮은 정서로 치부되지만, 그렇게 생각할 이유가 어디에도 없다는 것이다. 예컨대 호메로스의 《일리아드》, 《오뒷세이아》는 등장인물들을 향한 연민을 작동시키지, 어디에서도 공감을 요구하지 않는다. 그의 연민은 관객들의 마음을 움직여 인간의 연약함이라는 공통 지반을 생각하게 한다. 나는 블리클리의 주장에 기본적으로 동의하지만, 돌봄의 맥락에서 연민보다는 민감성을 강조한다. 앨런 블리클리, 《의료인문학과 의학 교육》, 김준혁 옮김, 학이시습, 2018 참조.

158 〈한겨레〉-「밥상 차리는 마음이 돌봄의 정수다」, 2022년 12월 21일 게재 수정.

159 강창래, 《오늘은 좀 매울지도 몰라》, 문학동네, 2018.

160 "의사가 있더라도, 의료적 개념은 아픈 사람을 돌보는 데 필요한 것에 더할 것이 거의 없는 것처럼 그려지곤 했다. 오늘날에 비하여, 의료 영역의 과학적 기초는 지위를 거의 부여받지 못했다. (…) 질환의 경로를 바꾸는 의사의 개념과 능력은 잘 교육받은 시민의 그것과 많이 다르지 않은 것으로 여겨졌다." Howell, Joel D. "A History of Caring in Medicine." The Lost Art of Caring: A Challenge to Health Professionals, Families, Communities, and Society, edited by Leighton E. Cluff and Robert H. Binstock, Johns

Hopkins University Press, 2001, pp. 84-85.

161 Slote, Michael. The Ethics of Care and Empathy. Routledge, 2007, pp. 16-19.

162 버지니아 헬드, 《돌봄: 돌봄윤리》, 김희강·나상원 옮김, 박영사, 2017.

163 로버트 클리츠먼, 《환자가 된 의사들》, 강명신 옮김, 동녘, 2016.

164 로버트 클리츠먼, 위의 책, 449쪽.

165 Slote, Michael. The Ethics of Care and Empathy. Routledge; 2007. pp. 16-19.

166 더 케어 컬렉티브, 《돌봄선언》, 정소영 옮김, 니케북스, 2020.

167 김보미, 《키스하는 언니들》, 디플롯, 2023.

168 조안 트론토, 앞의 책.

169 김희강, 《돌봄민주국가》, 박영사, 2022.

170 더 케어 컬렉티브, 앞의 책.

171 대니얼 잉스터, 《돌봄: 정의의 심장》, 김희강·나상원 옮김, 박영사, 2017.

172 Nedelsky, Jennifer, and Tom Malleson. Part-Time for All: A Care Manifesto. Oxford University Press, 2023.

173 "Why the Growing Gulf Between Young Men and Women?" The Economist, 13 Mar. 2024.

174 채민석·이수민·이하민, '돌봄서비스 인력난 및 비용 부담 완화 방안', 〈BOK 이슈노트〉, 제2024-6호.

돌봄의 역설

1판 1쇄 발행 2024년 12월 12일

지은이·김준혁
펴낸이·주연선

(주)은행나무
04035 서울특별시 마포구 양화로11길 54
전화·02)3143-0651~3 | 팩스·02)3143-0654
신고번호·제 1997—000168호(1997. 12. 12)
www.ehbook.co.kr
ehbook@ehbook.co.kr

ISBN 979-11-6737-515-5 (03300)